淘宝网开店

SEO·推广·营销·爆款

实战200招

葛存山 著

人民邮电出版社
北京

- 快捷性。本书以贴近实际的最新的推广方法，为店铺打开营销思维，便于店铺迅速达成交易。

- 全面性。本书收录的都是作者在日常开店过程中经验积累的精华总结，涵盖了网店推广宣传、营销以及爆款打造过程中遇到的许多细节问题。

- 实用性。本书把目前世界上最流行的营销理念运用到淘宝这个平台。所有技术的应用效果都在淘宝店铺中得到过实际验证，已经获得了巨大的成功，并且目前还在持续创造着惊人的效益。

- 便利性。本书按照 2015 年最新改版的淘宝界面进行教学，全面介绍了淘宝营销工具和营销案例，让读者不会有过时或找不到界面的困扰。

目录

第 1 章

网店推广前的准备

对于大多数在网络做生意的人，在店铺没有开起来之前，最关心的问题就是如何尽快把店铺开起来，并且装修好。可是一旦店铺开起来之后，多数店主会为店铺流量而伤透脑筋。为什么流量总是很低？因为这些店主没有推广，没有意识到推广的重要性。

第 001 招　什么是淘宝网店推广

淘宝网给了大多人希望与梦想，他们期待着在这片肥沃的土地上开花结果，来这里创业的每一位网商都有着相同的经历，每周 7 天，每天工作时间 10 ～ 12 小时，精心培育并见证了网店从小变大的成长历程。他们经历了第一声旺旺响起的喜悦、第一笔交易成交的开怀、营业额节节攀升的自豪。

俗话说：好酒不怕巷子深，在传统的卖方市场下，只要商品质量过硬，就会有人进行购买。但进入市场经济之后，随着大量商品的生产和市场种类的细分，使得消费者市场也有了更多的选择，因此同一类产品，甚至同一种商品的销售和经营，都要采取多种方法进行推广，这样才能够使得消费者第一时间接触到你的商品、考虑并最终选择购买你的商品。

推广就是做广告的意思，很多人理解做广告就要花钱，认为没有把店铺推广做好，是因为没有花钱或者花钱太少，其实这样理解是不对的。推广的方式多种多样，可以先免费推广，再付费推广，先找到流量入口的优势位置，优化好转化率以后，再开始付费推广。这样花钱才会出效果，淘宝推广的效果，就是让商品的自然排名在类目搜索或者关键词搜索前几名的位置，越多商品排名越靠前，说明推广做的越成功。

据淘宝最新统计数据，淘宝注册会员数早已突破 5 亿，覆盖了中国绝大部分网购群体，日均交易额近 300 亿元。淘宝市场之大毋庸置疑，但是巨大的市场之下，也蕴含着巨大的竞争，每年都有不计其数的淘宝店主加入淘宝掘金的行列，同行之间的竞争之大难以想象。目前淘宝网内同一件产品会有多达几千家的商家竞争，如图 1-1 所示。

中小卖家想做大，大卖家想做强，淘宝商家想迅速打开品牌知名度。大家都要在众多卖家中脱颖而出，如果仅仅是守株待兔，可能永远都没有热销的那一刻。对于很多新开店铺或者中小卖家来说，想迅速打开销路，推广营销是网上开店必须学习和掌握的入门课程。

图 1-1　同一件产品多达几千家的商家竞争

第 002 招　网店推广的重要性

网店推广就是指通过各种宣传方式让更多网民打开你的网店、认识你的产品并进行购买的过程。在网络上面做生意就好比在大海里面捞鱼，你开的网店，如果把顾客比做了鱼儿，那么你的推广就是撒网，撒大网才能多捕鱼。

1. 挖掘更多潜在顾客

持续不断的推广，就可以挖掘更多的潜在客户。推广的目的并不仅仅是直接为店铺带来销量，很多的原因是要吸引更多的人关注你的商品。在你的商品第一次上市的时候，或许有许多人看不见记不住，但是你的推广广告不断出现的时候，就会给顾客留下深刻的印象，当顾客再一次看到广告的时候，或许就会决定买你的商品了。

2. 培养回头客

做推广也是不断地刺激老客户购买的过程，店主要保持跟顾客的联系，并且在一定的时间里面做一些促销活动。大部分老顾客还是比新顾客容易被打动的，所需要花的成本也低多了。许多网店做得好的原因都是因为他们有着一批好的忠诚客户。

3. 树立店铺形象

推广是向人们展示着自己网店好的一面或者网店独特的一面。在宣传网店的过程也是宣传自己品牌的过程，顾客买的不仅仅是商品同时还是店铺的形象。坚持不懈的推广，流量就会多，也就会让顾客看到你网店的独特性，你的品牌和信誉度也会不断地提高。

4. 有利于店铺销量

推广带来了流量，因此才会有成交量，每天几个 IP 的访问与上万个 IP 的访问的网店是截然不同的，流量和成交量是成正比关系的。这里所说的流量指的就是有效流量，并不是那些无效的流量。一定要注意有效流量的获取，这样才能得到交易。

5. 提高店铺排名

网上店铺有千千万万，要在众多店铺中脱颖而出，就需要店铺排名靠前。店铺排名与信誉、流量、收藏量等因素有关。

持续不断地推广，信誉不断增长、收藏人数增多、流量倍增这些，都可以提高店铺排名。

排名越靠前的店铺，被买家看到的机会就越多，信誉越高的店铺，给买家的感觉就越可靠，这是一个良性循环的过程。

第 003 招　网上开店的热门行业有哪些

随着互联网的不断普及，网络零售政策环境的日益成熟、基础设施建设的完备，技术水平应用范围的拓宽和服务产业链的完备等，在市场前景被普遍看好的情况下，中国网络购物领域的投资也更为活跃。移动互联网等多平台终端进入网购领域，进而带动不同年龄层次的网购用户数量不断增加。另外，中小型企业和传统企业的进入对于网络购物市场的发展也起到不可忽视的推动作用，展望未来，中国网络购物市场的深化发展将迈上一个新的台阶。

网络界专业人士称：中国在 3 年后会超速发展，5 年后会有革命性爆发，不久的将来定会超越传统路线，走向世界顶峰。在我国，随着互联网的迅速发展，电商经济已经占据总市场的一大部分。马云说："如果失去互联网，整个销售运营行业将会陷入瘫痪"，由此可见，网购市场在以后的发展中仍然竞争激烈，发展空间较大。

目前服饰鞋包、食品、美护、母婴等用品已遍布整个网购市场，在新的一年里，淘宝打算细分领域，使之走向专业化、精细化，并且规范各个商家，严厉打假，给用户展现一个精美亲民的购物平台。各个 B2C 商城都在努力探索前进，网上订票、退票等也在稳步普及市面，在数年内许多商业活动都会寄于互联网。

截至 2014 年 12 月，我国网民规模达 6.49 亿人，互联网普及率为 47.9%，较 2013 年底提升 2.1%，手机网民规模达 5.57 亿人，较 2013 年底增加 5672 万人。截止到 2013 年淘宝网开店的店主数为 900 万家，比较活跃的有 300 万家店。

从 2009 年起，11 月 11 日这个被称作光棍节的日子被赋予了新的含义，成为了举国上下的购物狂欢节。随着 2014 年 11 月 11 日 0 点的钟声，"双十一购物狂欢"正式开始，1 分钟突破一亿，2 分钟突破 10 亿，38 分钟突破 100 亿，7:17 分突破 200 亿，12:58 分突破 350 亿，这也是 2014 年"双十一"的全天交易量。而且它还没有停止增长，21:12 分宣布突破 500 亿，最终在这一天的末尾，交易量定格在 571 亿元。2014 年的"双十一"再一次用数字见证了中国网购用户的购买力，见证了中国电子商务市场的蓬勃发展，这一天消费者和商家携手又一次共同创造了奇迹。

艾瑞咨询数据显示，2012 年中国网络购物市场中，"服装箱包类"占比为 26.5%，和 2011 年的 26.7% 相比有小幅下降。受各大电商在 3C 家电品类上进行促销的影响，2012 年该品类的份额相比 2011 年提升 0.3 个百分点，达到 18.4%。2012 年，以京东商城、苏宁易购和当当网等为代表的 B2C 企业大力扩展母婴产品，母婴类产品在网购市场中的占比达到 4.4%。各品类由于标准化程度不一，其线上销售的发展程度也有较大差别。随着网购对零售业的渗透进一步加深，未来更多品类商品的在线销售将迎来快速发展。

不过随着时间、环境和消费观念的变化，适合在网上销售的产品也会发生变化。其实不管卖什么，网上网下都差不多，寻找有竞争力的商品，是成功的关键。

第 004 招　开店前要做好调查分析，预测市场前景

"市场预测不可少，盲目经营不得了"，这是生意人常说的一句话，是传统经商开店的经验之谈，意在强调开店离不开市场预测。网上开店也应在前期做好市场前景的预测。

市场预测通常是指通过各种手段获取大量信息，经过研究分析、预测在未来的一段时间内，市场需求与供应的变化及趋势，以便将生意做大、做活。通过市场预测可以掌握未来市场环境及其他条件的变化；可以更好地组织货源、扩展业务、满足市场需求；可以改善经营管理，提高经济效益。

正确的市场预测是建立在科学的调查分析与理性的思考之上的，要想使预测结果精确无误，一般需要从以下几个方面去把握。

1. 关注当前社会的热点

社会在不断向前发展，新的热点也会不断出现。只要细心观察，就不难发现周围存在着许多大大小小的热点和公众话题。如 2014 年，世界杯热等热点不断涌现，如图 1-2 所示，淘宝上出现了很多与世界杯有关的商品。除此之外，自己生活的城市中也会出现诸多热点，如举办绘画展览、唱歌比赛、旅游节等。这些热点在精明的商人眼中，无不蕴含着商机，都可以作为赚钱的题材和项目。牢牢抓住热点，把握题材，别具匠心就能赚大钱。

2. 研究别人在干什么

如果既缺乏创业资金，又欠缺经商经验，不妨研究一下别人在干什么，追随大流也不失为一种很好的选择。看到市场上什么商品热卖，什么买卖好做，然后就可以投入这个行业中。不过，别人能赚到钱，并不见得你做就能赚钱，关键

是要掌握入门的诀窍。因此不妨先研究成功者的创业经验，向成功的创业者学习请教，学习他们经营的特点，摸清做生意的相关门道，积累必要的资金与经验。

图1-2　与世界杯有关的商品

3. 注意生活节奏的变化

随着时代生活节奏的不断加快，许多人心目中都有"时间就是生命"的价值理念。聪明的生意人则会注意到这一点，做起多种多样的、适合人们快节奏生活需求的生意。如在穿衣打扮方面，由于生活节奏的加快，人们逐渐喜欢休闲、自然、舒适的服装，你也可以去尝试这一行业；在出行方面，拥有私家车对先富起来的人来说已经成为现实，围绕交通和汽车用品市场做生意，前景也会十分广阔。图

1-3 所示为汽车用品店,店里与汽车有关的用品很多,种类非常多,包括清洁养护、外部饰品、内部饰品、汽车电器等,网店的销售额也是非常乐观的。

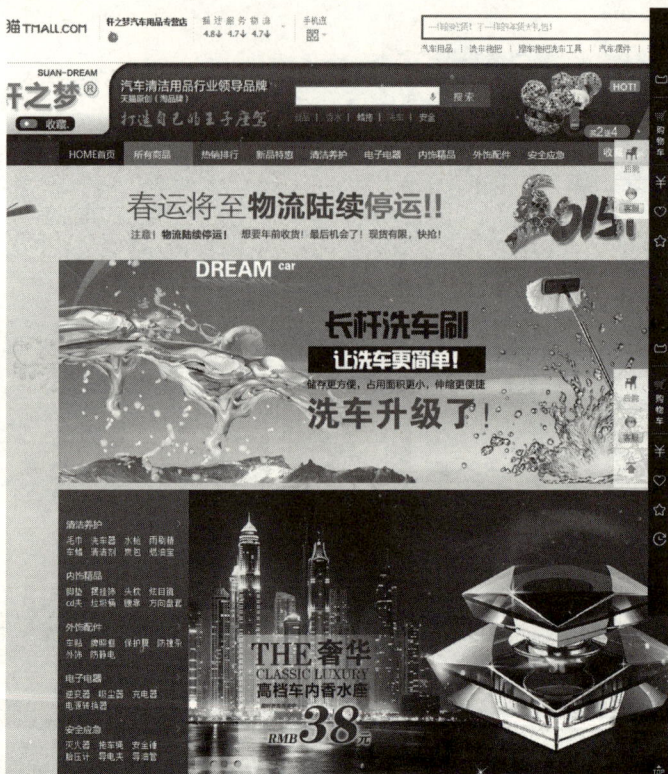

图 1-3   汽车用品店

4. 观察人们生活方式的变化

随着人们物质生活水平的提高,自然要求精神文化生活也要相应地提高,因此可以向人们提供一些丰富典雅的文化产品以及相关服务。其次,随着近年来的旅游热,若为旅客提供方便实惠的旅游产品,前景也会很广阔。图 1-4 所示是一家与旅游有关的户外用品店。

细致、缜密地做好市场调查是投资成功的关键。创业之初,要做好市场调查,切不能人云亦云,不能好高骛远。对市场有充分的了解,网上开店就能赚到钱。

图 1-4　旅游有关的户外用品店

第 005 招　开一家适合你自身发展的店铺

开店不是一件小事，不论是开第一家店还是要开一家分店，既然决定了要开店，就要仔细考虑，开家适合自己经济水平、发展需求的店。这样，就不至于在开店中途因资金不足而使小店夭折，也不会因一时的短视而坐失许多商机。

选择适合自己的行业是开店成功的首要条件。有人开店失败或倒闭并不是因为生意不好，而是因为选择了不适合自己的店铺。

如果问你到底想开什么店时，你能迅速做出回答吗？如果不能，就需要你参考以下的建议。

（1）如果颇具创造力，精通网页技术和图像设计，就可考虑开网店装修、网店设计等店铺。

（2）如果酷爱有品位的物品，精品时装店、手工艺专卖店便可以让你大显身手。

（3）如果你十分爱美，有化妆品销售经验和货源，那么开家化妆品店将是你的首选。

（4）如果你喜欢跟着感觉走，经常处处为人着想，那么宠物用品专卖店、鲜花店正适合你开设。

（5）如果你所在地区有全国其他地方没有的特色产品，那么可以把这些特色产品搬到你的网店上。

要想开店并不难，关键是找到自己的开店目标，开一家适合自己的网店，这样经营起来才能得心应手。

第006招　树立独特的店铺形象

独特的店铺形象需要正确的定位。市场定位是创业者根据自身的竞争优势，使自己的店铺在目标市场中树立起一个与其他竞争者不同的形象。店铺的市场定位包括以下几个方面。

1. 确保商品风格与店铺形象统一

在新店铺开业之前，应首先考虑商品的风格与定位，使店铺与本身的形象相统一。商品是构成店铺设计、展示的重要因素，是店铺形象的具体体现。

2. 因地制宜的选择商品

店铺可以按照商品的分类和定位，或者按照地理特征、心理特征、行为特征等消费者的个性特征对市场进行细分。例如服饰商品，按款式可分为男装、女装、童装；按价位可分低、中、高档；按风格可分为流行、上班、中性等。

3. 确定经营策略

新店铺选择什么样的经营策略，同样属于市场定位的重要内容，而且由于市场环境千变万化，在确定店铺的经营策略时更应小心谨慎。以下是几种常见的经营策略。

（1）单一品牌，也就是最常见的品牌专卖店，通常这类店铺在经营上有较小的弹性，并且很容易及时制定经营策略，但在服务内容、空间等方面可自行发挥。

（2）锁定价格带，这类店铺近来发展迅速，我国已陆续出现了针对某一特定价格带的商品专门店。由于无品牌形象可言，使得这类店铺所锁定的价格多集中在低价位及中性商品上。

（3）复合式经营，有别于多品牌的大型商品店，复合式经营是指采取类似百货公司中品牌专柜的经营方式。

第 007 招　网店推广的误区

很多淘宝店主在推广店铺的时候往往容易陷入到推广误区中，导致做了很多努力却看不到效果，这很容易打击店主做网店的自信心。

1. 只重视流量

然而，对于一个网店来说是留住客户重要？还是拉来客户重要呢？我个人觉得，留住客户相对来说比较重要，因为它才是产生交易的基础。如果一个店铺没有规划好，自己都没有准备好的话，拉来再多的客户都不会带来多少交易。

如果店铺留不住客户的话，即使你花再多的广告费也是枉费，转化率同样会很低，这就是为什么大家总觉得做广告没效果的原因。

2. 跟风推广

以前段时间很流行的微博推广为例，其实微博推广并不一定适合所有的店铺。这时候，很多人就会问，那小米手机前段时间跟新浪联手，采用微博营销不是取得了很大成功吗？但是，他们忽略了小米本身的知名度，也忽略了这不是简单地微博推广，而是直接跟新浪合作，还忽略了小米就算不推广，也会有很多"米粉"来抢购。

3. 无目的性的推广

很多店主意识到了推广的重要性，但是今天做一下这个，明天又做一下那个，很难把握真正有效的推广方式，没有一个合理的方案，无目的性，自然收效甚微。

4. 只要信誉积分高，排名就高

很多新手掌柜淘宝开店，首先想到的就是提高信誉积分。误以为信誉积分高了，排名就一定高。信誉积分高，对增加买家购买店铺宝贝的信任度的确有一定的帮助，但是在淘宝搜索排名算法里，没有必要刻意关注。综合分析店铺的话，有时候一个钻的店铺，其"健康状况"还不及一个新店铺。

5. 只要销量高，排名就高

销量是影响排名的因素之一，但不是必然因素，也不是唯一因素。

可以发现：不少高销量的店铺排名还靠后于低销量店铺，对于排名认识的误区远远不止这些，这里不再一一罗列。不断研究淘宝的排名因素，参照淘宝规则变动，优化各个关键影响因素。在此基础上，掌握核心营销方案，淘宝月销几十万绝对不是海市蜃楼。

6. 只要开直通车烧钱，排名就高

淘宝排名算法只要稍微有一点变动，流量就会重新分配，很多卖家如同惊弓之鸟，以为只有开直通车烧钱才能稳住流量，保住排名。这也是对淘宝排名算法的一种错误认识。

7. 简单而低级的广告

经常会看到有些人到一些论坛发一些低级的广告，例如"欢迎大家光临我的网店，地址 xxx"，这样的广告谁会愿意去点呢？

8. 盲目地坚持

同样的 24 小时，同样的坐着，别人可以整天都在接单，而你却傻坐着。同样的时间产生不同的收获。

你要做什么？如果你连个目标都没有的话，最好去"淘宝大学"好好学习，那么多教程，那么多精华一定能帮助到你。如果什么都不会就要去学习，学会了再实践。不要浪费自己的时间，真学不会的话就要好好考虑下自己适合不适合做淘宝。

9. 没有实时的监控和优化推广效果

淘宝的排名机制一直都在变化。每个星期都有不同的流量顶峰，所以那些运营策略有效一次后，就失去了它的作用。

第 008 招 分析自己店铺的经营现状

很多卖家会纠结于店铺经营一直不给力，其实大部分原因是缺少前期的一些分析，要做到知己知彼，方能百战百胜。

1. 人均浏览页面数

每一位买家都拥有一个独立的 IP 地址，也可以说今天店铺中来了多少个买家就有多个 IP 值。店铺中的商品页面被买家浏览的总数就是浏览量，也就是 PV 值。

店内留客工作就是可以影响 PV 值的，而店外拉客工作开拓影响 IP 值。如果一位买家在一个网店中只浏览了一个商品页面，则他决定购买的可能性是很小的，如果一位顾客在店铺中连续浏览了多个商品页面，则他决定购买的可能性就很大。

当一个网店的 IP 值与 PV 值的比值在 1:1 时，这个店铺是不会有什么生意的。当一个网店的 IP 值与 PV 值在 1:5 时，这个店铺会有稳定的成交量，但是销售量不会很大。当一个网店的 IP 值与 PV 值在 1:10 或更高时，这样的店铺成交量非常高，随便卖什么商品，生意都会很好。

由此可以看出，要想店铺的生意好起来，则需要想办法提高店铺的 IP 与 PV 比值，而这一点则需要通过店内的推广工作实现。

2. 人均页面停留时间

和人均浏览页面数的道理一样，人均页面停留时间也可以用来判断一个店铺是否能留住买家。由于每个行业的性质不同，导致了每个行业买家在店铺中停留的时间差异很大，所以这里没有办法提供一个具体的时间值来做判断。

建议可以以一段时间内，买家在店铺内的平均停留时间作基数，并记录下这段时间的销售量。以后再拿新数据对比，就知道店铺是前进了还是后退了。

买家人均页面停留时间越长，则店铺留客工作做得越到位。

3. 店铺后台数据分析

通过"量子恒道—店铺经"可以得到店铺的每日、每周的流量高峰期，可以根据得到的流量高峰期数值去安排店铺中商品的上架时间，合理的上架时间就会为店铺拉来很多顾客。

通过后台数据还可以知道，店铺中最受关注的商品有哪些，这样可以为以后的进货起到指导作用。

店铺的后台数据有很多种，每种数据都有其分析的价值，分析出的结果都可以为以后店铺的留客与拉客工作起到指导作用。

第 2 章

破解淘宝搜索 SEO 新规，助你流量暴涨

淘宝 SEO 就是通过对自己的宝贝进行合理的优化，使自己的宝贝在淘宝搜索引擎中获得较好的排名，从而免费地给自己的宝贝带来流量的一种技术。本章主要介绍淘宝搜索的规则。

第 009 招　什么是淘宝 SEO

淘宝 SEO 优化几乎是每个淘宝店铺必备的工作，做好淘宝 SEO 优化可以开店坐等顾客上门，是一种非常省心的推广方法。

传统的淘宝 SEO 即淘宝搜索引擎优化，通过优化店铺宝贝标题、类目、商品详情等来获取较好的排名，从而获取淘宝搜索流量的一种新型技术。

广义的淘宝 SEO 是指除淘宝搜索引擎优化以外，还包括一淘搜索优化、类目优化、淘宝活动优化等。也有人把它叫做淘宝站内免费流量开发，即是最大限度地吸取淘宝站内的免费流量，从而销售宝贝的一种技巧。

真正意义上的淘宝 SEO 面临着两大区分，第一种就是淘宝店铺在淘宝站外的搜索引擎（如百度、谷歌等）的搜索排名优化，第二种就是淘宝网站内的搜索排名优化。本章讲述的淘宝 SEO 主要是淘宝站内的搜索排名优化。

第 010 招　淘宝 SEO 优化的基本内容

淘宝优化即通过对淘宝店铺各方面进行优化设置，通过店铺商品关键词排名靠前、商品曝光率和点击率增加来提高店铺流量，同时提高进店顾客的购物体验，进而提高商品转化率，从而达到店铺生意红火的效果。

淘宝优化应包含以下主要内容：淘宝关键词优化、淘宝主图优化、淘宝商品描述优化、淘宝商品图片优化、淘宝店铺装修优化以及淘宝人气宝贝优化。

1.　淘宝关键词优化

主要指商品标题优化，也包含店铺名字等，关键词优化的主要作用就是提高店铺商品被买家搜索到的概率。

2.　淘宝主图优化

主图是商品的展示图，买家搜索商品时首先看到的就是你的主图。主图优化对于提高商品的点击率很重要。因为展现在他眼前的并不是一个商品，而是几十件商品，如何在这几十件商品中脱颖而出让顾客去点击你的商品，这就是主图优化的作用。图 2-1 所示为搜索时显示的商品主图。

图 2-1　搜索时显示的商品主图

3. 淘宝商品描述优化

商品描述主要作用表现在两方面：其一吸引顾客，提高商品成交的转化率；其二展示店铺促销信息，引导顾客查看店铺其他商品，从而增加顾客的购买金额。

4. 淘宝商品图片优化

商品图片优化顾名思义就是处理好商品图片，网上购物简单地说就是看图购物，图片做得不好很难吸引买家。所以如何处理好商品图片也是很重要的。如图 2-2 所示。

5. 淘宝店铺装修优化

店铺装修要从顾客的体验出发，力求突出下面三方面的内容。

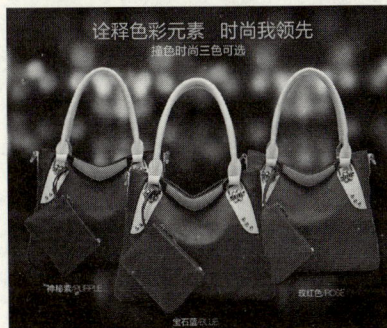

图 2-2　商品图片优化

（1）方便顾客在店内寻找其他商品。

（2）方便顾客获知店铺的促销活动信息。

（3）让店铺的主推商品出现在店铺显眼的地方，使每个进店的顾客基本都能看到。

6. 淘宝人气宝贝优化

人气宝贝作为店铺的重点对象，在做好前面五种优化后，还应该重点对其进行免费以及付费推广。

第 011 招　卖家应该避免的 SEO 作弊行为

淘宝卖家应该避免下面的 SEO 作弊行为。

1. 炒作信用

炒作信用一直是淘宝大力打击的不诚信行为。以增加交易量为目的的虚假交易，会被判定为炒作信用。另外，有些卖家修改原有销量的商品的标题、价格或图片，换成另一种商品后继续销售，这种行为也会被判定为炒作信用。

2. 重复铺货

通过发布完全相同的商品来争取更多的展现机会，直接降低了搜索的精准度，降低了消费者的购物体验。根据淘宝规则，完全相同以及商品的重要属性完全相同的商品，只允许使用一种出售方式发布一次，违反此规则，即可判定为重复发布受到处罚。对于不同的商品，必须在商品的标题、描述、图片等方面体现商品的不同，否则有可能会被判定为重复铺货。

3. 广告商品

商品描述不详、无实际商品、仅提供发布者联系方式，判定为发布广告商品。广告商品被系统识别后会立即降权，并直到修改正确后才会取消处罚。

广告商品包括已出售或仅供欣赏的商品，或信息中出现"拍前请询问价格后才能购买"或"不询问就拍下不发货"等字样的商品等。

4. 错放类目和属性

商品类目和属性与发布商品被放置的类目属性不一致的情况，都会被判定为违规。同广告商品一样，错放类目和属性的商品只有在修改正确后才会取消处罚。

5. 标题滥用关键词

在商品名称中滥用品牌名称或一些跟商品无关的字眼，使消费者无法准确地找到需要的商品。有这种行为的商品会被淘宝搜索判定为滥用关键词，商品立即会被降权。

6. 商品邮费、价格严重不符

商品邮费、价格严重不符也是较为常见的违规行为，其主要目的是在搜索按价格排序时获得有利位置。商品以过低的价格出售、快递费太高等，明显不符合市场规律或所属行业标准，会被判定为价格邮费不符商品。

7. 标题、图片、描述等不一致

卖家所发布的商品标题、图片、描述等信息缺乏或者多种信息相互不一致的情况，包括商品标题、图片、描述等重要信息缺失，都会被判断为标题、图片、描述等不一致商品予以降权。

第 012 招　自然搜索的原理

"自然搜索流量"是指当买家在搜索宝贝的时候，你的宝贝不用付费就自然展现在买家面前，买家点击一次就算是一个流量。一个店铺能否有长远的发展，自然流量能不能带起来是关键。网店的自然流量稳定，那么它的转化率和人气也是很不错的。

我们首先需要了解自然搜索的原理，才能更好地去制定优化策略，从海量的宝贝中脱颖而出。图 2-3 所示为自然搜索原理。

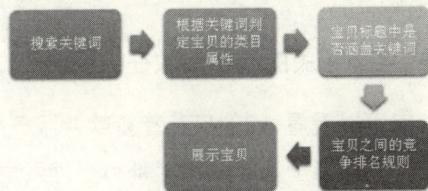

图 2-3　自然搜索原理

右图是关键词自然搜索的整个流程，从中可以看出，宝贝的属性以及宝贝标题是流程最初的筛选环节，筛选后再进行竞争排名，从而得到最终的展现排名。由此而知，宝贝所匹配的类目属性、宝贝的标题以及宝贝中的竞争规则就是自然搜索的关键。

第 013 招　怎样提高自然搜索流量

店铺的自然搜索流量是每个卖家都极为重视的，怎样才能提高自然流量呢？

1. 宝贝的中心词放在标题最前面，提升宝贝的搜索权重

商品的类目可以作为中心词，比如发布的类目是连衣裙，那么中心词就是连衣裙，中心词前最好加上热搜的关键词，中心词后面也可以放一些热搜的关键，比如"新款、夏装、女装、韩版、时尚"等。

可以运用数据魔方、淘宝指数及生意参谋。通过这些工具，可以找出适合自己宝贝的行业搜索热词，以及宝贝所针对的类目搜索热词。图 2-4 所示为使用生意参谋查找热搜的关键词。

图 2-4　使用生意参谋查找热搜的关键词

2. 宝贝相关的属性词放在标题后面，提升搜索的精准度

大家可以看看"2015 春装新款韩版气质优雅加厚呢子大衣毛呢外套女中长款大码斗篷"这个标题的后半部分"外套 女中长款 大码斗篷"这些就是宝贝属性，千万不要忽视这些属性。

3. 类目相关性

类目相关性是指宝贝的类目属性与宝贝是否相匹配，是否相关联，因为只有你的宝贝类目属性与你的宝贝相匹配，买家搜索到你的宝贝才是买家所需求的。否则，

即使展示出来被买家搜索到，因你的宝贝与类目属性不匹配，只能是浪费资源。

4．橱窗推荐

店铺中设置橱窗推荐的宝贝排名会略高于不设置橱窗推荐的宝贝。当商品数量多的时候，可以找软件自动推荐，可以自动推荐快要下架的商品，直接开启后就可以。同时也可以设置销量好的商品一直被推荐，这样可以引入流量。

5．违规行为

宝贝的违规行为会严重影响宝贝排名，例如虚假交易、重复铺货、换宝贝、价格不符。

6．转化率

主要通过宝贝 7 天转化率以及 30 天转化率来看。可以根据自己的宝贝来增加宝贝自身卖点，在过程中用付费推广工具来影响我们的宝贝转化率。

7．店铺的买家体验

店铺的好评率、退货率、客服响应时间、纠纷率，同样会影响宝贝的自然搜索权重。

第 014 招　影响店铺排名的因素

淘宝开店掌柜常常想知道怎样才能使自己的商品排在前面，往往不知怎么下手操作，在此介绍几种影响淘宝店铺和商品排名的因素。

1．宝贝主图和详情页

宝贝主图应该是真实地反映宝贝最直观的一个部分。宝贝主图不要牛皮藓化，这样一是不美观，带给买家最直观的感觉很不舒服，二是过多的文字图片掩盖了宝贝真实的面貌，使买家不能很好地辨认出宝贝细节。为了更好地提升买家搜索购物体验，现在搜索逻辑里已经将质量较差的主图进行了流量限制。如图 2-5 所示的多个文字区域，大面积铺盖干扰正常查看宝贝。

建议及时修改主图，去除多余信息。图片包含销量和价格等描述性文字，如图 2-6 所示。

图 2-5　宝贝主图牛皮藓化

图 2-6　简单明了的宝贝图

图 2-7 所示为详情页面存在大量的与本宝贝无关的信息，这个在视觉上影响了用户体验。希望越来越多的卖家能认真关注买家需求，在详情页面给买家提供与商品本身密切相关的信息，以缩短买家的购买路径，提高宝贝购买转化率。

图 2-7　无关宝贝信息

详情页对宝贝自然排名的影响，主要也是体现在转化率、跳失率和访问时间等，因为这几个方面体现的是买家的搜索关键词与这个宝贝的匹配度。如果几项指标都为优，说明这个关键词更加符合买家的搜索要求，淘宝自然以后会给这个关键词的权重会更大。

2. 宝贝标题和宝贝属性

宝贝的标题是行业热门的关键词加上宝贝的类目属性词。这里提醒下新手卖家，不要一味地堆砌行业热门关键词，最好的宝贝标题就是行业热门关键词。如图2-8和图2-9所示的宝贝属性和宝贝标题。

这样出来的30个字的标题不仅和宝贝的类目属性关系密切，最重要的是通过标题搜索进来的流量大部分都是有效流量。这样的标题，既有热门关键词，又和宝贝的属性很贴近，这样的标题想不好都难。

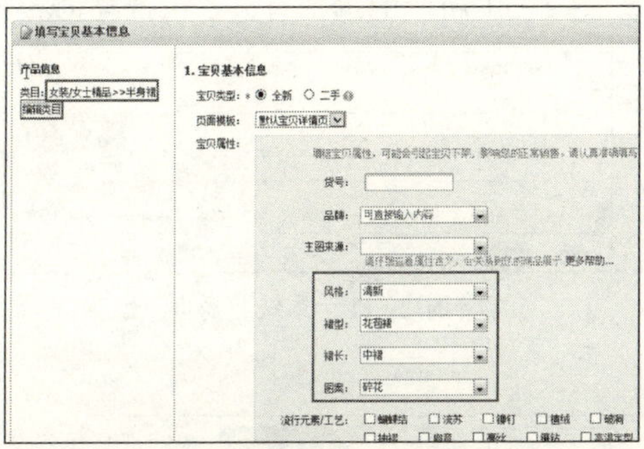

图 2-8　产品信息

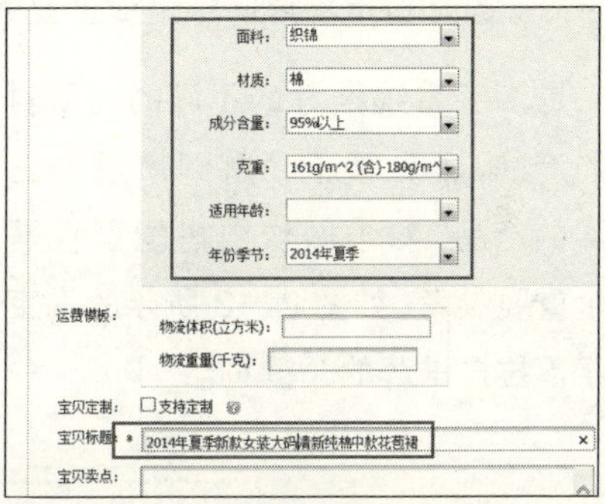

图 2-9　和标题密切相关

宝贝标题的关键词一部分选择行业热门关键词，另一部分来自类目属性词。如果你的宝贝类目没有选好，而且属性词也没有做好，这将直接影响到宝贝的标题，进而影响到自然搜索流量。完美的标题源之于完美的类目属性，完美的类目属性彰显完美的标题。

3. 店铺动态评分

在我们的店铺信用评价里有一个淘宝店铺动态评分，店铺动态评分里有三个评分标准。他们分别是宝贝与描述相符，卖家的服务态度，卖家的发货速度。淘宝是根据这里的分数与同行业的平均水平相比较，得到一个参数值，通过这个参数给你店铺、宝贝分配权重。这个分数是买家给予的，你的服务态度好，买家打的分数就会高。

现在淘宝搜索规则中对服务的要求越来越高，从搜索来看，前几个页面的商家描述相符、发货速度、服务态度都是在平均水平之上的商家，如图 2-10 所示。

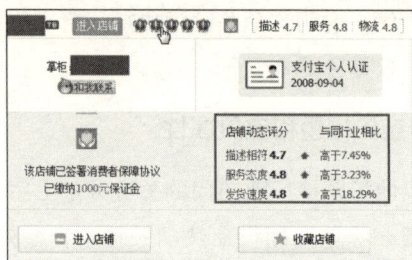

图 2-10　店铺动态评分

4. 选择关键词

宝贝标题关键词细分要用其所在类目下的热门关键词。这样，当客户搜到你的相关关键词里，你的宝贝就有机会排到前面。

一是这些都是淘宝系统推荐的词，搜索流量巨大，属于标题中必备的关键词，对于大卖家把握市场风向标是很重要的。如图 2-11 所示的淘宝首页系统推荐词。

二是淘宝系统推荐的不同的词所对应的产品，能让我们了解到市场上正热卖的产品，对于做店内搭配套餐是一个重要参考，如图 2-13 所示的淘宝搜索下拉框推荐的关键词。

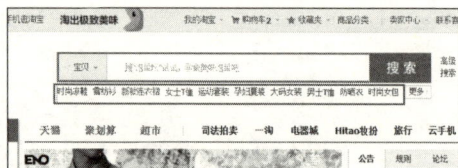

图 2-11　系统推荐词

图 2-12　淘宝搜索下拉框

5. 转化率和支付宝使用率

在开店过程中，我们都会发现，有些客户在拍下商品后，会因为各种各样的原因，不及时付款或者最终关闭交易，这样的订单，会对我们店铺的成交额、支付宝使用率等产生影响，所以对于这样的订单，要分析原因，想办法，然后让客户更痛快地掏钱。

提升店铺转化率，即网店首页整体成交转化率。

（1）店铺装修做到位。淘宝旺铺可个性化装修，添加相应的模块实现更好的宣传推广效果。

（2）推广产品页面，即宝贝展示详情页面，做好关联营销。

（3）店铺内商品描述页面能快速打开，细节图片能正常、快速显示，一个迟迟不能正常打开的宝贝，每天总会流失大量客户的，商品描述页面要图文并茂，合理搭配。

（4）店铺首页、热门页面、重要位置，要放上店铺活动宣传介绍、促销商品介绍的 banner。

支付宝使用率 =（实际使用支付宝的金额 / 买家拍下商品的总金额）×100%。计算方法，淘宝是按半年核算支付宝使用率。支付宝使用率只要针对卖家的，它的计算金额也只跟卖出交易有关，跟卖家自己在别家买进无关。

6. 旺旺在线时间长

能保持旺旺天天在线是很重要的，淘宝网上有数百万卖家，客人能主动上门找上你的同时，已经算是成功了 50%。试想，客户进了你的网店，如果发现店主不在，会继续逗留或者坚持等你上线再买吗？答案是不可能的。哪怕是你的东西再漂亮，价格再实惠，淘宝卖家在不断增多，竞争日趋激烈，如果你没有足够的时间在线，谈何竞争？这样只有让你的商机白白流走。

搜索的前几页基本很难看到旺旺不在线的商家，而旺旺在线以及旺旺的回复响应时间都是影响搜索的因素。这就要看卖家的反应速度了，如果店铺实在太忙，完全可以给旺旺设置一个自动回复，这也算是响应速度。

第 015 招　宝贝标题的结构和规则

宝贝标题的原则是尽量符合用户的各种搜索习惯，把用户可能会搜索的各种词综合起来写最好。

一个完整的宝贝标题应该包括 3 个部分。

第一部分是"商品名称"，这部分要让客户一眼就能够明白这是什么东西。

第二部分是由一些"感官词"组成，感官词在很大程度上可以增加买家打开你的宝贝链接的兴趣。

第三部分是由"优化词"组成，你可以使用与产品相关的优化词来增加宝贝被搜索到的概率。

这里举一个宝贝标题的例子来说明，比如："【热销万件】2015 冬季新款男士短款鸭绒外套 正品羽绒服"，这个词会让客户产生对产品的信赖感。"鸭绒外套""男装"、"羽绒服"这 3 个词是优化词，它能够让你的潜在客户更容易找到宝贝。

在宝贝标题中，感官词和优化词是增加搜索量和点击量的重要组成部分，但也不是非要出现的，唯独商品名称是雷打不动的，宝贝标题必须要描述出你的产品名称。

当然，宝贝标题也不是随便什么文字都可以填的，必须严格遵守淘宝的规则，不然很容易遭到处罚。比如，宝贝标题需要和商品本身一致，不能干扰搜索。宝贝标题中出现的所有文字描述都要客观真实，不得在宝贝标题中使用虚假的宣传信息。

一般宝贝标题主要有下面几种组合方式。

- 品牌、型号 + 商品名称
- 促销、特性、形容词 + 商品名称
- 地域特点 + 品牌 + 商品名称
- 店铺名称 + 品牌、型号 + 商品名称
- 品牌、型号 + 促销、特性、形容词 + 商品名称

- 店铺名称 + 地域特点 + 商品名称

- 品牌 + 促销、特性、形容词 + 商品名称

- 信用级别、好评率 + 店铺名称 + 促销、特性、形容词 + 商品名称

这些组合不管如何变化，商品名称这一项一定是其中的一个组成部分。因为在搜索时首先会使用到的就是商品名称关键字，在这个基础上再增加其他的关键字，可以使商品在搜索时得到更多的入选机会。至于选择什么来组合最好，要靠我们去分析市场、商品竞争激烈程度和目标消费群体的搜索习惯来最终确定，以找到最合适的组合方式。

第 016 招　在宝贝标题中突出卖点的技巧

在网店经营中，如何能够吸引买家点击商品是一个比较重要的问题，这和你宝贝标题的编写有密切关系，如果你的标题比较吸引人，那么他点击的次数就会多，由于点击次数比较多，那么他浏览的页面也就比较多，必然会使他的购买量增加的几率变大。

宝贝标题编写时最重要的就是要把商品最核心的卖点用精炼的语言表达出来。你可以列出四五个卖点，然后选择最重要的三个卖点，融入到宝贝标题中。下面是在宝贝标题中突出卖点的一些技巧。

1. 标题应清晰准确

宝贝标题不能让人产生误解，应该准确而且清晰，让买家能够在一扫而过的时间内轻松读懂。

2. 标题的充分利用

淘宝规定宝贝的标题最长不能超过 60 个字节，也就是 30 个汉字，在组合理想的情况下，包含越多的关键字，被搜索到的概率就越大。

3. 价格信号

价格是每个买家关注的内容之一，也是最能直接刺激买家，形成购买行为的因素。

所以，如果店里的宝贝具备一定的价格优势，或是正在进行优惠促销活动，如"特价""清仓特卖""仅售××元""包邮""买一赠一"等简短有力的词，完全可以在标题中注明。

4. 进货渠道

如果店铺的商品是厂家直供或从国外直接购进的，可在标题中加以注明，以突出商品的独特性。

5. 售后服务

因在网上不能面对面交易，不能看到实物，许多买家对于某些宝贝不愿意选择网上购物，因此，如果能提供有特色的售后服务，例如"无条件换货""全国联保"等，这些都可以在标题中明确地注明。

6. 店铺高信誉度记录

如果店铺的信誉度较高，如皇冠、金冠级等，可以在宝贝标题中注明网店的信誉度，这些都会增强买家对卖家的交易信心。

7. 卖品超高的成交记录

如果店中某件商品销量在一段时间内较高，可以在标题中注明"月销上千""明星推荐"等文字，善用这些能够调动人情绪的词语，对店铺的生意是很有帮助的。这样会令买家在有购买意向时，大大降低对此商品的后顾之忧。

8. 适当分割以利于阅读

如果30个字的标题一点都不分割，会使整个标题看上去很长，比如"全场包邮2015秋冬新款冬裙羊绒毛呢加厚短裙半身裙包臀裙子"，这么多字没有一个标点符号，完全不分割，虽然有利于增加被搜索到的概率，但是会让买家看得很辛苦甚至厌烦，所以，少量而必要的断句是应该的。最好使用空格符号或半角或叹号进行分割标题。如"全场包邮！2014秋冬新款冬裙／羊绒毛呢／加厚短裙／半身裙／包臀裙子"。

第 017 招　对宝贝标题优化不利的地方

淘宝网店的宝贝标题如何设置是至关重要的，买家在逛淘宝的时候基本都不会漫无目的，大部分买家都会根据自己的喜好在淘宝搜索里进行搜索。这时候宝贝标题的关键词就起到了决定性作用，宝贝关键词设置得越详细，越热门，越贴近生活，那你的宝贝被搜索到的几率也就越高。

对宝贝标题优化不利的地方：

（1）关键词堆砌：有的卖家在一个宝贝标题中放上好几个同类的关键词。如卖靴子的，有靴子、长靴、长筒靴、高筒靴、雪地靴、平跟靴、平底靴，标题关键词要注意一个度，切忌过分去用。

（2）滥用符号：关键词用符号括起来会导致宝贝在淘宝的搜索结果中权重下降。

（3）重复标题：新开店铺里同质商品比较多，几十个宝贝标题都是一样的，有的卖家标题直接都是复制粘贴，还有人说标题半年都没改过，这些都对标题优化不利。

（4）触犯淘宝高压线：指的是标题中不要出现山寨、高仿以及其他禁用词语。

（5）滥用品牌词：宝贝卖的不是李宁、阿迪达斯品牌，标题中出现李宁、阿迪达斯等词。

第 018 招　宝贝主图优化的原则

淘宝图片展示是客户的第一感官接触，要想让客户第一眼看上宝贝，图片一定要优化，不仅要展示清楚，还要增加促销信息，彰显品牌和信誉。主图优化应该遵循以下原则。

（1）严谨。在优化的时候一定要找到适合自己店铺、自己宝贝的方法，不盲目。

（2）凸显卖点。把宝贝的卖点也就是优点喊出来，如折扣、包邮、价格等。

（3）注重实际效果。图片做好之后一定要进行对比测试，不要主观地认为自己做出来的图片一定就好，要客观地对待，进行对比测试，通过流量变化来判断。没有达到优化预期效果、不合格的要果断删除、然后继续优化。

第 019 招　优化宝贝图片，提高宝贝点击率

怎样优化淘宝宝贝图片，提高宝贝点击率呢？

1. 保证图片的清晰度

想要图片吸引人，提高消费者的购买欲，就要保证宝贝图片清晰。清晰的宝贝图片，不仅能体现出产品的细节和各种相关的信息，还能大大地提高宝贝的视觉冲击力。否侧，朦胧的宝贝图片，只会降低消费者的体验感和购买欲，甚至有些消费者还会觉得是盗图，从而对产品也失去了信心。图 2-13 所示为清晰的宝贝图片。

2. 突出重点

很多卖家在设计宝贝图片的时候，会忽略了要突出宝贝重点这个细节。往往在体现宝贝效果的时候，分不清主次，这样容易造成视觉混乱。

3. 美观度

宝贝图片的设计还要注意美观度。很多卖家想要突出自己的产品优势和特点，都会选择在宝贝图片上，加上一些字眼，如真材实料、正品甩卖、爆款促销等，如图 2-14 所示的美观图片。当然，在添加这些字眼的时候，一定要选择最重要的，不要把所有的字眼就加在图片上。否则就会造成图片混乱，缺乏美感，甚至是本末倒置的感觉。

图 2-13　清晰的宝贝图片

图 2-14　美观图片

第020招 宝贝细节图吸引卖家眼球

很多新手卖家都不注重细节图的拍摄，甚至在商品页面上没有细节图，这样是很难让买家信任的。要想提高商品的成交率，除了商品自身的独特性、商品本身的性价比外，细节图也起到了一个很关键的作用。如图2-15所示的产品细节图。

图2-15 产品细节图

因为毕竟是网络销售，买家看不到实物，所以用细节图能起到一个很关键的作用。细节图有哪些好处呢？

1. 提高转化率，回头率

高的转化率，这是所有卖家都在追求也都很头疼的一个事情。除了商品自身的独特性、商品本身的性价比之外，细节也起到了关键的作用。所以好的实拍细节图片也是个快捷有效的方法。

看那些转换率高的店铺，都是实拍细节图片很多，拍摄图片真实细腻，力争把最真实的图片呈现给买家。买家很多时候很喜欢某件商品，但是担心商品质量、做工等问题而犹豫不决，所以只有站在买家的角度考虑问题，把买家的担心拍出来，做好细节，这样才会激发买家购买。

2. 减少退换货

是不是有很多卖家都会遇到这样一些情况，买家收到商品后要求退货，给的原因就是跟想象中的不一样等。这个直接的原因就是细节图片造成的。做好细节图片的拍摄及处理，还原最真实的商品细节，这样让买家更清楚地了解商品本身，就会有效地减少退换货。

3. 提高好评率

之前也有遇到买家因为所购商品跟想象中不一样，然后不联系就直接给中差评的情况。信用是淘宝卖家最在乎的东西，也是最能直接影响买家购买，影响转换率提高的一个重要因素。好评率就是卖家的命。有了好的实拍细节图片，能让买家更直接地看到商品，也不会在后期出现那么多的问题和误会，从而也会提高卖家的好评率。好评率高了，转换率也相对会高，销售也就会跟着上涨。

4. 买家对店铺信任度和忠诚度增加

做生意做的就是回头客。店家的服务态度是一个方面，其实最重要的还是商品的质量，让买家即使不能摸到商品，也能从电脑上最直观地了解到商品的质地、款式。这个时候实拍细节图片就能帮到你实现这些。买家只有第一次买到满意的商品，才会有第二次第三次的消费。好的实拍细节展示会让你的顾客更忠诚地信任店铺。

第 021 招　怎样编写宝贝描述

在网上购物，影响买家是否购买的一个重要因素就是宝贝描述，很多卖家也会花费大量的心思在宝贝描述上，下面是撰写宝贝描述的步骤。

1. 做一个精美的宝贝描述模板

首先最好有一个精美的宝贝描述模板，宝贝描述模板可以自己设计，也可以在淘宝上购买，还可以从网上下载一些免费的宝贝描述模板。精美的模板除了让买家知道掌柜在用心经营店铺外，还可以对宝贝起到衬托作用，促进商品的销售。如图 2-16 所示网上销售的宝贝描述模板。

2. 拍摄好商品照片

在发布宝贝描述前还要拍摄和处理好商品照片。图片的好坏直接关系到交易的成败，一张好的商品图片能向买家传递很多东西，起码应该能反映出商品的类别、款式、颜色、材质等基本信息。在这个基础上，要求图片拍得清晰、主题突出以及颜色还原准确，具备这些要素后，可以在上面添加货号、美化装饰品、店铺防盗水印等。

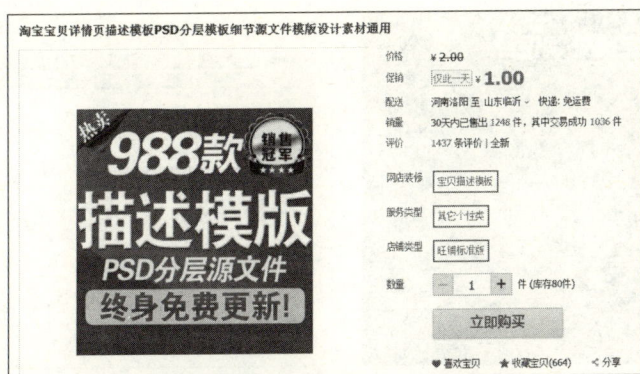

图 2-16　网上销售的宝贝描述模板

3. 吸引人的开头，快速激发客户的兴趣

宝贝描述的开头要力求做到吸引买家的注意力，立刻唤起他们的兴趣，给他们一个非得继续看下去不可的感觉。

不管写什么样的产品描述，必须首先了解你的潜在客户的需求。了解他们在想什么，找到吸引他们感兴趣的东西，看看怎么把你的产品和他们的兴趣联系在一起。

4. 给顾客购买推动力，让对方尽快采取行动

当顾客已经产生了兴趣，但还在犹豫不决的时候，还需要给他一个推动力。不要让潜在顾客有任何对你说"考虑考虑"的机会。可以在宝贝描述中设置免费的赠品，并且告诉他，赠送赠品的活动随时都有可能结束，让他尽快采取行动。

5. 突出卖点，给顾客一个购买的理由

找到并附加一些产品的卖点，加以放大。挖掘并突出卖点，很多产品细节与卖点是需要挖掘的。每个卖点都是对买家说服力增加的砝码。你的宝贝描述能够吸引买家的卖点越多，就会越成功。如图 2-17 所示的突出产品的卖点。

6. 通过建立信任，打消客户疑虑

利用好买家的评价，并附加在描述里。放些客户好评和聊天记录，增加说服力。第三方的评价会让顾客觉得可信度更高，让买家说你好，其他的顾客才会相信你。图 2-18 所示为把信用评价添加在宝贝描述中。

图 2-17　突出产品的卖点

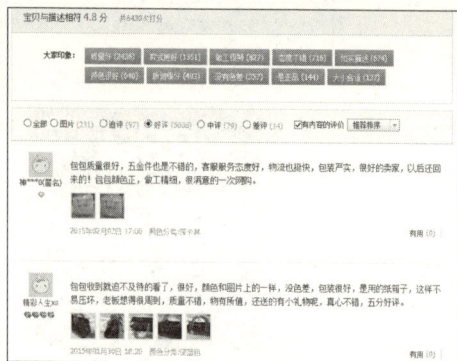

图 2-18　把信用评价添加在宝贝描述中

第 022 招　优化宝贝描述转化率翻番

宝贝描述页是网店买家决定是否购买的最后一站，宝贝描述页是跟转化率息息相关的，宝贝描述页是可以通过内在的优化使其达到较高的转化率的。所以宝贝描述好不好，直接决定宝贝转化率，这点相信大家做淘宝店的都知道。但是，如何做好宝贝描述，确实是横亘在淘宝卖家面前的一个难题。

在写宝贝描述时注意如下几个方面。

（1）首先要向供货商索要详细的商品信息。商品图片不能反映的信息包括材料、产地、售后服务、生产厂家、商品的性能等。相对于同类产品有优势和特色的信息一定要详细地描述出来，这本身也是产品的卖点。

（2）为了直观性，宝贝描述应该使用文字＋图像＋表格三种形式结合来描述，这样买家看起来会更加直观，从而增加了购买的可能性。

（3）要对产品的基本属性进行描述，例如品牌、包装、规格、型号、重量、尺寸大小、产地等。宝贝描述应对买家攻心为主，从情感上，抓住顾客的心，看完宝贝描述后，会让买家觉得关怀备至，与我们的宝贝描述中的图片和文字产生共鸣。图 2-19所示为产品的基本属性描述。

（4）参考同行网店。可以去皇冠店转转，看看他们的宝贝描述是怎么写的。特别要重视同行中做得好的网店。

（5）在宝贝描述中也可以添加相关推荐商品，如本店热销商品、特价商品等，即使顾客对当前所浏览的商品不满意，在看到商家销售的其他商品后，也许就会产生购买的欲望。另外即使已经决定购买现在所浏览的商品，在浏览其他搭配商品的同时，也会产生再购买另外商品的打算。要让买家更多地接触店铺的商品，以增加商品的宣传力度。图 2-20 所示为在宝贝描述中添加其他相关推荐商品。

（6）留意生活，挖掘与宝贝相关的生活故事。这个严格来说不属于宝贝描述信息的范畴，但是一个与宝贝相关的感人的故事更加容易打动消费者。

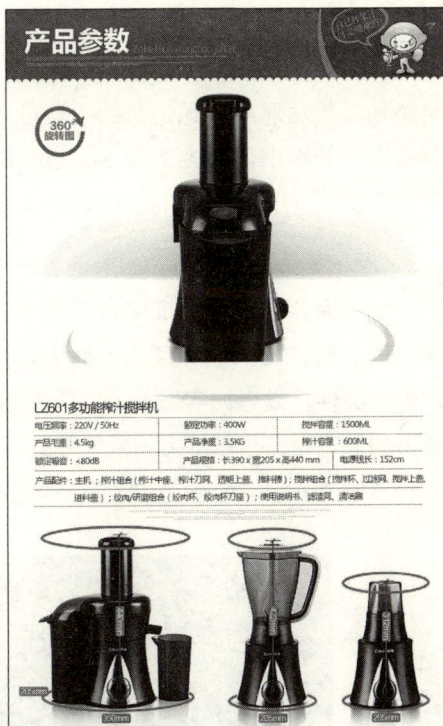

图 2-19 产品的基本属性描述

图 2-20 在宝贝描述中添加其他相关推荐商品

（7）在宝贝描述中注意售后服务和规避纠纷。如图 2-21 所示在宝贝描述里添加了售后服务和退换货的一些注意事项，既取消了买家的担忧，也为了以后发生纠纷时有理有据。

（8）展示相关证书证明。如果是功能性商品，需要展示能够证明自己技术实力的资料。提供能够证明不是虚假

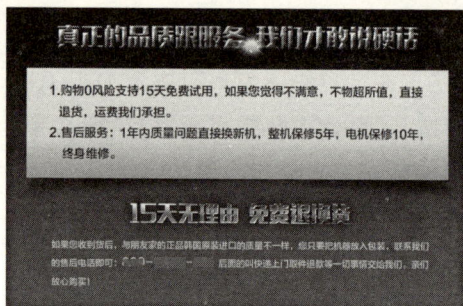

图 2-21　在宝贝描述中添加售后服务

广告的文件，或者如实展示人们所关心的商品的制作过程，都是提供可信度的方法。如果电视、报纸等新闻媒体曾有所报道，那么收集这些资料展示给顾客也是一种很好的方法。如图 2-22 所示的页面中展示了商品的相关证书和证明资料。

图 2-22　商品的相关证书和证明资料

第 023 招　淘宝无线搜索流量从哪里来

电商的今天，已经不再是 PC 端占主导地位的时代了，相反，无线营销已成为当下商家们最为着重推广的一块宝地。2013 年淘宝为了进军无线市场，提供了很多

实用的工具和活动，无线端的流量大多浏览速度快，下单率高，如果能把握好这些，提升店铺的无线端流量，岂不是很好？

要知道无线营销如何做，首先得知道淘宝无线流量从哪里来，找到入口点才能着重推广。

1. 手机专享价设置

手机专享价是消费者通过手机淘宝购物享受优惠活动的一种折扣方式。商家在店铺后台设置手机专享价，可以获得手机端搜索加权，宝贝也得到优先展示，而在PC端，宝贝仍能显示PC端的优惠价，虽然是两个不同的载体，但价格也不会相互干扰。手机专享价不仅是进入手机淘宝的敲门砖，而且还能促进买家消费，有利于提升店铺转化率。

在淘宝店上设置手机专享价的具体方法如下。

（1）进入"卖家中心"—"营销中心"—"手机营销专区"，单击手机专享价下的"马上创建"按钮，如图2-23所示。

图2-23　手机营销专区

（2）进入手机专享价，单击"创建活动"按钮，如图2-24所示。

（3）进入设置活动名称和促销时段页面，"活动名称"是卖家在后台设置用于辨认活动的，不在买家前台展现。"针对用户"面向全网或仅对微淘用户有效。"活动时间"最长一个月内，单击"确定"按钮，如图 2-25 所示。

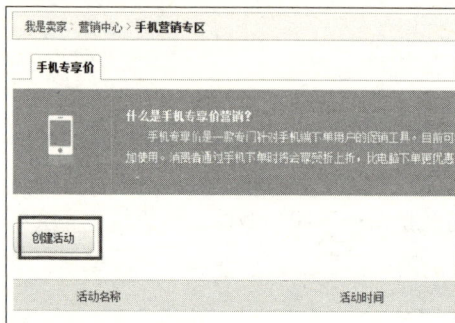

图 2-24　单击"创建活动"按钮

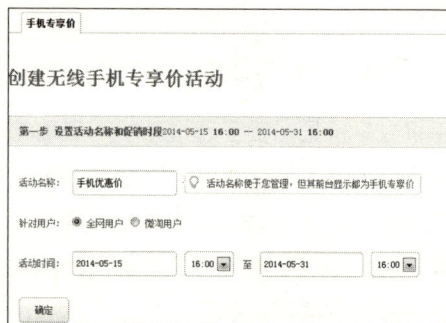

图 2-25　设置活动名称和促销时段

（4）因设置手机专享价的宝贝有上限数量限制，限制数量和你上个自然月的日均销量有关，所以请选择 热销、易引流宝贝 参加，可通过店铺内宝贝类目、宝贝名称、商家编码实现对特定宝贝的搜索和选择。如图 2-26 所示选择宝贝。

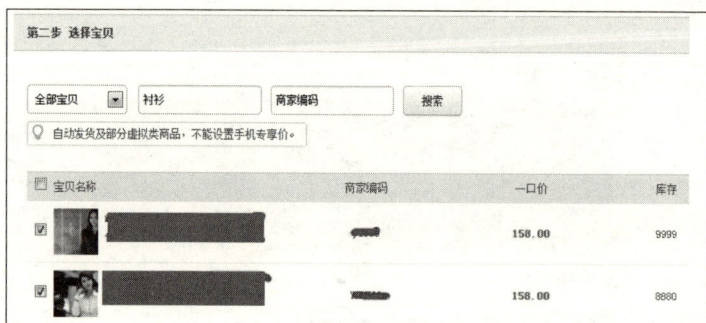

图 2-26　选择宝贝

（5）设置宝贝的手机专享价格，或者针对不同宝贝设置不同的专享折扣。这里的折扣是折上折，即卖家如果已对该宝贝在其他营销设置中（如官方的限时折扣、聚划算等）设置了折扣，在手机专享价中，设置的折扣将和前面已设置的折扣叠加。如某宝贝一口价 100 元，当前时间设置了 7 折的限时折扣，又在此处设置了 7 折的手机专享折扣，则买家在手机客户端下单时的价格显示为 100x0.7x0.7=49 元。
如图 2-27 所示设置手机专享折扣。

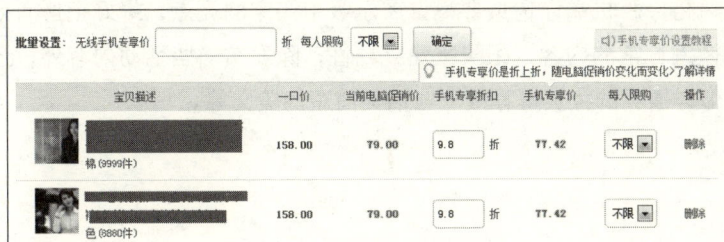

图 2-27 设置手机专享折扣

2. 手机店铺页面装修

手机店铺二级页面流量互相打通，尽量降低跳失率，提高转化率，延长客户页面
停留时间，引起兴趣点，那么如何做好手机店铺页面装修以吸引客户呢?

（1）做好背景页面，突出活动主题。

（2）设置优惠券，根据不同门槛进行设置。

（3）划分好模块，按照尺寸分成 4 个版块，如热卖产品、活动区、商品排行榜、
新品区。如图 2-28 所示手机店铺页面。

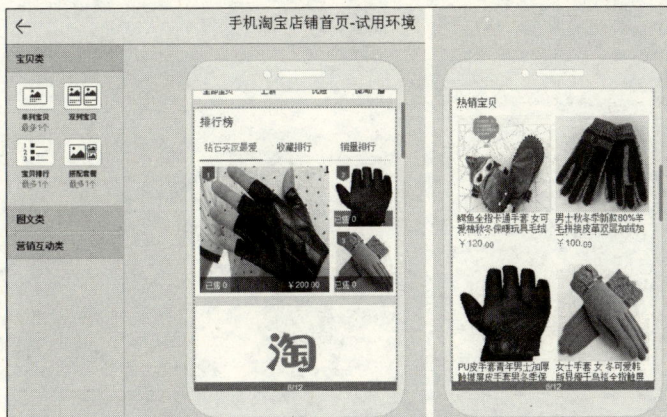

图 2-28 手机店铺页面装修

3. 微淘

微淘是淘宝无线流量来源的一大入口点，它的装修应按照产品自身和客户群体定位来设定风格，手机端详情页要尽量展示吸引买家的亮点，好好把握有效空间。认真策划微淘日常的内容，跟买家建立粘性，除发布一些活动内容外，还可以发布一些类似详情页的宝贝推荐或一些精美简短的美文等。

第 3 章

用好千牛，让你的宝贝卖不停

千牛软件是淘宝和阿里巴巴为商人量身定做的免费网上商务沟通软件，可以帮助用户轻松找客户，发布、管理商业信息，及时把握商机，随时洽谈做生意，简洁方便。本章主要介绍千牛软件一些鲜为人知的使用技巧，掌握了这些技巧会大大提高网店的销售量，为店主节省时间和广告费用。

第 024 招　利用千牛的状态信息发布广告

在淘宝开店的卖家，每天首先要做的事情就是登录千牛，与买家交流，进行交易管理。登录千牛工作台后，在操作界面中就可以看到联系人及其自定义状态信息，如图3-1所示。

如果卖家不特别设置千牛工作台的状态，一般默认为"我有空"或者"机器闲置"。而经过设置以后，

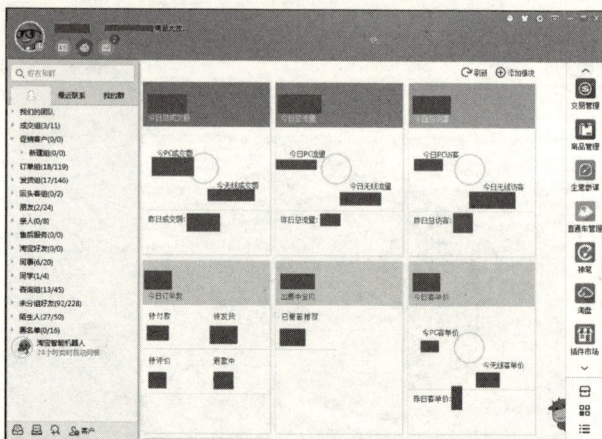

图 3-1　千牛工作台

卖家的状态就会变成具有宣传效果的标语，很多卖家运用自定义状态来宣传店铺的优惠活动或热销商品，这在很大程度上增加了店铺的访问量，进而提高了商品的销售量，是推广店铺的一条捷径。

要设置滚动的自定义状态广告，就要先设置好两条或者两条以上的信息。使用千牛工作台设置滚动自定义状态广告的具体操作步骤如下。

（1）在千牛工作台操作界面中单击右上角的"系统设置"按钮，如图3-2所示。

（2）弹出"系统设置"对话框，如图3-3所示。

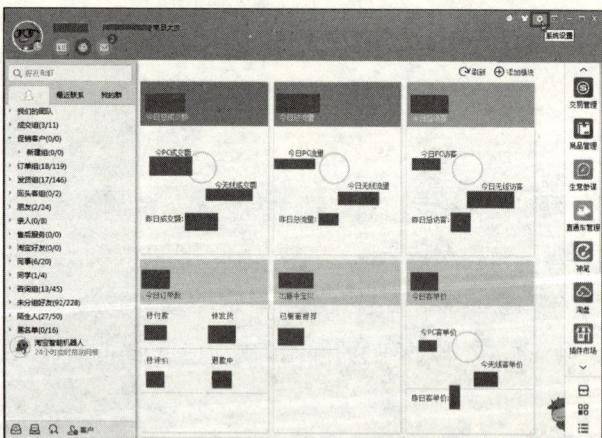

图 3-2　单击"系统设置"按钮

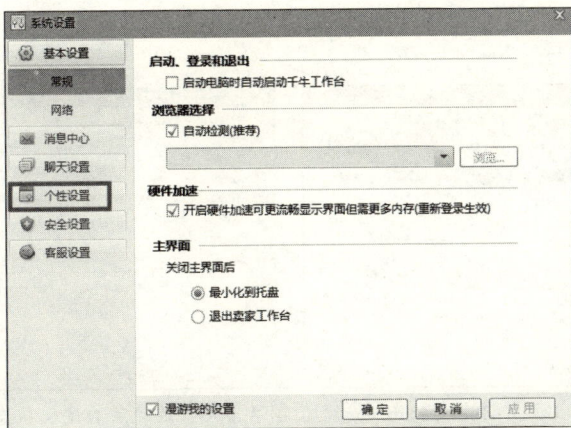

图 3-3　"系统设置"对话框

（3）选择左侧基本设置下的"个性设置"选项,在右侧出现"个性签名设置"文本框,如图 3-4 所示。

（4）单击"新增"按钮,打开"新增个性签名"对话框,在对话框中输入想要显示的自定义状态,如图 3-5 所示。

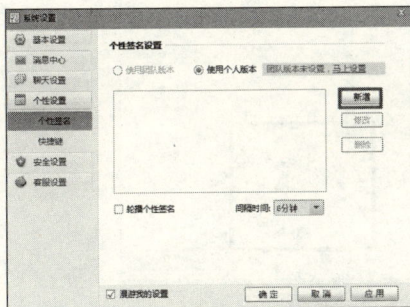

图 3-4　"系统设置"对话框

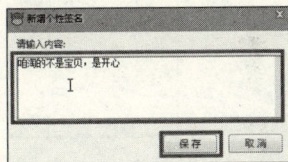

图 3-5　添加自定义状态信息

（5）单击底部的"保存"按钮,"系统设置"对话框中的"个性签名设置"信息栏中将显示刚才设置的自定义状态,按照同样的方法,再次单击"新增"按钮,添加自定义状态,如图 3-6 所示。

（6）添加完自定义状态信息后,还可以单击对话框右边的"修改""删除"按

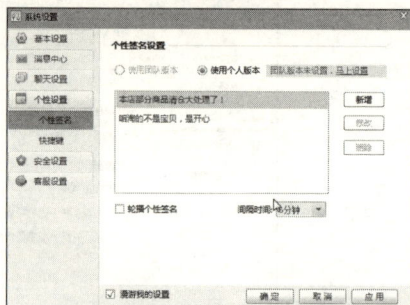

钮修改或删除自定义状态信息，如图3-7所示。

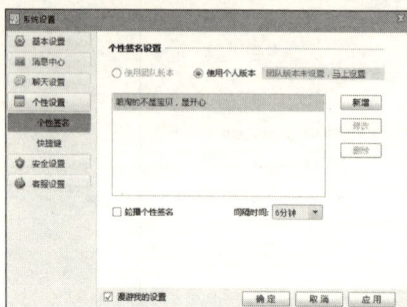

图3-6 添加自定义状态　　　　图3-7 修改删除自定义状态信息

（7）当添加了两条以上的自定义状态后，勾选"轮播个性签名"复选框，在"间隔时间"后面的下拉菜单中选择滚动显示的时间间隔，如图3-8所示。

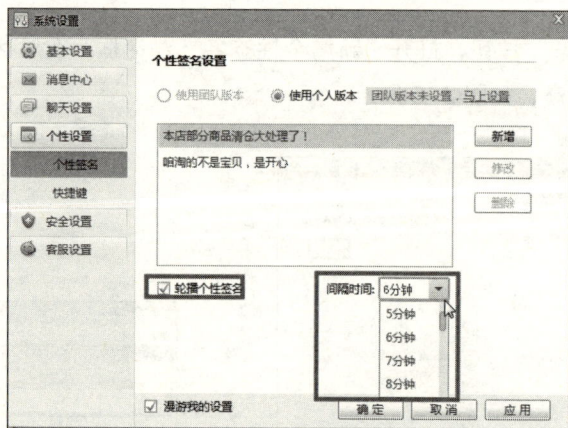

图3-8 设置滚动显示

（8）设置完后，单击底部的"确定"按钮，自定义状态信息即可设置完成。随后在千牛工作台中将显示第一条自定义状态信息，如图3-9所示。

（9）设置好的滚动自定义状态还可以显示在与买家聊天的对话框中，只要打开聊天对话框，买家就能看到卖家的自定义状态，如图3-10所示。

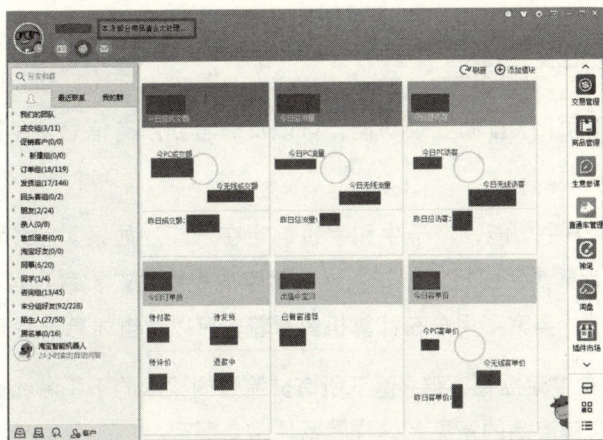

图 3-9　显示状态信息

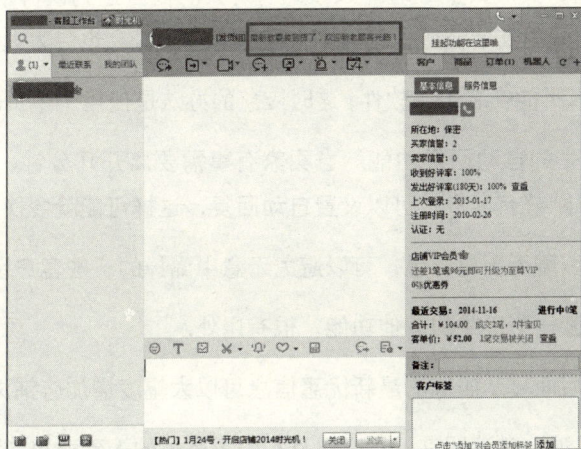

图 3-10　聊天对话框

通过设置阿里旺旺滚动自定义状态，可以让好友随时了解店铺的促销信息和新增商品，方便买家和卖家，也带来了更多的成交机会。

第 025 招　千牛增加流量的技巧

千牛是一个非常好的交流工具，现在有很多生意都是通过千牛达成的。利用好千牛是淘宝开店的基本功。潜心研究千牛的功能，可以获得很多经验，下面是应用千牛提高流量的一些技巧。

（1）设置开机后千牛自动登录功能，可以及时看到所有信息，免除忘记开千牛而漏掉生意的遗憾。

（2）开通移动千牛功能，将千牛和手机绑定在一起。如果卖家外出或者不能上网时，千牛的消息就会以短信方式发送到卖家的手机上，卖家也可以回短信给对方。最重要的是，卖家不用总在计算机旁看着，可以适当休息一会儿。

（3）在我的好友中建立顾客群，留下所有交流过的买家的千牛名。多同买家交流，询问买家对于店铺商品的意见，这样就留住了老顾客。

（4）加入人气比较旺的千牛群，多交友，多交流。朋友多，可以互相帮忙顶帖，互相提高生意量，交流买卖经验对大家都有好处。而且遇到谈得来的好友，可以相互建立个人空间的友情链接，这样别人到你店铺的机会也会大大增加。

（5）有些情况下不能安装千牛软件，这时应急的办法是使用千牛页面同客户交流。

（6）设置好千牛的自动回复功能。当卖家有事需要离开几分钟，计算机处于闲置状态时，如果刚好有客户，可以设置自动回复，这样可能就会挽留住客户。

（7）不定期检查聊天历史记录，可以避免无意中漏掉的一些客户留言。

（8）有空多摸索一些千牛的其他功能，很有用处。

（9）在千牛名后面显示店铺的最新优惠信息可以大幅度增加店铺浏览量。

（10）建立千牛群，邀请朋友、买家以及和生意有关的人到群里，增加群的人气。当人气达到一定程度，千牛群中有了"黄金旺位"就可以提高店铺的访问量，进而提高销售量了。

第026招　巧用千牛分组管理买家和客户

很多卖家的千牛上有很多人，但是没有管理，显得杂乱无章，千牛的主人有了促销活动就全部群发，或许这样的方法也能招来一些买家，但是这种方式也很容易招来买家的反感，一不小心还会被投诉禁用，很不划算。

利用千牛分组，可以更好地管理买家和客户，可以将千牛分 5 个组：咨询、定单、发货、成交、回头买家。

"咨询"：把每一个前来咨询的买家，都加为好友，同时在备注里说明买家咨询过的产品，这样时间再长也不会忘记这个买家曾经对什么产品感兴趣过。能够前来咨询的买家，肯定是对商品有了兴趣的，虽然最后因为价格等因素改变了想法没有成交，但是这些买家还是属于目标客户。有类似产品到货、或者有促销活动时，就可以发给买家看看，"亲，上次您看到的那款产品，最近搞活动特价了哦，亲可以到小店来看看。" 因为是买家自己感兴趣的，得到回应的几率自然就大许多。

"定单"：这是已经拍下商品，但是还没有付款的一部分买家。一般来说，顾客都是在拍下之后就付款的，但是还是会经常遇到买家因为网络不通畅、支付宝里没钱这样的情况而最后没有达成交易的。在这个分组里，要礼貌地提醒买家付款，"亲，上次您拍的那款产品超过付款日期了哦，亲有空就请先付款吧，这样可以早点拿到宝贝了哦。"

"发货"：付款、发货之后，将定单里的买家加到这个组里。随时询问买家是否已经收到货，或者对收到货品的意见。如果一切都搞定了，还要提醒买家及时对自己做出评价，"亲，您收到宝贝还满意吧？那祝您新年快乐！记得给我评价。"

"成交"：成交之后的买家，大多数都收藏过你的店铺，也感受过你的服务，只要你对自己的商品有信心，那么就很容易把这些买家再次吸引过来的。当然，不仅仅是要给买家发一些商品促销的信息，还是要真的把他们当朋友。比如，在圣诞节的时候，给 QQ 好友发祝福的时候，顺便也给她们发一句："亲，祝您圣诞快乐，每天都有好心情！"收到原本陌生的卖家这样的留言，相信所有的人心情都会不错。

"回头买家"："成交"组里的买家，第二次到你店铺来买东西，那么就更要注意了，这肯定表示你的商品是让人满意的，而要让买家继续感觉舒服、满意，小小地给一些折扣是免不了的。

好好地利用千牛分组，就可以把新顾客变成老顾客，甚至变成朋友，当然生意也不愁做不好啦。

第027招　如何防止骚扰信息

你是否有这样的经历：当你正在计算机前发呆或期待千牛传来消息时，突然千牛提示有新消息，然后你快速地打开千牛，结果却是垃圾骚扰信息。这是件很让人烦恼的事情，但是有什么办法可以屏蔽掉这样的消息呢？很多朋友可能都知道千牛有一个防骚扰功能，但是设置了很多关键字还是不能完全起效。下面总结出了这些推销信息的共同点，只要输入这个共同点就可以解决问题了。

（1）登录千牛后，单击千牛工作台右上角的"系统设置"小图标，如图3–11所示。

（2）进入"系统设置"对话框，选择"安全设置"选项，再勾选"启动个人聊天防骚扰"复选框，如图3–12所示。

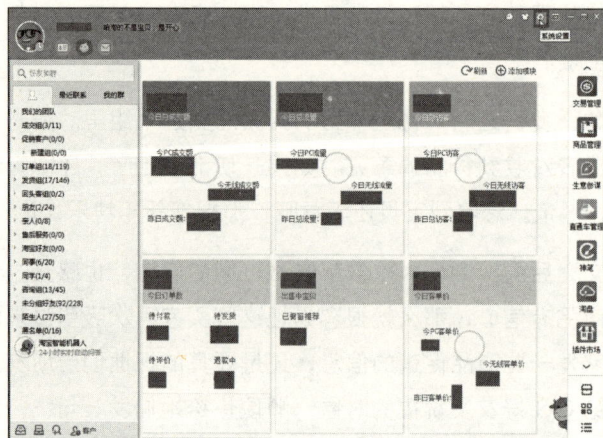

图3–11　单击千牛工作台右上角的"系统设置"小图标

屏蔽"http://"关键字应该慎用，否则买家询问时发的链接信息也会屏蔽掉。屏蔽掉的信息可以在"聊天记录"的"垃圾信息"里找到，如图3–13所示。

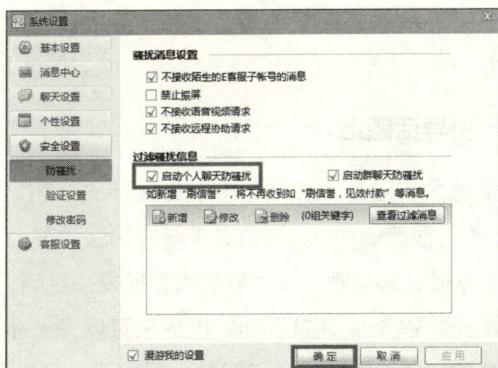

图 3-12　勾选"启动个人聊天防骚扰"复选框

图 3-13　"消息管理器"对话框

第 028 招　利用群推广中的"私聊"推广

"私聊"即在群内逐一点开群成员的对话框,一对一的对话。通过实践证明,这种方法是目前在千牛群推广中最为有效的推广方式。在私聊中,更易控制推广的走向,采用巧妙的语言和流程化的操作方法,可以最大化地提高推广的覆盖面及转化率。

1. 淡化目的性,优先处理高转化率群体

与别人"私聊"时千万别第一句话就是"你好,我为你推荐一个 × × 网站"。先用"你好,在吗"这样简短的招呼语来拉近与对方的距离。别小看这句招呼语,它能替

你过滤掉目前正处于忙碌状态的人或者一些不和陌生人说话的人，降低推广中可能浪费的时间和精力。

2. 巧设"陷阱"，引导话题走向

招呼语打完后，如果对方有回复，那么你可以先设计一个巧妙的"陷阱"。其实说是巧妙，也无非是一句很普通的话。例如对于美容护肤类群中的用户可以说："你加这个群，应该对保养很感兴趣吧。"大多数人会回复"是啊，怎么了"或是"还行吧"。此时话题便开始逐渐被导向目标，接下来可以进一步引导对方，比如可以说："我在网上建了一个美容知识学习网站，群里面已经有不少朋友加入了"，到了这里，得到的回复可分为以下几种：很感兴趣、不怎么感兴趣、没兴趣、无回复待开发类。

3. 分析目标群体特征，设置吸引点

美容护肤这一类群体以女性为主，她们大都对免费试用装很感兴趣，因此可以用赠送试用装的形式来吸引她们。对于很感兴趣和不怎么感兴趣的人，可以直接将注册地址和活动信息发给她们，对于其他的人，则是先将活动信息发给她们，得到肯定的回复后，再将网址发过去。

从一开始寻找切入点，到引导话题，再到表明来意，要注意每个阶段的用语，尽可能地淡化广告色彩。这就是细节创造的魅力，处理好的话，它能让一个陌生人心甘情愿地走进你设置的"陷阱"，但自己却浑然不知。

总之在私聊推广中，最重要的便是话题的导向控制，让对方进入你的"领域"里，将话题节奏控制在"领域"之内。要做到这些，需要在实践中发现细节，再整合细节。也许一个不起眼的细节处理就能让你的眼前豁然开朗，得到意想不到的效果。

第029招　巧用千牛表情，生意好不停

整个交易过程中从售前到售后每一个环节都是不可以忽视的，在与买家的交谈过程中，卖家的回答与处理方式都是决定交易成功的主要原因。

在买家咨询时，一定要用礼貌用语，如"您好，欢迎光临小店！""您"（这个

称呼一定要习惯用上，有时"你"的称呼会让买家感觉非常不舒服）"亲，您好""您请稍等，我看一看库存有没有货""不好意思""抱歉，请您谅解"等礼貌用语，效果是非常显著的。

礼貌热情回答是必需的，而在此基础上巧用千牛表情，也是非常有用的。千牛表情是与客户沟通的好帮手，它能很快地制造出轻松的气氛，拉近与买家的距离，但是有些表情使用不当就很容易引起误会，所以有些时候应该谨慎使用。

（1）如果第一次和买家交流，可以使用"害羞" 😊 、"傻笑" 😁 、"鲜花" 🎤 、"恭喜" 😆 、"招财猫" 🐱 、"吐舌头" 😝 、"天使" 😇 等表情符号来表达我们的心情。

（2）如果是老顾客或是比较熟悉的朋友，那么在沟通时就可以随意一点，使用的表情也可以夸张一些，达到轻松交流的目的，使沟通的氛围更加融洽。面对表扬和肯定，就可以使用"飞吻" 😘 、"爱慕" 😍 、"加油" 💪 、"鬼脸" 😜 、"露齿笑" 😃 等表情来表示我们的态度。

（3）还有一些中性的表情，比如"查找" 😵 、"算账" 🙄 、"呼叫" 📢 等。

（4）但是，有一些表情非常容易引起买家的情绪波动和误会，所以应避免使用。如"尴尬" 😅 、"怀疑" 🤨 、"皱眉" 😠 、"吐" 🤮 、"鄙视你" 😤 、"欠扁" 😏 、"大怒" 😡 、"单挑" 🤜 等。

上面简要地讲述了千牛表情适用的情况，其实还有很多表情在各种情况下都适用，当然使用表情的前提是要配合合适的语言解答的，两者搭配使用对于交易是很有益的。

在与买家沟通交流时本身就隐藏着很多对买家的心理分析，如果不了解买家的心理，就很难卖出东西。

第030招　设置千牛自动回复，留住潜在客户

千牛为一站式工作台，整合了各种工具和信息，可以帮助卖家更好地管理店铺，下面讲述千牛自动回复怎么设置。

（1）打开千牛，登录卖家账号。单击工作台右上角的"系统设置"按钮，如图

3-14 所示。

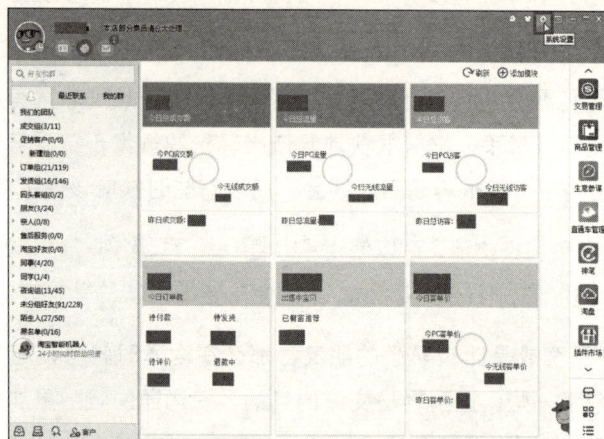

图 3-14 单击"系统设置"按钮

（2）弹出"系统设置"对话框，单击左侧的"客服设置"下面的"自动回复设置"选项，如图 3-15 所示。

（3）单击"新增"按钮，弹出"新增自动回复"对话框，在对话框中输入相应的回复短语，如图 3-16 所示。

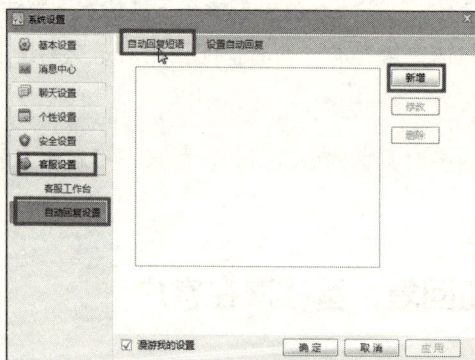

图 3-15 "系统设置"对话框

图 3-16 新增自动回复

（4）单击"保存"按钮，返回到"系统设置"对话框，即可看到添加的回复短语，单击"确定"按钮，即可添加回复短语成功，如图 3-17 所示。

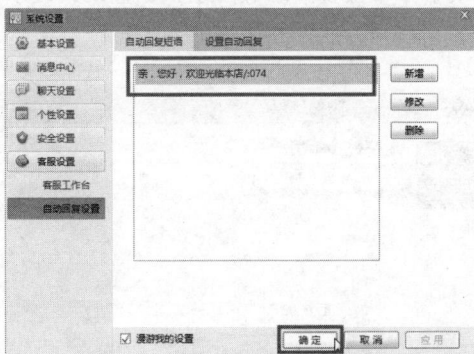

图 3-17　成功添加回复短语

第 031 招　巧设千牛，让别人用关键词找你

目前在淘宝开店的卖家越来越多，千牛已经不仅仅是作为买卖交易的工具，更多的人已经把它当作生活中不可缺少的聊天工具了。那么怎样才能在更好地推销自己店铺的同时找到志趣相同的朋友，这让很多店家伤透脑筋，现在就介绍通过关键词让更多的朋友找到你的方法。

（1）启动千牛工作台，单击左上角的千牛名称，如图 3-18 提示。

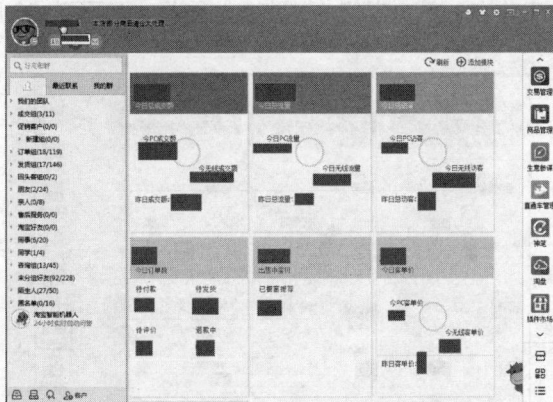

图 3-18　千牛工作台

（2）弹出"我的资料"对话框，如图3-19所示。在"个人资料"里面找到"备注"栏，设置你所在行业或者你希望哪类朋友可以找到你的关键字，设置好后单击"确定"按钮，剩下的就是等待了。

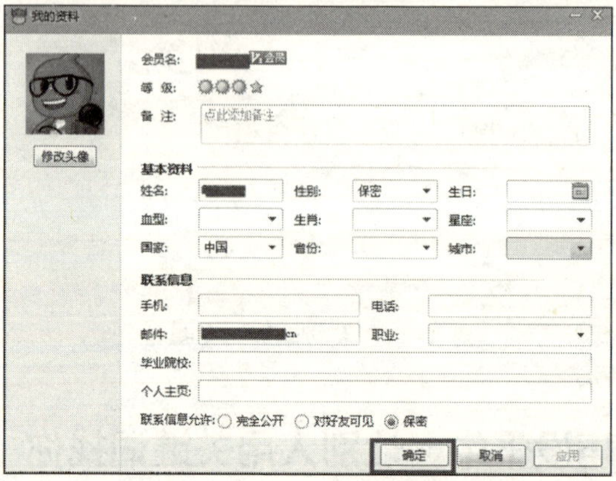

图3-19　设置关注信息

第032招　千牛淘盘怎么用

千牛淘盘是一款网络共享硬盘，淘宝卖家朋友们可以使用千牛淘盘来放置自己的商品图片或者其他文件和资源。千牛淘盘支持子账号登录，可以方便地同步你的文件。

（1）登录到千牛工作台，单击右侧的"淘盘"图标，如图3-20所示。

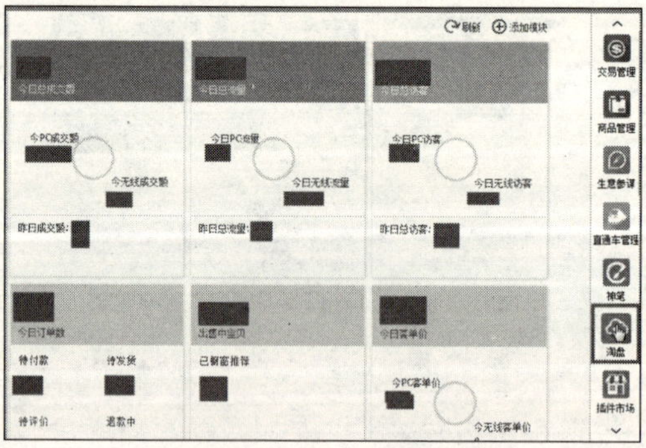

图3-20　单击"淘盘"图标

（2）弹出"淘盘"对话框，单击"新建"按钮，如图 3-21 所示。

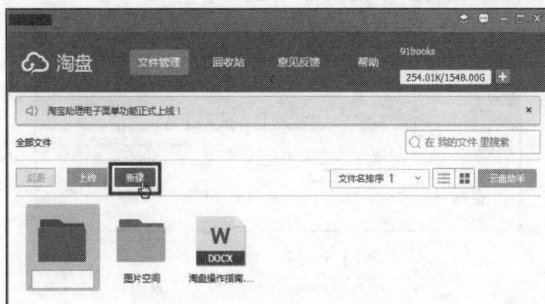

图 3-21　"淘盘"对话框

（3）即可新建一个文件夹，单击"上传"按钮，弹出"文件上传"对话框，单击"添加文件"按钮，如图 3-22 所示。

图 3-22　"文件上传"对话框

（4）弹出"打开"对话框，在对话框中选择要上传的文件，单击"打开"按钮，即可上传文件，如图 3-23 所示。

图 3-23　"打开"对话框

（5）上传后的文件如果不满意或者不再需要可以将其删除，需要说明的是删除的文件还可以在回收站中找到，如图 3-24 所示。

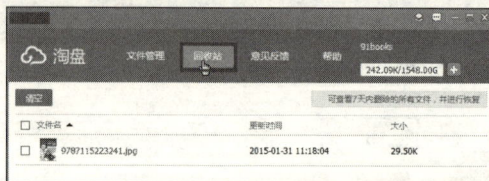

图 3-24　回收站

（6）如果上传的文件很多，不易找到，那么可以使用搜索功能进行搜索，如图 3-25 所示。

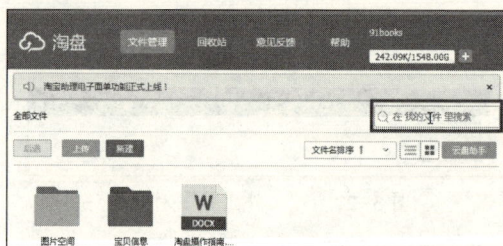

图 3-25　使用搜索功能进行搜索

（7）如果你需要某个文件，可以将其选中，然后在更多的选项中找到下载即可，如图 3-26 所示。

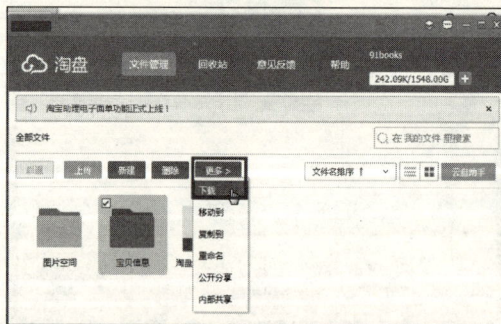

图 3-26　下载文件

（8）还可以使用云盘助手，将云盘内的文件实现同步和文件多店铺共享，如图
3-27 所示。

图 3-27　云盘助手

第 033 招　利用千牛群组织店铺推广人气大升

对于利用旺旺群推广，相信很多的新手朋友们都试过。到处找群加群，发店铺链
接，发宝贝链接，但真正的效果却不尽人意。有时还会引起公愤，不得不落荒而逃。
到底应该怎样去合理利用好旺旺群？只要有时间就会去和群友们聊天沟通，让大
家慢慢地认识你，接受你！这样大家就会去你的店铺乃至空间看看，就起到了宣
传作用！

群里一百多号人肯定会有你的潜在客户存在，这样即娱乐了，又宣传了。何必去
冒天下之大不韪到处发广告链接呢，再说真的又有几个人会去点你的链接！当你
的旺旺达到一定等级，就可以建立自己的群了。这就需要你有一定的沟通和招集
能力，以及充足的时间来打理，不然建了也是白建。

加入千牛群与添加好友一样，也是在左上角的文本框中输入要加入的群号码，具
体操作步骤如下。

（1）启动千牛工作台，在左上角的文本框中输入千牛群号码，单击"查找"按钮，
在群号码后面即可出现一个加号按钮，如图 3-28 所示。

（2）单击加号按钮，弹出"加入群验证"对话框，如图 3-29 所示。

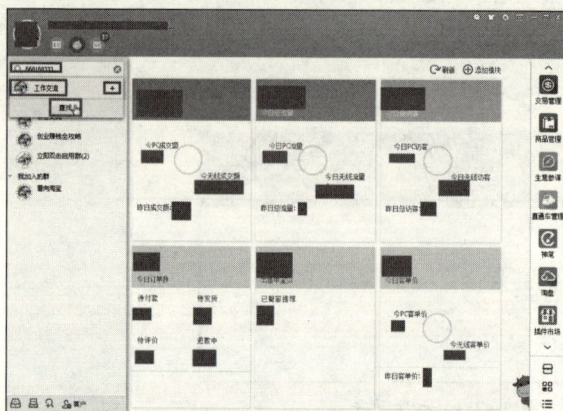

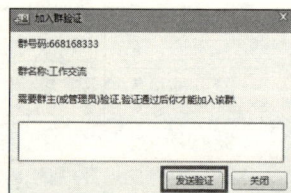

图 3-28　查找群　　　　　　　　　图 3-29　"加入群验证"对话框

（3）单击"发送验证"按钮，此时群主和管理员都可以收到"加入群的要求"信息，只要群主或者管理员通过即可加入到此群，如图 3-30 所示。

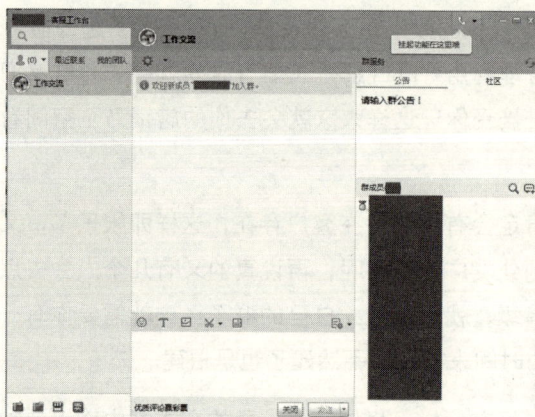

图 3-30　加入群

第 4 章
在淘宝免费推广网店

同样的开网店为什么有的日进万金，而有的却门可罗雀呢？"酒香不怕巷子深"的年代过去了，有好的商品也必须要有好的宣传才能有生意。那么在众多的网店中该如何推广淘宝网店，才能让自己的网店脱颖而出呢？对于新开店的卖家来说，首先要掌握在淘宝免费推广的方法。

第034招　如何优化论坛帖子标题，让别人主动点击

当今很多人喜欢写帖子，但是往往费了很多时间写的帖子，并且帖子题材和内容都不错，可是别说回帖率让人失望，就连点击率也少得可怜，到底怎么回事呢？这是因为没有写好帖子的标题。帖子标题是能吸引众多用户去浏览内容的关键所在，拥有一个"亮眼"的标题，绝对能使你的帖子流量暴涨，达到事半功倍的效果。

在淘宝的论坛首页中，页面上主要是社区论坛内部的热帖，这是一些无论是阅读量还是回帖量都很突出的帖子，可以学习这些热帖的标题。如图4-1所示。

为了方便找到最好的帖子做参考，也可以直接点击进入社区的单个版面，单击社区版块上方的"精华帖"按钮，可以看到所有的精华帖子的标题。如图4-2所示。

图4-1　淘宝论坛首页热帖 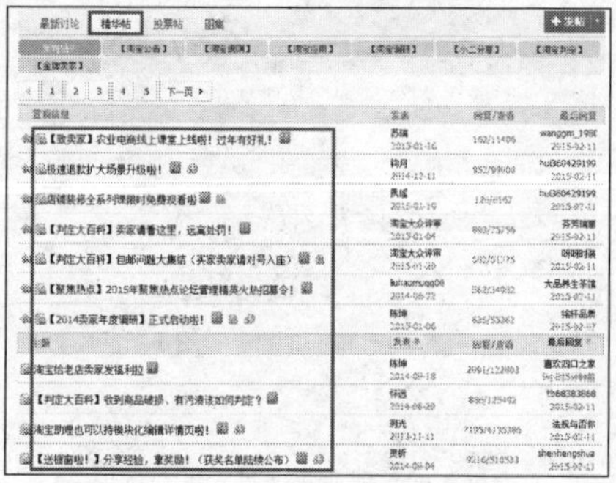　　　　图4-2　淘宝论坛精华帖

下面是精华帖标题的一些基本特征。

（1）在淘宝论坛里一页有几十条帖子，要让潜在顾客把注意力集中在你的帖子上，就需要在帖子标题中加一些显眼的符号。

（2）抓住人性的弱点，制造不断争论的话题，当潜在顾客注意到你的帖子之后，还需要根据人的好利、好名、好奇心理，使用吸引顾客眼球的引爆点。如"最牛***"、"惊爆胖妞3个月减30斤……"。还需要多用一些吸引人的词语，比如

"秘密""竟然""惊爆""绝对""100%""意外"等，套上这些词语的帖子标题都能够大幅提高点击率。

（3）揭密很多人都不知道的东西，人们对秘密的东西总是比较感兴趣的。如"揭密金冠卖家月入300万""你不知道的直通车秘笈""店铺营销密码"等。

（4）题目可长可短，根据文章的需要。最好不要太长，不要超过人的视觉接受能力。

第 035 招　让你的帖成为精华帖的秘诀

大家都知道写帖也是卖家推广的一种方法，那怎么才能写好帖子？写出精华帖的秘诀是什么呢？

1. 标题新颖

大家看帖的时候都是从标题进来的，如果标题很平常、没有吸引力，那肯定没有多少人点击进来看。标题在符合内容的情况下越新颖越好，但是切不可夸大事实，否则很难设为精华帖，还会被人家说标题党，另外标题里面不要含有一些黑体的特殊符号。

2. 内容要新颖

可以从不同的角度分析问题，内容要有主有次，重点的详细写，内容尽量要细分。有的帖子很长，讲了很多方面，这些大道理互联网上都有，会上网的都知道，还能成为精华帖么？

3. 发帖的质量要有保证

发帖的质量要有保证，不要只追求数量而忽视了质量。帖子内容本身不宜过长或过频。如果一篇帖子过长就很难让人从头看到尾。如果你在短时间内同时发表许多帖子，就算这些帖子再好，管理员也只会在其中选一加精，因此建议你一天一篇就行了。

4. 合理排版，版面整洁

有的掌柜在写帖子时总是喜欢用不同的字体、颜色、背景色，这样不仅不会突出你的与众不同，反而会让看客产生视觉疲劳而不愿意再看下去。所以发帖的时候就要排好版，一定要让看着舒服。段落清晰，尽量多分一些段落。字体要合适，尽量使用大一点的字体。

5. 图文并茂

图文并茂更容易"加精"，如果放上搭配的图片就更好些。

6. 必须原创

精华帖大部分是原创的，非常具有可读性。没有付出努力，直接粘贴别人的帖子，当然不会获得别人的认可。

7. 正确选择版面

你写的帖子内容是哪方面的就发到哪个版块，这样更有机会被加精。

8. 要学会做"标题党"

现在每天淘宝论坛更新非常多的帖子，大家在浏览的时候基本是根据标题来选择是否阅读，所以一个相当有诱惑力的标题，会使你的推广工作事半功倍。

9. 植入式软广告

如果你的帖子写得很好，吸引了很多人浏览，但是却很少有人去你的店铺，不能带来实际的流量那也是徒劳的。而淘宝论坛又严令禁止发广告帖，所以要对帖子进行一些植入式的软广告的操作。

所谓植入式软广告的意思就是在帖子里以非常隐蔽的方式，暗示潜在客户，让他们自动点开你的店铺，但是他们却感觉不出来这是个广告。一般那些写自己的淘宝故事的帖子都属于植入式广告，他们会假装"无意中"在故事里透露自己店铺的一些经营情况。

10. 熟悉论坛规则

最后要熟悉论坛内部制度，以保证自己的帖子不会被违规删帖，甚至受到处罚。

第 036 招　如何高效地在淘宝论坛发帖，推广你的主推产品

论坛是一个热闹的地方，人流量大，是一个很好的免费推广的场所，在发帖之前先去帮助中心看看社区规则，什么能发，什么不能发，做到心中有数。

首先在发表帖子的时候要找对版面，只有选择了正确的发表版面才能让潜在客户更准确地找到自己所关注的帖子。如果选择的版面不对，帖子不但不会被加精，流量也会非常少，如图 4-3 所示。

和网站的版主管理员搞好关系。如果感觉自己的帖子很好，可以直接推荐给版主。版主的旺旺显示在社

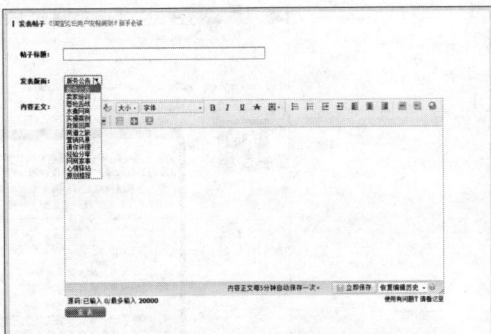

图 4-3　选对版面

区版块的右上方，你随时都可以把帖子发给他们，让他们帮你看看你这个帖子是否有资格获得加精甚至置顶的机会，如图 4-4 所示。

图 4-4　和网站的版主管理员搞好关系

也可以自己申请当管理员，可以享受丰厚的待遇，拥有更多网店运营培训的机会，如图 4-5 所示管理员的丰厚待遇。

在最好的时间段发帖。一天中最好的发帖时间有两个，一个是在中午的 11 点到 14 点之间，第二个是晚上 19 点到 22 点这一个时间段。因为这个时候论坛的流量最高，在这个时段发帖，回帖率一般都是比较高的。在时间上，还可以特别注意在节假日发帖。

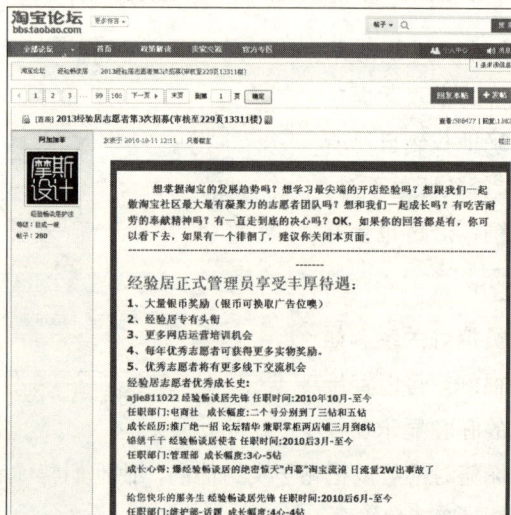

图 4-5 管理员的丰厚待遇

第 037 招 如何回帖顶贴，让自己的帖子永远火爆

很多卖家都有发帖的经历，都想让自己的帖子流量大增，但是很多都是辛辛苦苦发的帖子石沉大海没有了消息。大部分人写过的帖子都基本没有经过管理，这样的帖子怎么能吸引人呢？发了帖子以后，还需要不断地回帖顶帖，不然你的帖子就会真的沉入大海了。

> 顶贴，顾名思义就是把帖子顶起来。可见，达成"顶"的目的即可，至于用什么方法，就不必深究。一个表情符号、一张图甚至一个字，都可以达到这个目的。
>
> 回帖，就是在认真看了主贴后发表的意见、感想、看法和观点等。这样的回帖有助于别的网友更有兴趣参与讨论。

有时候你可以用自己发帖的那个账号去回帖，但是多了就不行了，那么就需要再注册一两个备用的号，专门用来回帖顶帖。

可以先用这些备用的账号去顶帖子，再用发主帖的那个账号去回复，时间需要有一定的间隔。那些上万点击量的帖子都是不断地被顶帖，不断地在首页显示才获得的。一般这样的持续顶帖一个星期左右就差不多了，因为论坛中对你的帖子感兴趣的人大部分都已经看过了，他们不会再继续重复看你的帖子。所以这时你就应该重新发另外一个类型的帖子，又吸引一批人，再次刺激他们的欲望。

第 038 招　抢沙发带来更多流量

也可以回复别人的帖子来获得流量。这种方法需要抢时间，尽量抢到第一，第二的回帖位置，也就是所谓的"沙发""板凳"。

沙发是要抢的，一个新帖子发布后，淘宝人气很旺，很多人在看贴。抢到沙发确实不容易，好的帖子被访问马上被抢了沙发，有时候，抢沙发都是几秒钟的事情，刚刚看到帖子正准备抢沙发，等自己抢的时候，马上发现自己可能是好几楼的"沙发"了。

有三种沙发是一定要抢的。抢沙发对自己网店的推广是大有帮助的。

1. 掌门、护法、小二的：他们的帖子多是置顶和精华：浏览量几乎可以达到几万甚至几十万，回帖页数可达几百甚至几千页。这样的沙发比什么论坛广告的效果都要好得多。

2. 有望成为精华帖子：大家抢到沙发后谁也不知道这个帖子是否会成为精华。那么抢了沙发后应该转到"主题贴"再看看这篇文章的价值，是否真的受用。看到好的文章抢到了沙发后，不要就此和这个帖子告别，以后还要多多来光临这个帖子，可以把这个帖子加入到收藏里面。

3. 经常发精华帖子的淘友的帖子：在那精华区里面去看看，浏览一下这些作者的个人空间，很多的掌门回复、精华贴的会员，将这些会员 ID 记录下来，这样就像实现中交朋友一样，多多关注他们的帖子。

第039招 设置好的店铺名称

很多买家搜索宝贝的时候也会用搜索店铺的方法，这时店名就显得很重要！一个琅琅上口又有个性的名字作用往往很大，说不定买家就冲着店铺的名字去店里看看！容易记住也是很重要的一个指标，这样如果买家想再次找到你的店，就方便多了。下面是设置好的店铺名称的几个原则。

1. 易读、易记原则

易读、易记原则是对店铺名的最根本的要求，店铺名只有易读、易记，才能高效地发挥它的识别功能和传播功能。如何使店铺名易读、易记呢？这就要求店铺经营者在为店铺取名时，做到以下几点。

- 简洁。名字单纯、简洁明快，易于和消费者进行信息交流，而且名字越短，就越有可能引起顾客的遐想，含义更加丰富。

- 独特。名称应具备独特的个性，力诫雷同，避免与其他店铺名混淆。

- 新颖。这是指名称要有新鲜感，赶上时代潮流，创造新概念。

- 响亮。这是指店铺名要易于上口，难发音或音韵不好的字，都不宜用作名称。

2. 暗示商店经营产品属性原则

店铺名还应该暗示经营产品的某种性能和用途。

3. 启发店铺联想原则

它是指店铺名要有一定的寓意，让消费者能从中得到愉快的联想，而不是指消极的店铺联想。

4. 适应市场环境原则

店铺名对于相关人群来说，可能听起来合适，并使人产生愉快的店铺联想，因为他们总是从一定的背景出发，根据某些他们偏爱的店铺特点来考虑该店铺名称。但是，一个以前对它一无所知的人第一次接触到这个名字，他会产生怎样的心理反应呢？这就要求店铺名要适应市场，更具体地说是要适合该市场上消费者的文化价值观念。店铺名称不仅要适应目前目标市场的文化价值观念，而且也要适应潜在市场的文化价值观念。

第 040 招　网商联盟——中小卖家的互助成长摇篮

网商联盟简称商盟，加入商盟的好处多多！商盟可比群大多了，里面人气也比较旺，跟大家成为朋友，也就多了不少潜在顾客。淘宝上的商盟就像现实中的各大商会一样，基本上每个区域都有自己的商盟。加入商盟能提高顾客对你的信任，当然有利于生意了，还能宣传店铺。如图 4-6 所示福建网商联盟首页。

下面就来介绍加入商盟的一些好处。

1. 能够提高知名度

如果一个商盟发展良好，这个商盟的知名度肯定不会错，这样作为商盟的内部成员，你的知名度也不会太差。

2. 广交朋友，开阔眼界

商盟成员通过网上畅谈或网下聚会活动，可以直接获取更多有用的信息资源，无论是技巧技术上的，还是经营管理方面的，这里面的商机、窍门、经验都会让你受益匪浅。商盟经常举办各种活动，有利于认识结交一些不同的朋友，多个朋友多条路。

3. 提高店铺的诚信度

提升自己店铺的诚信度，店铺 Logo、论坛头像旁边的商盟标志等于是给店铺挂了一个"信得过"的牌子。通过这个小小的标志，顾客会感受到你的店铺的诚信度。久而久之你的店铺也会被烙上一个"实力卖家"的标记。

4. 盟内带来生意

商盟中的卖家基本上都是本地区的人，有共同的地域文化、接近的价值观、良好的认同感，而且由于地域邻近，可省下不少物流费。所以商盟成员之间更容易产生合作愿望，达成交易过程更顺畅。如果你在商盟内部活跃度高的话（常聊天、常发帖子，多交朋友），你在商盟内部的曝光率也是很不错的，当然也会带来更多的生意。

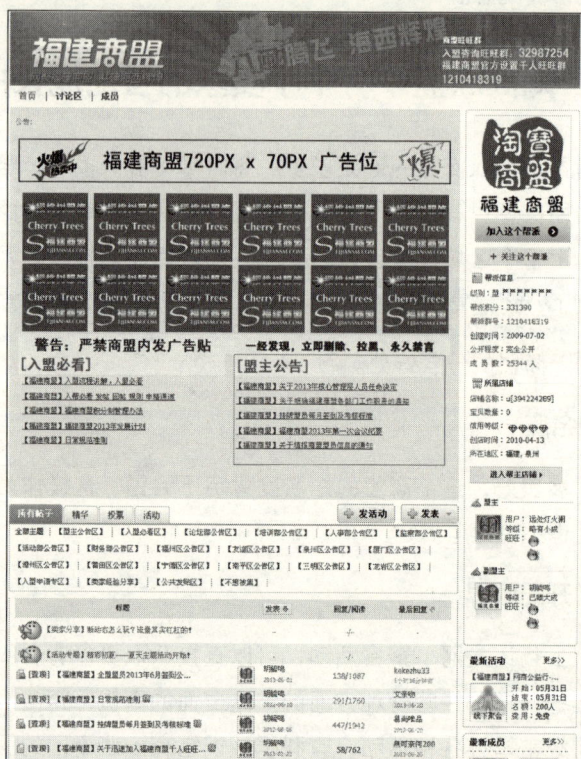

图4-6 福建网商联盟首页

5. 盟员优待感

商盟有时可起到免费帮你宣传的作用，商盟有专门的首页推荐位。加入商盟成为正式会员，可以在首页上推荐你的宝贝，而商盟成员中也会加上你的店铺，这两者都可以直接或者间接给你的店铺增加一定的浏览量。另外，商盟不定期在淘宝网上举行的各类买卖活动，只有商盟的会员们才可以参加。

6. 消费实惠

盟友间购物，往往直接拿到了折扣价和贴心服务，大家一起在淘宝团购东西，价格也会便宜很多。

7. 商盟荣誉感

能加入商盟，本身就代表一分荣耀与认可，当你经过商盟的层层考验和各种规则的约束，最终加入商盟，那种荣誉感和责任感会油然而生。不要轻易让这份热忱磨灭了，常想想能为商盟做什么贡献，你才会对入盟好处有更亲切的体会。通过大家的努力，商盟知名度和销售排名上去了，你也会感到由衷的自豪。

8. 品牌意识感

加入商盟其实就是共同打造一个品牌，随着市场经济的发展，很多真实的例子给了我们很多经验和教训，只有联合经营、标准化规模化发展才能带来更多的效益，加入商盟就是为了借用团体的力量发展我们的生意，大家一起打造自己的品牌，这样才会有效果，并不是你加入了就会给你带来效益，这还需要共同努力才能实现。

第 041 招　互相添加友情链接，增加店铺流量

友情链接是具有一定互补优势的网店之间的简单合作形式，即分别在自己的网店上放置对方网店的店标或名称并设置对方网店的超级链接，达到互相推广的目的。交换链接的作用主要表现在几个方面：获得访问量、增加用户浏览时的印象、在搜索引擎排名中增加优势、通过合作网店的推荐增加访问者的可信度等。特别是与一些交易量比较大、信誉度比较高的卖家交换友情链接。通过交换店铺链接，形成一个互助网络，增进彼此的影响力。在其他卖家的店铺首页，买家只要单击友情链接，就可以直接访问相应的友情店铺。如图 4-7 所示店铺的友情链接。

友情链接的使用技巧。

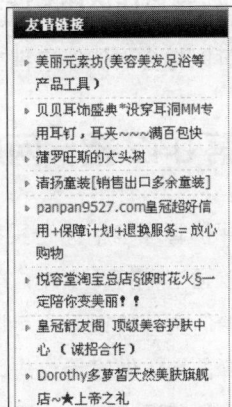

图 4-7　友情链接

1. 和朋友交换链接

如果你有在淘宝开店的朋友，互相交换一下链接，可以使店铺增加人气，但是值得注意的是，在交换链接时也要有目标，最好不要和卖同一类商品的店铺交换链接，如果他的商品有优势，你的客户就会跑到他的店铺里买东西去了。你可以和相关的

店铺链接,比如你的店铺是销售化妆品的,可以和卖女装、饰品的店铺友情链接。

2. 争取与比自己级别高的店铺交换链接

一般情况下,做到和比自己级别高的店铺交换链接是有难度的。但凡事都不是绝对的,尤其是一些新手卖家,要学会虚心请教。因为这些级别较高的用户也都是从新店做起,他们能够体会到新手的困难,他们也可能会跟你的店铺交换链接的。

3. 与同级别店铺交换链接

和与自己级别差不多的店铺,相互交换链接,于人于己也都是有好处的。

4. 与新手的店铺交换链接

一般情况下,新手卖家想和你交换链接有两种可能:一种是你的信誉高,可以共享客户;另一种是他们发自内心地崇拜你的店铺,能够看出你的优势。这对于你的店铺来说不会有什么损失,有的时候反而会提高店铺的成交量。

5. 与合作伙伴交换链接

可以与合作伙伴店铺交换链接。

第042招　网店信用评价也可做广告

评价管理包括你给买家的评价和买家给你的评价。店主在给买家评价的时候,可以适当地打一下小广告,这样能起到一定的宣传效果,何乐而不为呢?同时买家给店主评价以后,可以充分利用解释的地方做宣传广告,并不是只有中评差评的时候才需要解释,好评的时候更应该好好利用这个机会进行宣传,因为许多聪明的买家在买东西之前都会看一下店铺的评价,这里如果有广告信息的话效果会非常好。如图4-8所示在评价中利用解释添加了店铺的广告。

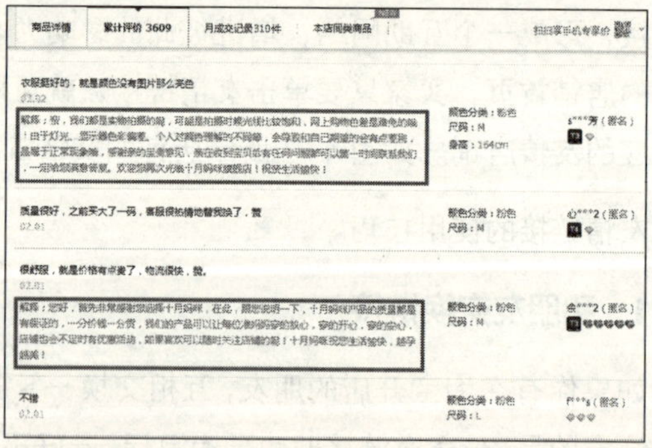

图4-8　评价中添加了店铺的广告

第043招　相互收藏店铺增加人气

生意场的竞争者既是对手也是师父，有时候还是指引卖家前进的明灯，会让卖家少走很多弯路，让卖家在淘宝路上事半功倍。卖家可以找几家店铺作为收藏店铺。

在淘宝人气很重要，如果你的收藏人气很高，不仅买家对你的店铺也会多一份信任，而且你的店铺与宝贝被搜索的几率也就增大了。店铺的收藏人气很高，销售量也很高。这个不等于刷信誉作弊，只是给自己打打广告，为使你的店铺宝贝多了一些被搜到的机会。提高店铺收藏人气的同时也要提高店铺的自身竞争力，否则就像没有根的树，人气最终还是会减少的。

单击店铺店标下面"收藏"里了解买家收藏哪些宝贝，因为买家如果收藏的话，说明这些宝贝肯定是急需的。收藏店铺的具体操作步骤说明如下。

（1）进入淘宝网首页，在搜索栏中输入店铺类型搜索店铺，单击店标、店名或会员名，打开需要收藏的店铺，单击"收藏本店"按钮，如图 4-9 所示。

（2）显示"成功加入收藏夹"字样，如图 4-10 所示。

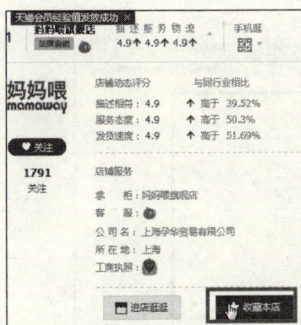

图 4-9　单击"收藏本店"　　　　图 4-10　单击"确定"按钮

第044招　设置 VIP 会员卡促销

许多持卡会员已形成使用卡的习惯，在看中一件商品后，会搜索是否有支持 VIP 卡的同样商品。面对数百万的持卡会员，更容易成交。促销频道、周末疯狂购等活动只针对设置 VIP 卡功能的商品开放。

卖家设置 VIP 卡的具体操作步骤如下。

（1）登录我的淘宝，在"出售中的宝贝"中，单击"淘宝VIP宝贝"按钮，如图 4-11 所示。

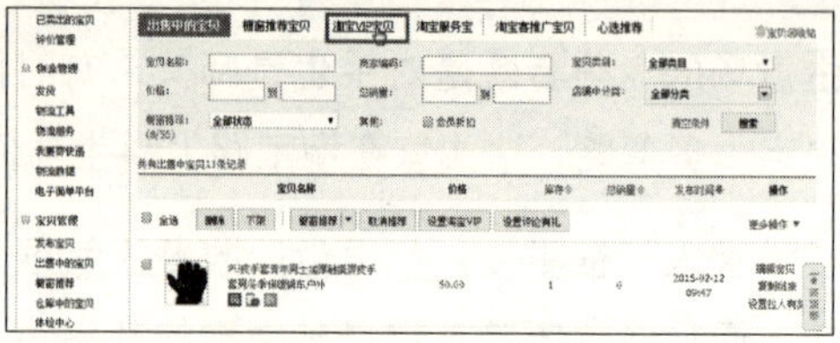

图 4-11　单击"淘宝 VIP 宝贝"按钮

（2）在页面中对每个宝贝进行不同级别的折扣设置，如图 4-12 所示。

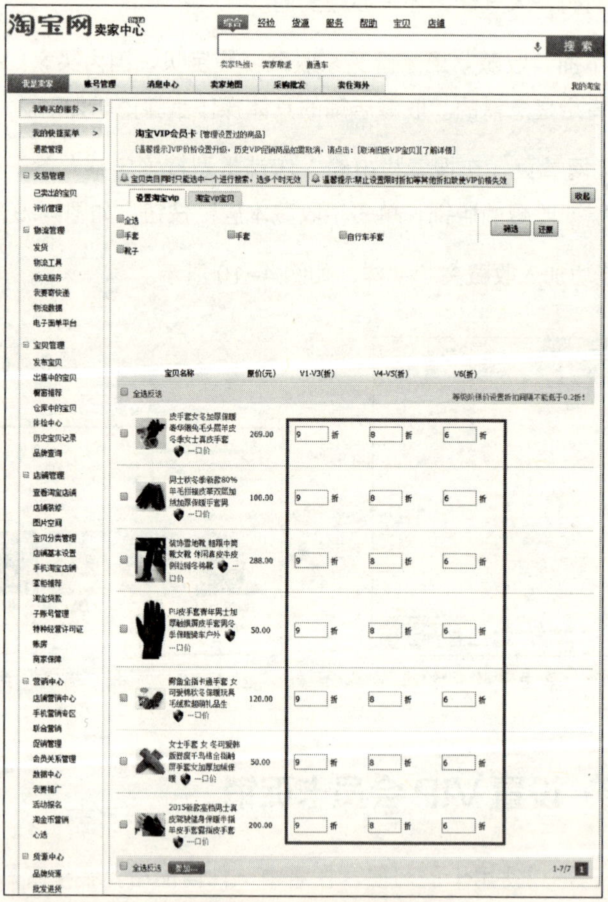

图 4-12　对每个宝贝进行不同级别的折扣设置

（3）单击"参加"按钮，可以设置成功，如图 4-13 所示。

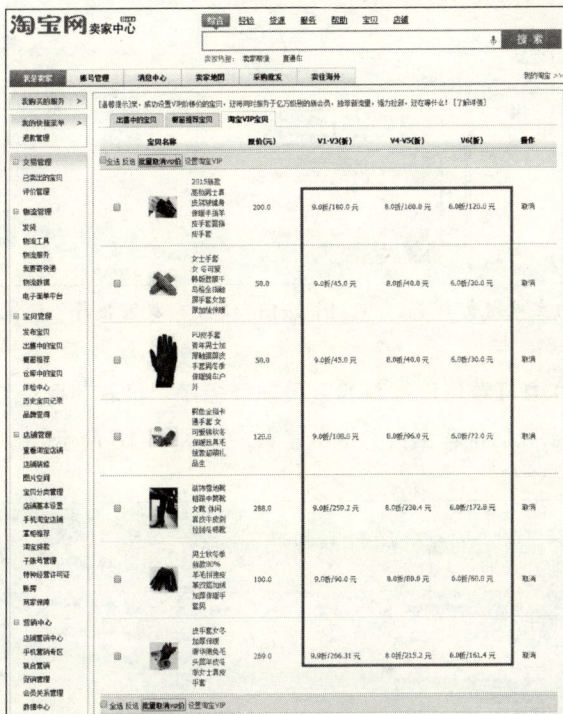

图 4-13　VIP 促销设置成功

第 045 招　利用橱窗推荐商品的技巧

橱窗推荐位是淘宝网为卖家设计的特色功能，是淘宝提供给卖家展示和推荐宝贝的功能之一。橱窗推荐宝贝会集中在宝贝列表页面的橱窗推荐中显示，每个卖家可以根据信用级别与销售情况获得不同数量的橱窗推荐位。合理利用这些橱窗推荐位，将大大提高卖家宝贝的单击率。设置橱窗推荐的具体操作步骤如下。

（1）登录淘宝，在"宝贝管理"下面单击"橱窗推荐"超链接，如图 4-14 所示。

（2）在网页中选择要推荐宝贝前的复选框，单击"橱窗推荐"按钮进行推荐，如图 4-15 所示。

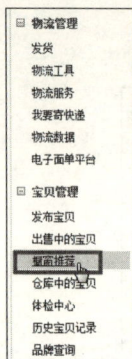

图 4-14　出售中的宝贝列表　　　　图 4-15　单击"橱窗推荐"按钮

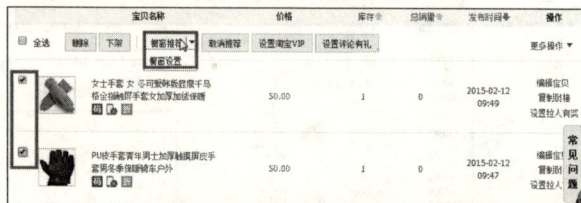

（3）打开的网页中可看见已推荐的宝贝前面多了"推荐"两个红色的字，此时在网页的下方显示成功推荐宝贝的提示信息，如图 4-16 所示。

图 4-16　橱窗推荐的商品

第 046 招　写好令人过目不忘的店铺公告

公告可以包含店铺的促销广告、店铺的服务特色、店主的联系方式以及最新优惠信息等，这些信息可以在公告处及时更新，以方便进来的买家在第一时间看到。设置店铺公告具体操作步骤如下。

（1）登录淘宝，单击"我是卖家"|"店铺装修"超链接，进入店铺装修页面，如图 4-17 所示。

（2）单击"店铺公告"后的"编辑"按钮，弹出"店铺公告设置"页面，如图

4-18 所示。

图 4-17　店铺装修页面

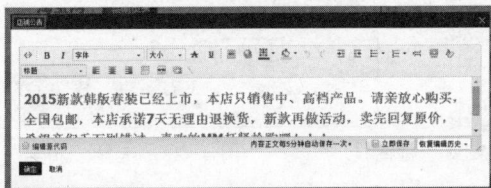

图 4-18　"店铺公告设置"页面

（3）在这里可以设置字体样式、颜色和超链接，如图 4-19 所示。

（4）单击 图 按钮，弹出"图片"对话框，如图 4-20 所示。

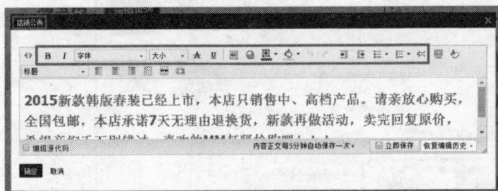

图 4-19　设置字体样式　　　　图 4-20　添加子分类

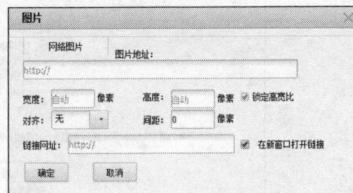

第 047 招　多用拍卖提高访问量

一元拍卖或低价拍卖，可以吸引不少买家。访问量增加了，购买的机率也就会增加。下面将具体讲述拍卖商品的发布过程，具体操作步骤如下。

（1）登录淘宝网，单击"卖家中心"下面的"宝贝管理"下的"发布宝贝"超链接，如图 4-21 所示。

（2）在打开的页面中选择"拍卖"，如图 4-22 所示。

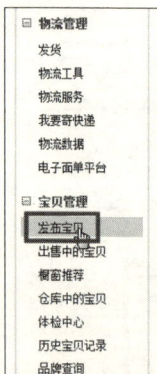

图 4-21　单击"发布宝贝"超链接　　　　图 4-22　选择"拍卖"

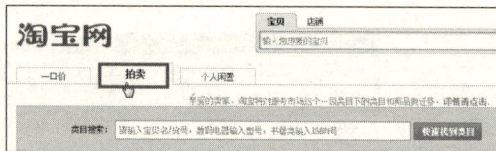

（3）选择宝贝类目，如图 4-23 所示。

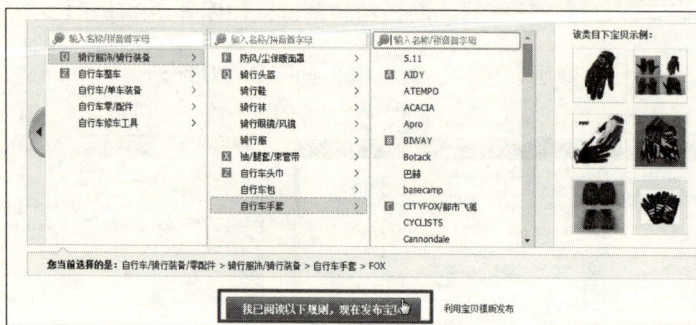

图 4-23　选择宝贝类目

（4）单击"我已阅读以下规则，现在发布宝贝"按钮，即可进入设置宝贝基本信息的页面，如图 4-24 所示。

（5）设置宝贝的类型、名称、起拍价等信息后，单击"发布"按钮。即可发布宝贝，如图 4-25 所示是拍卖宝贝。

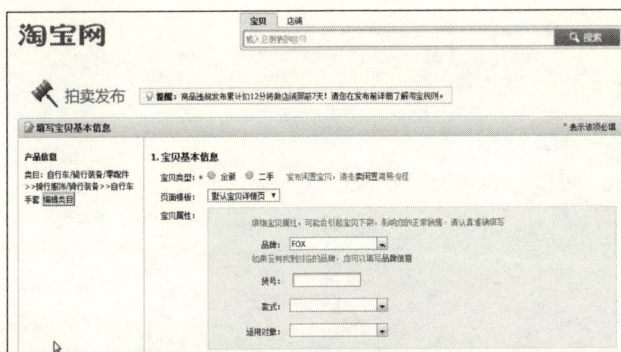

图 4-24　设置宝贝信息

图 4-25　拍卖宝贝

第 5 章

网店推广的得力助手淘宝客

随着电子商务的发展，出现了一大批淘宝客，这些人通过推广商品，获得佣金，不少人已经加入了月入过万的行列。任何网民都可以帮助淘宝掌柜销售商品，从中赚取佣金。在未来一两年内，网上的"营销大军"预计将超过百万，淘宝客将一跃成为最大的网络职业人群，也推动了淘宝店铺的发展。

第 048 招　什么是淘宝客推广

淘宝客就是推广淘宝商品拿佣金的一些人。淘宝客的工作平台是淘宝联盟：http://www.alimama.com。帮助淘宝卖家推广商品并按照成交效果获得佣金的人，之前叫淘客，自 2009 年 1 月 12 日起，正式更名为淘宝客。"淘宝客"是指帮助淘宝卖家推广商品赚取佣金的人。只要获取淘宝商品的推广链接，让买家通过你的推广链接进入淘宝店铺购买商品并确认付款，就能赚取由卖家支付的佣金，无需投入成本，无需承担风险，最高佣金可达商品成交额的 50%。

如图 5-1 所示淘宝客推广平台 http://www.alimama.com/。

图 5-1　淘宝客推广平台

作为亚洲最大的网络零售商圈——淘宝网——推出的网络营销推广平台，任何网民都可以帮助淘宝掌柜销售商品，从中赚取佣金。在未来一两年内，网上的"营销大军"预计将超过百万，至少将为国内提供几十万个直接就业机会，淘宝客将一跃成为最大的网络职业人群。很多人关注淘宝客，依托淘宝联盟平台，越来越多的个人加入淘宝客推广，一些淘宝客的收入也很可观，收入几千过万都不是难事。如图 5-2 所示淘宝客收入排行榜。

淘宝客收入榜	关键热词排名
用户名	收入
1 ali**	10056749元
2 wan**	4262959元
3 xie**	4092693元
4 ping**	4037226元
5 miz**	2547374元
6 tao**	2325271元
7 wang**	2161772元
8 wug**	1423292元
9 yong**	1403255元
10 taok**	1344498元

图 5-2　淘宝客收入排行榜

当淘宝客挑选好了自己认可的商品就需要借助一定的平台，来将信息推广出去，目前最基础的方式就是利用网络个人传播媒介如即时通信工具、个人博客、个人空间、SNS 交友社区、微信等，这是典型的人际传播。其次就是利用大众传播媒介，如门户网站的社区、贴吧、信息发布平台等。

第 049 招　淘宝客推广的优势

淘宝客推广是一种按成交计费的推广模式，淘宝客只要从淘宝客推广专区获取商品代码，任何买家（包括自己）经过你的推广（链接，个人网站，博客或者社区发的帖子）进入淘宝卖家店铺完成购买后，就可得到由卖家支付的佣金。帮助淘宝卖家推广商品并按照成交效果获得佣金的人可以是个人或者网站。买家通过支付宝交易并确认收货时，系统会自动将应付的佣金从卖家收入中扣除并在次日记入淘宝客的预期收入账户。

淘宝客推广的优势。

（1）最小成本：展示、点击、推广全都免费，只在成交后支付佣金，并能随时调整佣金比例，灵活控制支出成本。

（2）省时，只需要把佣金比例调整好，等着淘客来推广就可以了，用句前辈的话说就是让淘宝给你打工。

（3）拥有互联网上更多流量、更多人群帮助推广销售，让你的买家无处不在。

（4）推广精准到店铺和商品，直击用户需求。

（5）推广内容和推广途径完全自定义，灵活多样。

（6）推广流程简单，一键获取推广代码，甚至不需要拥有自己的网站。

第050招　什么是淘宝客佣金

设置佣金时，不要一味地追求高佣金而忽视了本身的售价。在商品单价和佣金之间寻找到好的平衡点，价格不能过高、又有可观佣金的商品必然会带来质的提升。应该在你能接受的范围内，给予淘宝客更多的佣金，只有这样才能激发淘宝客为你推销商品的热情。

下面首先介绍一下关于佣金的几个概念。

（1）佣金比率：是指淘宝卖家愿意为推广商品而付出的商品单价的百分之几。

（2）个性化佣金比率：淘宝卖家加入淘客推广后，可以在自己的店铺中最多挑选20件商品作为推广展示商品，并按照各自的情况设定不同的佣金比率，这些商品的佣金比率称为个性化佣金比率。

（3）店铺佣金比率：淘宝卖家加入淘客推广后，除了设定个性化佣金比率外，还需要为店铺中其他商品另外设定一个统一的佣金比率，用来支付由推广展示商品带到店铺其他商品成交的佣金。

（4）佣金：指的是该商品的单价 × 佣金比率；是淘宝卖家愿意为推广商品而付出的推广费。尚未扣除阿里妈妈服务费。当淘客推广的交易真正通过支付宝成交后，除去阿里妈妈服务费，就是淘客的收入。

第051招　什么是搜索推广

搜索推广提供经典的淘宝网搜索框和关键字搜索链接。淘宝网搜索框有良好的用户认知度，自定义尺寸及展现样式，类目匹配，优化商品搜索结果，保证较高的收益，平均 40 个点击 1 笔成交。

1. 产品优势

（1）经典的淘宝网搜索框风格。

（2）自定义尺寸及展现样式。

（3）提供类目匹配，搜索结果精准。

（4）优化商品搜索结果。

2. 适用类型

（1）行业网站，网址站，娱乐网站，垂直网站，网址站。

（2）网站有稳定的访问量，丰富的内容，用户习惯搜索。

（3）网站信息量大，却缺乏搜索技术，无法有效利用自有资源。

（4）自定义关键字搜索，适合博客、论坛、微博、QQ 等推广途径。

第 052 招　什么是组件推广

组件推广是淘宝联盟特有的推广形式，它提供实用性的功能，同时植入推广信息的推广模式。组件功能贴近网民需求，同网站内容和主题充分融合，作为网站的一部分而存在。目前的组件包括：手机 / 游戏充值框、天气预报、美容咨询工具、试衣间等。

1. 产品优势

（1）提供满足网民需求的功能，为网站增色。

（2）植入相匹配的推广信息，转化率高。

（3）作为网站内容的一部分存在，用户体验好。

（4）形式丰富多样，总有一款适合你。

2. 适用类型

（1）网址站及各类垂直行业网站。

（2）对用户体验要求高的网站。

（3）需要某些功能性组件的网站。

（4）没有技术实力或资源开发相关功能的媒体。

第053招　什么是淘宝客（店铺/商品）推广

淘宝客提供单个商品和店铺的推广链接，你可以指定推广某个商品或店铺，做到推广内容和推广途径的完全自定义，推广信息和网站内容或推广途径充分结合。例如，你可以在女性网站推广化妆品、女装等，你也可以建立自己的热卖店铺导航等。

1. 产品优势

（1）提供最底层推广元素，满足各类自定义推广需求。

（2）推广精准到店铺和商品，直击用户需求。

（3）推广内容和推广途径完全自定义，灵活多样。

（4）推广流程简单，一键获取推广代码，甚至不需要拥有自己的网站。

2. 适用类型

（1）网站主题集中，浏览人群集中的媒体。

（2）希望推广内容和网站内容充分结合的媒体。

（3）没有自己的网站，使用博客、论坛、微博、QQ 等途径推广的推广者。

（4）拥有技术实力进行应用开发的站长或媒体。

第054招　什么是橱窗推广

橱窗推广是一种以系统推送促销信息的推广模式。只需要在网站上的广告位部署橱窗推广代码，淘宝联盟的用户行为分析系统和推广信息投放系统将为你推送高质量的相关性推广信息，让你坐拥稳定收益。

1. 产品优势

（1）使用方便。只需一次性部署橱窗代码，就可以坐享收益。

（2）精准投放。橱窗推广使用用户行为分析、文本匹配等多项技术，实现精准投放。

（3）广告位管理。让你在线管理广告位，而无需更换推广代码。

（4）渠道管理。完全自定义的渠道，灵活跟踪推广效果。

2. 适用类型

（1）拥有广告位资源的网站媒体。

（2）不擅长广告投放优化的网站媒体。

（3）希望灵活管理广告位功能的媒体。

（4）流量稳定，想获得稳定收益的媒体。

第 055 招　什么是频道推广

频道推广聚合淘宝网最丰富的强势类目，精选最优质的卖家和商品，提供最新的促销活动，达到最广泛的买家覆盖率，给买家带来全新的一站式购物体验。频道/活动页面提供丰富的促销信息，转化率高。

1. 产品优势

（1）聚合淘宝网最优质的卖家和商品。

（2）提供淘宝网最新的促销活动信息。

（3）以独立页面的形式呈现，不占用网站现有的广告位资源。

（4）给买家提供一站式购物体验，转化率高。

2. 适用类型

（1）网站流量大，网站主题相对集中。

（2）网站信息量大，无法有效利用自有资源。

（3）行业网站、网址站、娱乐网站、垂直网站、网址站。

（4）微博、QQ、博客、聊天工具。

第056招　淘宝客佣金如何结算

买家通过支付宝交易并确认收货时，系统会自动将应付的佣金从卖家收入中扣除并记入淘宝客的预期收入账户。每个月的 20 号都会做上一个整月的月结，月结时候将收取佣金的 10% 作为技术服务费，结算之后正式转入淘宝客的收入账户。淘宝客需要在淘宝联盟账户绑定通过实名认证的支付宝账号，才可以提现到该支付宝。

（1）卖家可以在佣金范围内直接调高佣金比率。

（2）卖家不能直接调低佣金比率，但可以通过先删除推广计划，再新建推广计划的方法调低佣金比率。

（3）卖家可以在佣金范围内直接调整店铺统一佣金比率。

（4）买家从淘宝客推广链接进入当天没有购买的，此后 15 天内完成的购买均为有效，淘宝客都可得到由卖家支付的佣金。如果掌柜退出淘宝客推广，在掌柜退出前，用户点击过的推广链接对该用户在 15 天内继续有效，在点击后 15 天内拍下商品后仍旧计算佣金。

（5）如果实际交易金额减去邮费大于等于拍下时的商品单价则按实际交易金额减去邮费乘以佣金比率进行计算。

（6）如果实际交易金额减去邮费小于拍下时的商品单价则按商品单价乘以佣金比率进行计算。

（7）如果买家通过淘宝客推广链接直接购买了这件商品，按照该商品对应的佣金比率结算佣金。

（8）如果买家通过淘宝客推广链接购买了店铺内其他展示商品中的某一件商品，按照该商品对应的佣金比率结算佣金给淘宝客。

（9）如果买家通过淘宝客推广链接购买了店铺内非展示商品中的其他商品，按照店铺统一佣金比率结算佣金给淘宝客。

第057招　加入淘宝客推广的步骤

淘宝客推广是一种按成交计费的推广模式，淘宝客提供单个商品和店铺的推广链接，可以指定推广某个商品或店铺。下面将讲解使用淘宝客推广的方法，具体操作步骤如下。

（1）登录我的淘宝，单击"营销中心"栏中的"我要推广"超链接，如图5-3所示。

（2）进入我要推广页面，单击"淘宝客推广"图标，如图5-4所示。

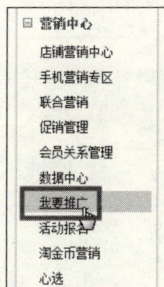

图 5-3　单击"我要推广"　　　　　　　　图 5-4　单击"淘宝客推广"

（3）打开淘宝客页面，如图5-5所示。

（4）单击底部的"新建自选淘宝客计划"按钮，弹出"新建推广计划"页面，在页面中设置计划名称、是否公开、类目佣金、起始日期和结束日期，如图5-6所示。

（5）单击"创建完成"按钮，即可创建推广计划，如图5-7所示。

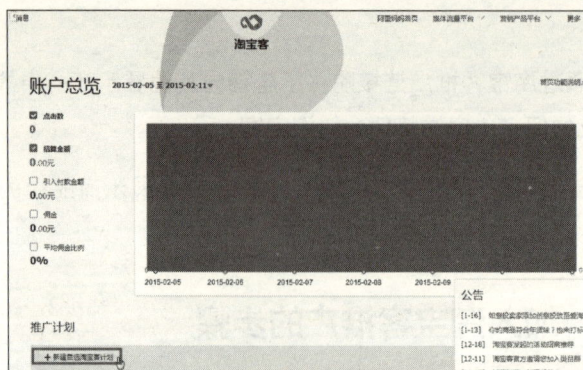

图 5-5　淘宝客

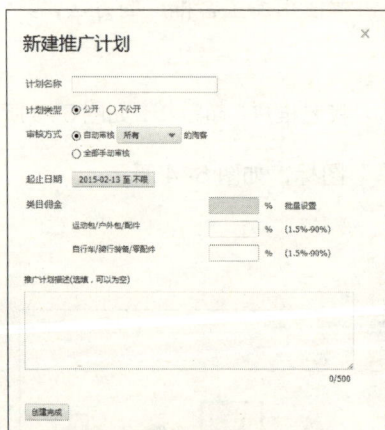

图 5-6　新建推广计划

图 5-7　创建推广计划

第 058 招　做好淘宝客推广的黄金法则

虽然淘宝客推广看起来很简单，寥寥几步就能够设置完成。但是，如果你想要更好地利用淘宝客来为你的店铺创造更高的效益的话，那么在推广过程中还要了解以下推广的法则。

1. 调整好心态

调整好心态，定期及时优化，尽量给淘宝客以最大的利益，要看得到，淘宝客带来的绝不仅仅是一个买家，而是更多的买家。推广是一项长期的工作，淘宝客推广也不例外。只有长期用心学习总结，吸取他人好的经验，找到最适合自己的推广方法才是最有效的。

新手开始时可以将自己的宝贝佣金设置高些，自己赚取的利润低点，这样才会吸引淘客去给你宣传，淘客们宣传的渠道很广，他们有的是宣传的手段和方法。慢慢的当店铺有销量了，自然就会提升你的流量。当每天都有销量时，这时候可以适当地降低淘客佣金，让点利润给自己。

2．在淘宝联盟吸引买家主动上门

目前有数十万的淘宝客活跃在各个推广领域，与其盲目地四处寻找，不如让淘宝客自己找上门。大部分淘宝客每天都会登录一个网站，那就是淘宝联盟。淘宝联盟是一个淘宝客挑选推广对象的站点，他们会在淘宝联盟上选择所需推广的商家或商品。

3．社区活动增加曝光率

淘宝联盟社区是淘宝客聚集交流的场所，可以尽情发挥，吸引淘宝客的关注。在社区活动中常见的方式有以下几种。

（1）发布招募贴，这是最常见的形式，直接向淘宝客发布招募公告。如图 5-8 所示在淘宝联盟社区发布的招募贴。

（2）参与社区活动，小二或社区版主会不定期地组织一些社区活动，如征文、访谈等活动。如图 5-9 所示。

图 5-8　在淘宝联盟社区发布的招募贴

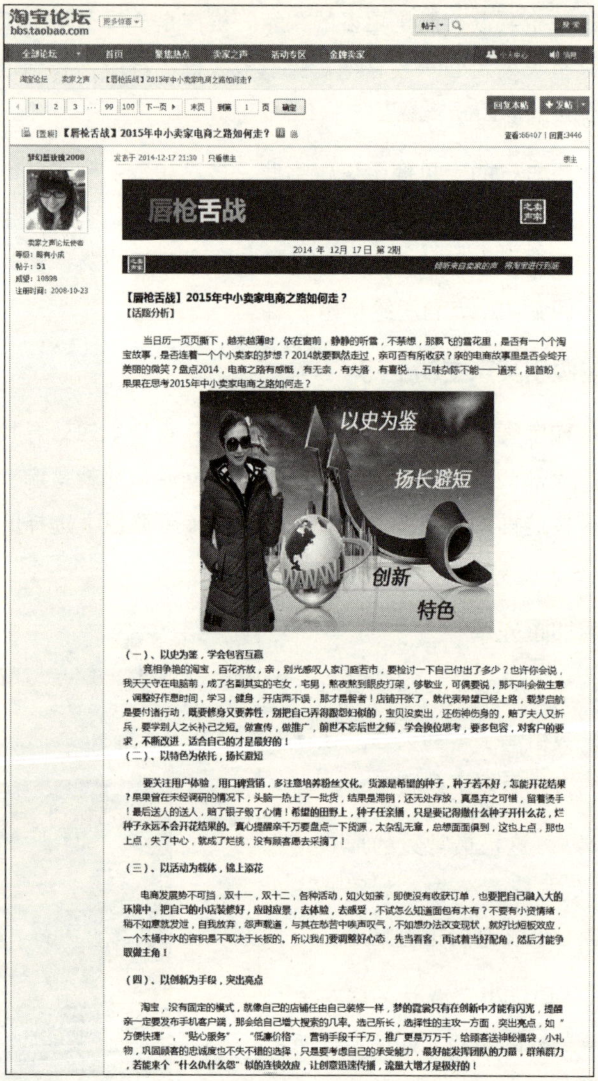

淘宝论坛
bbs.taobao.com

全部论坛 首页 聚焦热点 卖家之声 活动专区 金牌卖家

淘宝论坛 卖家之声 【唇枪舌战】2015年中小卖家电商之路如何走？

1 2 3 … 99 100 下一页 末页 到第 1 页 确定 回复本帖 发帖

【唇枪舌战】2015年中小卖家电商之路如何走？ 查看:66407 | 回复:3446

梦幻蓝玫瑰2008
卖家之声论坛使者
等级：略有小成
帖子：51
威望：10898
注册时间：2008-10-23

发表于 2014-12-17 21:30 | 只看楼主 楼主

唇枪舌战

2014 年 12月 17日 第 2期

【唇枪舌战】2015年中小卖家电商之路如何走？
【话题分析】

当日历一页页撕下，越来越薄时，依在窗前，静静的听雪，不禁想，那飘飞的雪花里，是否有一个个淘宝故事，是否连着一个个小卖家的梦想？2014就要飘然走过，亲可否有所收获？亲的电商故事里是否会绽开美丽的微笑？盘点2014，电商之路有感慨，有无奈，有失落，有喜悦……五味杂陈不能一一道来，翘首盼，果果在思考2015年中小卖家电商之路如何走？

（一）、以史为鉴，学会包容互赢

竟相争艳的淘宝，百花齐放，亲，别光感叹人家门庭若市，要检讨一下自己付出了多少？也许你会说，我天天守在电脑前，成了名副其实的宅女，宅男，熬夜熬到眼皮打架，够敬业，可偶要说，那不叫会做生意，调整好作息时间，学习，健身，开店两不误，那才是智者！店铺开张了，就代表希望已经上路，载梦启航是要付诸行动，既要修身又要养性，别把自己弄得跟怨妇似的，宝贝没卖出，还伤神伤身的，赔了夫人又折兵，要学别人之长补己之短。做宣传，做推广，前世不忘后世之师，学会换位思考，要多包容，对客户的要求，不断改进，适合自己的才是最好的！

（二）、以特色为依托，扬长避短

要关注用户体验，用口碑营销，多注意培养粉丝文化。货源是希望的种子，种子若不好，怎能开花结果？果果曾在未经调研的情况下，头脑一热上了一批货，结果是滞销，还无处存放，真是弃之可惜，留着烫手！最后送人的送人，赔了银子毁了心情！希望的田野上，种子任亲播，只是要记得撒什么种子开什么花，烂种子永远不会开花结果的。真心提醒亲千万要盘点一下货源，太杂乱无章，总想面面俱到，这也上点，那也上点，失了中心，就成了烂桃，没有顾客愿去采摘了！

（三）、以活动为载体，锦上添花

电商发展势不可挡，双十一，双十二，各种活动，如火如荼，即使没有收获订单，也要把自己融入大的环境中，把自己的小店装修好，应时应景，去体验，去感受，不试怎么知道面包有木有？不要有小资情绪，稍不如意就发泄，自我放弃，怨声载道，与其在愁苦中唉声叹气，不如想办法改变现状，就好比短板效应，一个木桶中水的容积是不取决于长板的。所以我们要调整好心态，先当看客，再试着当好配角，然后才能争取做主角！

（四）、以创新为手段，突出亮点

淘宝，没有固定的模式，就像自己的店铺任由自己装修一样，梦的霓裳只有在创新中才能有闪光，提醒亲一定要发布手机客户端，那会给自己增大搜索的几率。选己所长，选择性的主攻一方面，突出亮点，如"方便快捷"，"贴心服务"，"低廉价格"，营销手段千千万，推广更是万万千，给顾客送神秘福袋，小礼物，巩固顾客的忠诚度也不失不错的选择，只是要考虑自己的承受能力，最好能发挥团队的力量，群策群力，若能来个"什么仇什么怨"似的连锁效应，让创意迅速传播，流量大增才是极好的！

图 5-9 社区活动

（3）利用签名档，将签名档设置为店铺招募的宣传语，引导至自己的招募贴，并且积极参与社区中的讨论，热心回答会员的问题，在互动的同时也起到了宣传的作用。

（4）事件营销，社区宣传不一定是广告，有意地策划一些事件，短期内可以迅速积累大量的人气。

（5）主动出击，在社区中有许多乐于分享的淘宝客，这些人往往具有丰富的推广经验和资源，多关注一些经验分享贴的淘宝客，通过回复或站内信取得联系。

4. 从数据中挖掘淘宝客

当我们苦苦寻找新的淘宝客时，往往会忽略了已经在推广的人群，他们可能推广量不大，也许是不经意中推广了你的商品，但他们已经具备了淘宝客的推广能力，如果稍加引导便可以为你创造更多的推广量。这些淘宝客可以通过"我的联盟"每日推广效果报表的数据中进行挖掘。找出那些优质的推广者，然后与他们建立联系，进行更深入的合作。

5. SNS 社会化媒体

如人人网、淘江湖、开心网等，这里活跃着众多的营销者，它们往往聚集了大量具有相同兴趣爱好的会员，如购物促销群、时尚群、亲子群等，具有非常精准的客户群，在淘宝客的推广中具有很高的转换率。同时，目前最火的微博，也具有相同的属性，通过微博进行推广的淘宝客也越来越多，如图 5-10 所示。

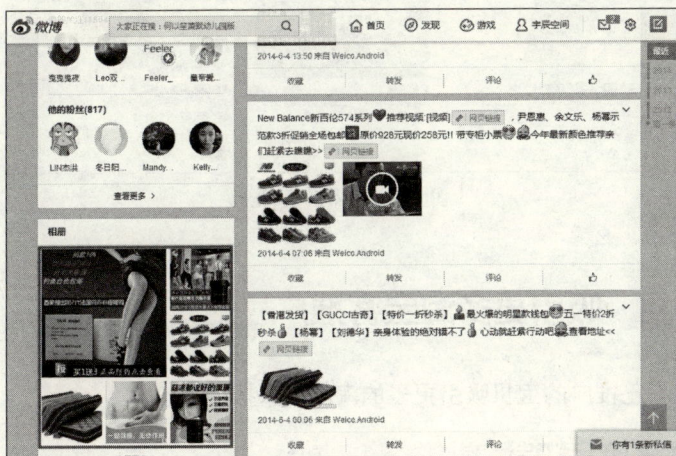

图 5-10　微博进行推广

6. 导购类站点

随着淘宝客的兴起，越来越多的站点加入到淘宝导购的行列，如团购类、比价类网站如同雨后春笋版不断涌出，此类站点聚集了大量的购物人群，是掌柜推广不错的选择，如图 5-11 所示。

图 5-11　团购类站点

第 059 招　吸引更多淘宝客推广

怎么才能让自己推广的宝贝吸引更多的淘宝客来推广呢？

1. 主推最好的商品打造爆款

不要推广那些滞销的产品，如果推广的产品一点销量都没有，即使设置更高的佣金也都是很难让人有兴趣推广的。热销的宝贝自然比无人问津的宝贝更容易卖出，推广那些热销品不但可以吸引更多的淘宝客推广你的店铺，还有更重要的一点是可以积累销量。

质量好又热卖的商品，有利于招到淘宝客，也有利于培养忠实的淘宝客。有不少淘宝客把商品推荐给身边的亲朋好友，如果产品质量过硬，可增强他们推广的信心。

在商品的销售中，集中力量重点打造几款高人气的主推宝贝，俗称"爆款"，利用其高人气的特性，带动店内其他商品的销售，即单品制胜。同理，在淘宝客中也存在同样的现象，通过几款拥有大量淘宝客关注的主推商品，同样可以带动店内其他商品推广量的上升。如图 5-12 所示主推的爆款商品。

图 5-12　主推的爆款商品

2. 商品图片美观

淘客推广，大多数选择图片推广，如果图片模糊不清晰，推广的效果肯定差，而且对于对自己网站质量要求高点的站长，不美观的商品图片，会打破其站点的美观，他肯定不会推广。如图 5-13 所示商品图片美观。

图 5-13　商品图片美观

3．单价较低的商品

对于选择淘宝客推广的商品，要做好薄利多销的准备。众所周知，顾客买东西，肯定要货比三家，价比三家。在选择主推宝贝的时候，应当选择一些单价适当较低的商品，同时低价位的商品也有的具有较高的利润率，可以为佣金比例的设定留有更大的灵活性。宝贝价格最好设置在大众能普遍接受的范围内，这样可以获得更多的关注度。

4．佣金比例有竞争力

对于淘宝客来说，高佣金才是硬道理，相同的推广成本，佣金越高，收益自然越好，因此淘宝客在挑选商品时往往会较多关注佣金比例，因此建议主推商品应当在低价的同时还要保持较高的佣金比例。

较高的佣金比例，对淘宝客来说是非常有吸引力的。所以在能承受范围内，要尽量让利给淘宝客，才能发动淘宝客无限的推广潜力。当然佣金比例并不是越高越好，而是根据不同的推广阶段，不同的竞争情况，随时调整佣金策略。比如一款新上架的商品正处于推广期，同时作为吸引淘宝客的主推商品，在定制佣金比例时，需要考虑最大程度地让利淘宝客，以获得更多的推广，此时应适当高佣金回报淘宝客；而处于成熟期的商品，可适当调低佣金比例，以保证足够的利润。

5．销量和评价很高的商品

淘宝客作为推广者，同时也会作为消费者，当选择推广商品时，往往也会站在买家的角度去审视，如果所选商品具有良好的历史成交记录以及正面的评价，可以让淘宝客更有推广信心。如图 5-14 所示。

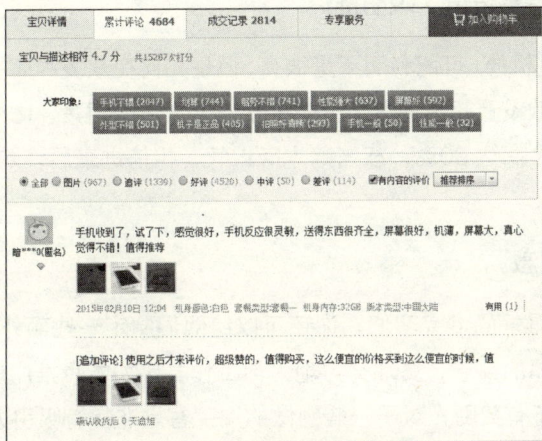

图 5-14　销量和评价很高

6. 经常更新主推商品

对于一些季节性很强的商品来说，淘宝客主推商品的更新速度要跟得上店铺更新的速度，才能更加吸引新淘宝客和留住老淘宝客。

在一定的时间段内，可根据淘宝客成交的记录来对一些推广比较好的宝贝进行佣金调整，比如提高佣金，更能促进宝贝的推广；对于一些很久都无人推广的宝贝，则可以删除，另推其他商品。经常更新或根据效果来调整你的商品和设置，才是提高销量的保证。

7. 宣传你的淘宝客推广服务

已经使用淘宝客推广的卖家非常多，产品如何在如此众多的推广宝贝中脱颖而出是非常重要的。当然如果只是设置好推广的那几个产品就撒手不管的话，也多多少少会带来一些成交量，但是想要有更好的效果的话，还是需要多宣传自己。

8. 加强与淘宝客沟通，建立千牛群

很多店长都已经意识到了这个问题，建立千牛群，这样比如你的商品下架可以第

一时间告诉淘宝客，会让淘宝客感受到你合作的诚意，会更加愿意帮你推广，也更加放心帮你推广。而且你可以将目前的推广动态信息第一时间传递给淘宝客。

9. 某一单品佣金高设置，吸引推广

有的店，比如卖手机的，可能利润不是很高，但是如何在众多的商品中脱颖而出呢，你可以把其中一款设置超高佣金，全站设置一个合理的佣金，比如全站3%佣金，某一款手机的佣金高达30%，权当赔本赚人气，相信进来后，购买其他手机的顾客肯定也不少。

10. 额外奖励刺激

对于那些推广做得好的淘宝客们，你还可以给他们制定一些额外的激励机制，让他们长期保持高昂的斗志，更加努力地为你工作。比如本月推广前三，加奖1000元！在奖励之外还有奖励，对于一些刚做的淘宝客是非常有吸引力的。

第060招 巧用SEO结合淘宝客推广淘宝店铺

随着淘宝客的流行，各种围绕如何利用淘宝客进行淘宝店铺推广的讨论也越来越多。相信很多掌柜希望能通过淘宝客给自己的店铺带来更多的流量和生意，玩淘宝客的站长们也希望能通过淘宝佣金带来补充收入，下面介绍如何利用SEO结合淘宝客进行淘宝店铺和淘宝客网站双赢推广，希望对在淘宝开店的掌柜和淘宝客站长们有所帮助。

掌柜们想通过SEO和淘宝客推广店铺，首先要了解SEO基本概念。

SEO的中文意思是搜索引擎优化。通俗理解是：通过总结搜索引擎的排名规律，对网站进行合理优化，使你的网站在百度和Google的排名提高，让搜索引擎给你带来客户。通过SEO这样一套基于搜索引擎的营销思路，为网站提供生态式的自我营销解决方案，让网站在行业内占据领先地位，从而获得品牌收益。

SEO的主要工作是通过了解各类搜索引擎如何抓取互联网页面、如何进行索引以及如何确定其对某一特定关键词的搜索结果排名等技术，来对网页进行相关的优化，使其提高搜索引擎排名，从而提高网站访问量，最终提升网站的销售能力或

宣传能力的技术。

下面就 SEO 结合淘宝客推广淘宝店铺进行详细的说明，淘宝掌柜通过此方法可提升淘宝客网站在百度的关键字排名，从而提升店铺宝贝的曝光率，获得更多的客户，同样可以使推广你店铺商品的淘客站获得更多的流量及佣金。

第一步：选择 30 个优势商品

选择店铺最有竞争优势的 30 个商品，淘宝客最多可以推 30 个商品。

第二步：为商品选择精确关键字

大家都知道，选择精确的关键字可以提升店铺的转换率，那如何查找精准的关键字呢？下面是关于选择精准关键字的几种方法。

（1）搜索栏搜索提示关键词。

（2）淘宝系统推荐关键词。

（3）淘宝排行榜。

（4）根据店铺客户搜索习惯选择关键字。

第三步：为淘宝客主推商品进行关键字优化

（1）为主推商品选择核心关键字，每个商品可选 1 ～ 3 个。

（2）将选好的 1 ～ 3 个关键字放置宝贝名称中，并在宝贝描述中多次出现，增加关键词密度。

（3）为图片加 alt 属性 alt=" 关键字 "。

（4）在商品详情明显位置摆放当前商品的核心关键字，以便淘宝客网站运用。

第 061 招　从 SNS 社会化媒体中寻觅淘宝客

目前微博异常红火，通过 SNS 牡会化媒体中进行推广的淘宝客也越来越多，有心的卖家应该能从中找到能帮助自己推广的助手。SNS 如人人网、美丽说、开心网等，这里活跃着众多的营销者，他们往往是具有相同兴趣爱好的会员，如购物促销群、时尚群、亲子群等。这些精准的客户群体，除了自己可以参与商品推广外，还可以寻找到很多的淘宝客。

通过各种方式，尽可能地联系他们，帮助自己推广产品，要知道这里的推广中具有很高的转换率。

社会化媒体可以通过软文的撰写和品牌的塑造，为淘宝店带去庞大的外部流量，这些外部流量一定可以远远超过淘宝内部搜索流量，并且转化率极高。

第 062 招　通过 QQ 群结交更多淘宝客

如何运用 QQ 推广淘宝客？由于 QQ 的不断升级，推出的产品也在不断地增多，作为营销者，得及时发现并巧妙运用 QQ 这一强大的工具来进行淘宝客推广。要想找到这样的精准 QQ 群，有以下几个思路。

1. QQ 群搜索

如图 5-15 所示 QQ 群搜索，这是最简单也是最基础的方式，但是却很直接。

图 5-15　QQ 群搜索

我们在加 QQ 群时，难免会处处碰壁，若被拒绝的次数太多，或者加群的频率过快，那么，系统会给我们一个限制，你可以加群，但是群管理根本收不到你的加群信息。一般来说，一个 QQ 号码，在不受到拒绝的情况下，大概可以加 10~20 个 QQ 群。

你找到 QQ 群，这只是个简单的开始，即使当时你已经成功加群，你还有很多事情需要做。

2. 群内发布信息

想要在群内做推广，需要委婉点，不要一上来就直接发广告，这样肯定是不行的。首先，你需要与群内的朋友有一定的交流，如果直接发广告，结果是肯定被踢，若你在群内已经有了一定程度的交流，则群主也会碍于面子，默许你的广告。

3. 私聊

这种私聊仍然是要在满足用户需要的基础上，如果你可以解决他的问题，那么，这样会有更好的信任和用户体验，从而利于接下来的营销。

第 063 招　如何挖掘精准淘宝客

淘宝客区别于钻石展位和直通车，是当前淘宝推广最常用的手段，也是花费最少的。现在的商家联盟后台，可以查询到所有淘客申请定向计划记录。这不仅有利于资源的收集，也能让卖家更为精准地挖掘到淘宝客。下面，介绍挖掘淘宝客技巧。

1. 淘客表格的建立

淘宝客申请商家联盟后台定向计划一般都会留下联系方式、推广方式等。淘宝客运营专员在在平时都会用表格记录下这些资料。现在在商家的联盟后台可以查询到历史所有淘客申请定向计划记录，这样，有利于卖家收集资源。而一个商家后台的数据较有限，但是几百个几千个商家数量就较为可观。结合数据，就可以整理出很多的淘宝客。

2. 商家联盟后台的推广数据

卖家下载最近半个月或者一个月的联盟后台推广数据，然后数据合并起来进行统

计，根据推广件数进行排序，推广件数越多，代表淘宝客越大，流量越大，转化
率也高。有效淘客数据整理出来后，就能找到联系方式和推广方式，通过搜索步
骤整理的数据查出这部分淘客的资料。

3. 更精确的淘客数据

上一步得出的淘客数据较宽泛，若数据是同类目同等价位的店铺，那么这个淘客
数据则会是非常精准的。此外，有些淘客什么类目都推广，拿几个较为精准的类
目淘客数据进行叠加，就会得出哪些淘宝客是所有类目都推广的。

4. 顺着找出淘客

经过上一步，有效的淘客数据就不会有太多，用 QQ 联系起来也会方便很多。这
样的话，谈合作时概率就会更大一些。

第 6 章

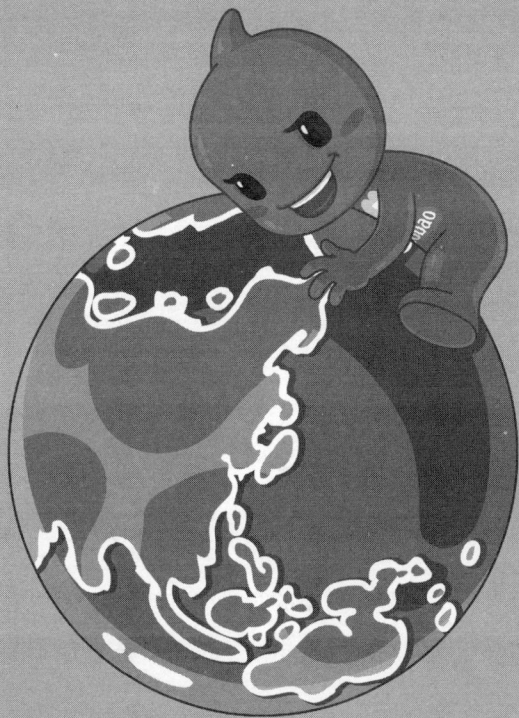

在淘宝外推广营销方法

在实际的商品销售中，为了吸引顾客的注意，各商家都会采取各种方法促销自己的商品，在网络中也需要宣传店铺。网店推广的目的在于让尽可能多的潜在用户了解并访问网店，通过网店获得有关商品和服务等信息，为最终形成购买决策提供支持，促成更多生意。

第 064 招　免费登录自己的网店到搜索引擎

所谓登录搜索引擎，是指企业出于扩大宣传的目的，将自己网站提交到搜索引擎，让企业的产品和服务信息进入到搜索引擎数据库，以增加与潜在客户通过互联网建立联系的机会。

搜索引擎是专门提供信息查询的网站。它们大都是通过对互联网上的网站进行检索，从中提取相关的信息，从而建立起庞大的数据库。浏览者可以很方便地通过输入一定的文字，查找任何所需要的资料，其中当然也包括各种产品及服务信息。由于看到了搜索引擎的商业利用价值，越来越多的企业都将登录搜索引擎作为主要的网络营销手段，并且取得了较好的宣传效果。如图 6-1 所示百度搜索引擎登录。

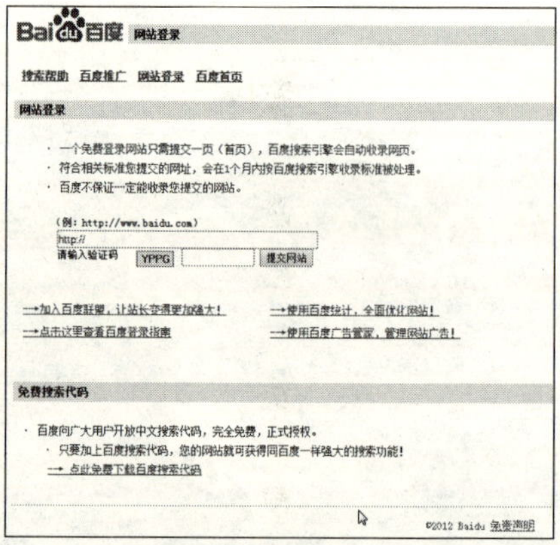

图 6-1　百度搜索引擎登录

到百度等一些大的搜索引擎网站去登录一下，提交引擎的时候尽可能地各大搜索引擎都提交一下。因为不可能所有的互联网用户都只使用一个搜索引擎。下面这些登录搜索引擎网站网址最好都登录一下。

百度 – 搜索引擎登录入口：http://www.baidu.com/search/url_submit.html

搜狗搜索引擎登录入口：http://www.sogou.com/feedback/urlfeedback.php

搜搜登录入口：http://www.soso.com/

登录搜索引擎操作步骤如下：进入搜索引擎登录页面，输入网址，提交即可。如果搜索引擎不接受，那就一天多提交几遍、天天提交，直到被接受为止。且由于搜索引擎收录新网站有一定的工作周期，一般为 1 周至 2 个月不等，因此越早动手越好。

> **小提示**
>
> 搜索引擎收录新站时，最忌讳的是网店三天两头剧烈变动。所以，店铺在装修的时候一定要先确定好模版样式，不要来回更改模版样式。如果变化太过频繁的话，搜索引擎会认为此站不够稳定，会减低搜索引擎的收录数量。因此，店铺模版选择、后台管理中店铺装修的重置模版时，一定要慎重，设定好店铺的风格。

第 065 招　怎样设置关键字才能被搜索引擎收录

在搜索引擎中，检索信息都是通过输入关键词来实现的。关键词是整个网店登录过程中最基本，也是最重要的一步。然而关键词的确定并非一件轻而易举的事，要考虑诸多因素，如关键词必须与你的网店内容有关，词语间如何组合排列，是否符合搜索工具的要求等。网店关键词的获取步骤可以从以下几个方面入手。

1．和团队成员讨论

一个人的想法和智慧是远远不够的，可以把了解搜索引擎营销活动的人召集起来，让所有的参与者都来提出他们的想法，然后将每个人的关键词集中起来，除去错误的选择并按顺序排出最重要的关键词。

2．利用搜索引擎自身提供的相关关键词

每个搜索引擎在列出关键词的搜索结果的同时，还提供了与这个关键词相关的其他组合词，这些被称之为长尾关键词的流量不容忽视。

3．观察竞争对手

花点时间看看你的竞争对手使用了哪些关键词，当然你的竞争对手使用的关键词并不一定就是最好的关键词，只是给你提供一些参考而已。

4．站在买家的角度考虑

潜在客户在搜索你的产品时将使用什么关键词？这可以从众多的资源中获得反

馈，包括从你的客户、供应商、品牌经理和销售人员那里获知其想法。

5. 将关键词扩展成一系列短语

选择好一系列短语之后，可用网络营销软件对这些关键词组进行检测，软件的功能是查看你的关键词在其他网页中的使用频率，以及在过去各大搜索引擎上有多少人在搜索时使用过这些关键词。最好的关键词是那些没有被滥用而又很流行的词。另一个技巧是使用罕见的组合。

6. 进行多重排列组合

改变短语中的词序以创建不同的词语组合。使用不常用的组合，组合成一个问句，包含同义词、替换词、比喻词和常见错拼词，包含所卖产品的商标名和品名。使用其他限定词来创建更多的两字组合，三字、四字组合。

第 066 招　　登录导航网站推广你的网店

现在国内有大量的网址导航类站点，如 http://www.hao123.com/、http://www.265.com/ 等。在这些网址导航类做上链接，也能带来大量的流量，不过现在想登录上像 hao123 这种流量特别大的站点并不是件容易事。

如图 6-2 所示在网址导航站点 hao123 登录网站。

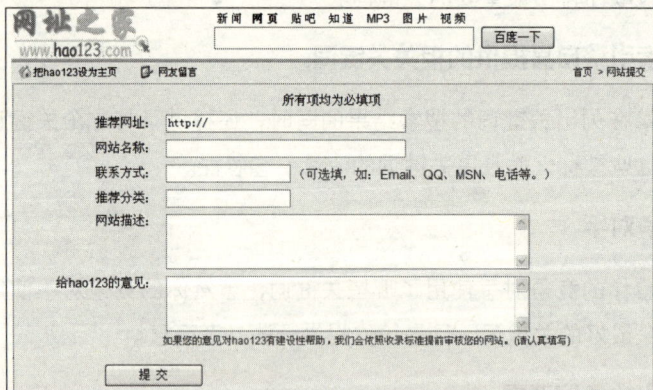

图 6-2　hao123 登录网站

第 067 招　利用百度贴吧推广店铺

百度贴吧是目前百度品牌里最活跃的一个地方，流量非常大。如图 6-3 所示百度贴吧推广。

利用百度贴吧推广网店的技巧如下。

（1）同样的帖子不要在不同的贴吧中重复发帖，因为这样很容易被百度发现，把你的帖子删除。可能 1 个帖子有相关的好几个贴吧可以发，没关系，能吸引流量的文章还是费点时间把标题和文字内容都修改下吧。

（2）每天在百度贴吧推广的帖子数以不超过 5 贴为最佳。

（3）尽量不要开帖就发广告带链接，这主要是针对很多负责任的吧主的，他们看帖子看多了往往就只看主题帖，第一贴出来就带链接，不管怎样，直觉就认为你是个做广告的了。

（4）把自己放在一个纯粹热心的用户角度来看问题。我是来推荐的，推荐的内容也要言之有物。要么推荐你店铺中很有特色的东西，最后来个评价这个网店不错。

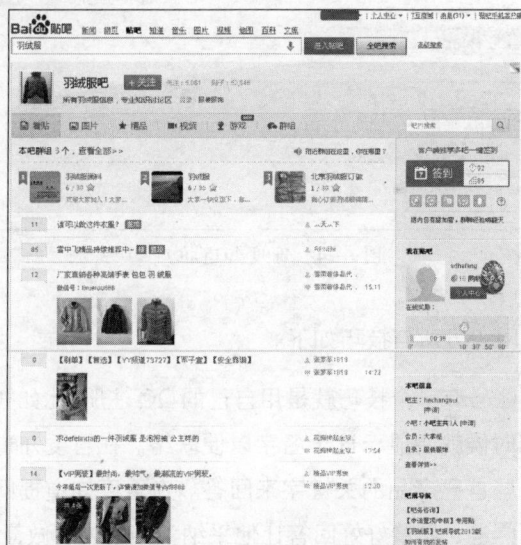

图 6-3　百度贴吧推广

第068招 利用百度知道推广店铺

百度知道是一个非常好的提问题的平台，就是提供用户需要解决的答案和问题引来了不少流量，百度知道免费而且流量巨大，非常利于淘宝网店的推广。如图6-4所示。

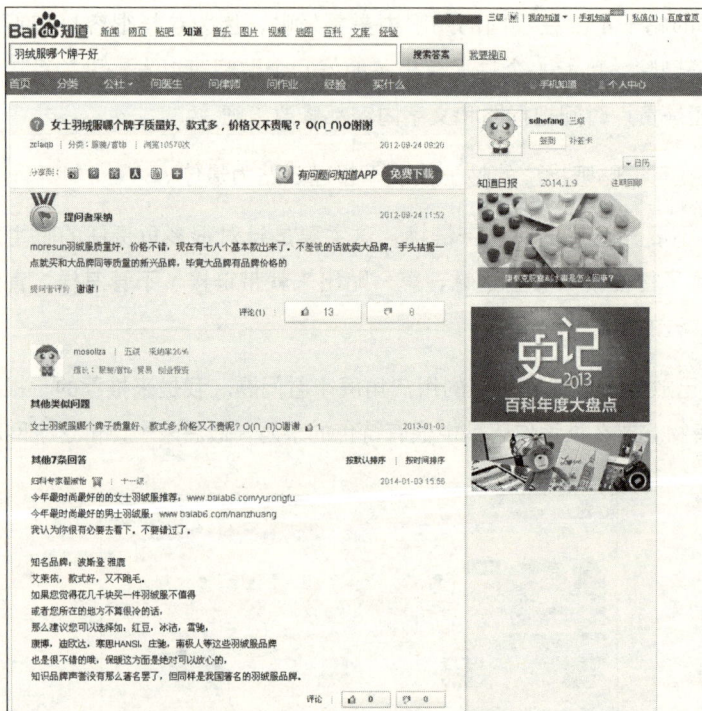

图 6-4 百度知道推广

百度知道推广淘宝网店方法与技巧如下。

（1）注册百度知道账号有一个技巧就是用自己的QQ注册。比如"QQ314650756"，这样你回答问题的时候就会显示这个名字以便联络。在百度知道推广时一定要多多回答问题，找一些自己产品的关键字来回答。在百度知道提问的人都不希望自己提问的问题全是广告，尽量好好回答让他采纳我们的内容做最佳答案。

（2）最简单的方法就是一个人提问一个人回答的方式做百度知道推广网店。不过在这里要提醒大家的是最好是宽带上网去做，宽带可以换IP，如果你不换IP只用一个IP来提问和回答很容易被百度发现。注册两个账号一个用来提问，提问是有技巧的，如果卖什么产品需要在百度收集这一类产品的关键字，收集好关键字以后用这些关键字提问，然后用另一个账号回答，自己采集自己的答案。当然这个答案你就可以随便做推广了，软文最好，只要不被百度删除就可以了，等到百度收录你提问的内容以后可能就会排在百度的首页上。

（3）利用百度知道养账号。如果在百度知道上加上链接是最好了，用户通过你的链接来到你的店铺就可以直接性的推广。百度就不让你存在链接，所以要养账号。刚开始注册是1级用户，我们回答问题和问题被采纳的多了就会升级，升到4级以后就可以适当地放链接了。最好是放百度空间的链接和新浪博客、网易博客等链接，这样存在的时间会长一些。只要在百度空间或博客的页面做上你推广的内容就可以了，这个就需要转化率了。

第069招　利用博客圈推广

一方面是自身店铺设计和内容的提高，一方面是要充分利用外面的网络推广资源，有许多资源都是可以免费使用的，这些资源利用起来，对店铺推广的效果也是显而易见的，会轻松地提高店铺的推广效果，下面介绍博客圈对店铺推广的作用。

如同消费决策容易受到朋友意见影响一样，博客圈子内部的相互影响力很大，可信程度相对较高，相互间传播性非常强，浏览者也容易相信"圈子"里的人在博客上记录的文字。这就是所谓博客的聚合效应，也就是人们所说的"圈子"概念。

比如妈妈们可以加入"妈妈圈子"，数码产品发烧友可以加入"数码圈子"，甚至喜欢喝酒的人都可以加入"品酒的圈子"等。而这种圈子的划分，实际上就是对消费人群进行了一次分类划分，从营销角度来讲，这样就极易形成一个定向准确的广告投放受众人群，更易实现营销效果。如图6-5所示阿里童装商圈。

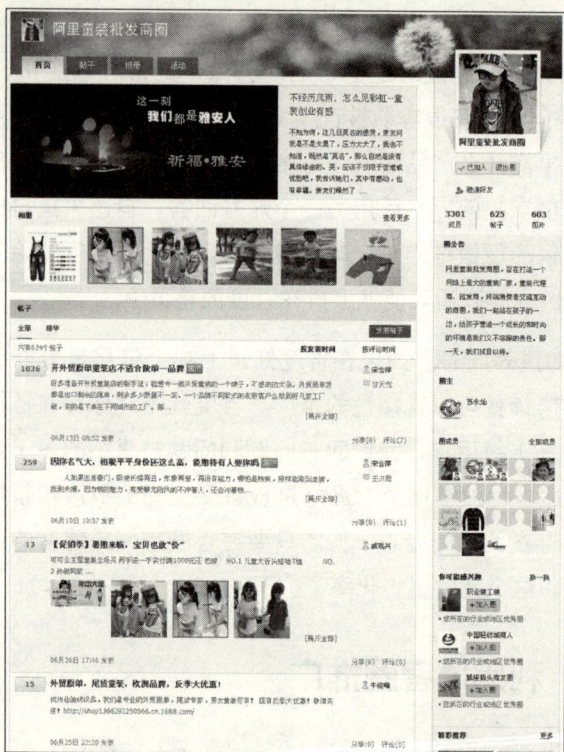

图 6-5　阿里童装商圈

同硬性广告相比，人们更愿意接受"口口相传"的内容。而专业博客往往是那个圈子中的意见领袖，他们的一举一动往往被其他人模仿和追逐。而另一方面，博客的交互性也大大降低了厂商同消费者沟通的成本，尤其是时间成本。

目前互联网上主要有以下几大门户博客圈：新浪博客圈、搜狐博客圈、网易博客圈等，还有其他网站或行业网站的博客圈，加入圈子后，每在博客上发表一篇文章，会在博客圈里同时显示，有些博客圈里有数万人，博客圈可以带来更大的流量。

通过自己创建的博客圈，为推广汇聚人气，当圈友达到一定的人数后，原创的博客内容也是自己可以利用的原创，也可以利用博客圈为自己的网络推广服务。

有自己控制的博客圈，可以随时在里面进行网络推广，当然很稳定的，不过不要纯广告或者是发一些垃圾的东西了，这样圈子的人气会越来越低。

第070招　如何快速提升博客人气

衡量博客成长与成效的标准之一就是看流量的多少，即访客数目。流量越多，表示交流的人数和次数就越多，那么效果也就越好。因此，如何才能大幅提高自己博客的流量是每个店主必须要了解的。

1. 现在做博客的网站很多，虽然不可能把各家的博客都利用起来，但也需要多注册几个博客进行推广。没时间的可以少选几个，但是新浪和百度的博客是不能少的。新浪的博客浏览量最大，许多明星都在上面开博，人气很高。百度是全球最大的中文搜索引擎，大部分上网者都习惯用百度搜索东西。

2. 博客内容不要只写关于自己的事，多写点时事、娱乐、热点评论，这样会很受欢迎。利用博客推广自己的店铺要巧妙，尽量别生硬地做广告，最好是软文广告。如图 6-6 所示把自己的店铺地址写在文章后面等。

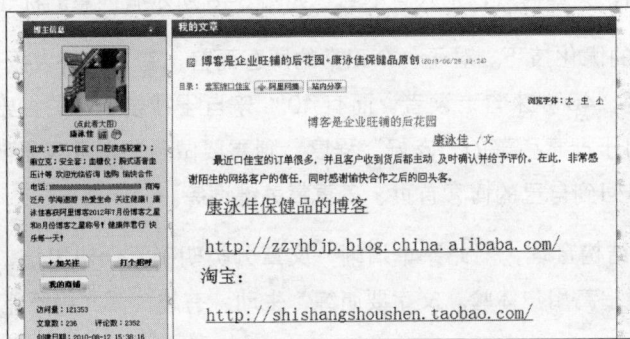

图 6-6　把店铺地址写在文章后面

3. 你需要发挥单次访问的最大效用。也就是说，提高客户的回访量，或者是转到你淘宝店铺的转化率，这就需要你写好博客文章。

4. 访问其他博客并留言是很好的吸引流量方式，这是因为当留言的时候，最近访客列表中也有你博客的头像和链接，这好比无形中的一种外链。当然，留言也不能随便留，你的文字要有吸引力，并且要切合你的店铺经营范围，因为你需要吸引来有质量的流量。如图 6-7 所示在博客留言中显示头像和链接地址。

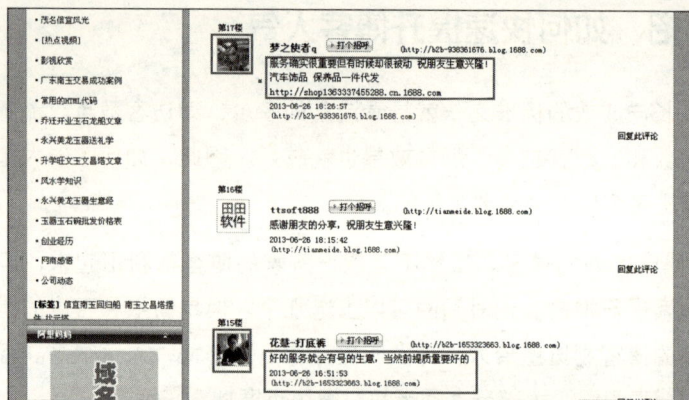

图 6-7 博客留言中显示头像和链接地址

5. 撰写有创意的标题更容易获得推荐，并且更容易吸引读者点击浏览。标题要新颖、醒目，吸引眼球：题目是博文的脸面，网友搜索到感兴趣的题目才会点击进去看。否则，文章再好，别人看不到。如图 6-8 所示有创意的标题。

6. 搜索引擎的优化技巧。对于一个正常的博客而言，它的流量大概有 20% 来自于其他的博客，40% 来自老读者，而有 40% 来自于搜索引擎的搜索。而如何提高你的博客对于搜索引擎的"友好"程度，则需要做到。多发表原创的文章、多放一些链接链回到自己的博客首页、多重复关键词等。

7. 博客网站结构合理，网站菜单清晰，文章分类明确，代码简洁，方便搜索引擎抓取，还能提高用户体验。文字要简练、生动、有趣；博文绝不能长篇大论。

8. 多联系一些有一定流量的博客，和他们互相做博客链接。这样可以分摊各自的读者，给你带来不同的客户流量。从理论的角度来说，如果你的外链足够强大，那么就算没有任何收录，流量也不会断。如图 6-9 所示博客链接。

9. 即时通讯工具，如 QQ 群、MSN、ICQ 等工具也是推广博客的平台，不过千万注意，不要采用让大家厌恶的方式来发信息。

10. 利用一些博客互踩的软件。现在销售这种软件的网站很多，大家也可以多花费点时间在网上找一些免费的。

图 6-8　有创意的标题

图 6-9　博客链接

第 071 招　网店微博推广有哪些诀窍

运用淘宝站外免费方式推广店铺是很多新手卖家的主要选择。微博就是很好的一个渠道，如果微博推广的好的话，会带给你意想不到的流量。如图 6-10 所示利用新浪微博推广。

那么在利用微博推广的时候要注意哪些技巧呢？

首先注册一个微博，微博账户尽量与网店重名，假如店名叫时尚之家，那么微博账户名也可以叫时尚之家。在注册填写微博地址的时候可以把自己淘宝店铺的地址填上。这样才能吸引别人记住你的店铺。

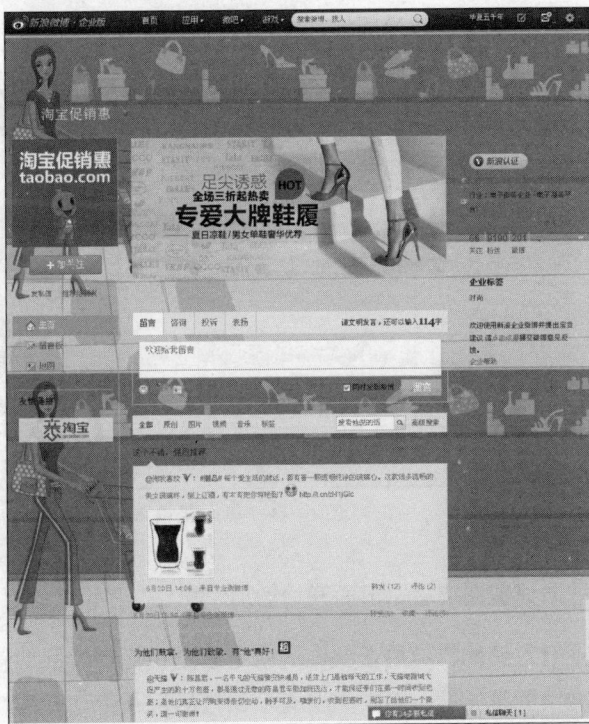

图 6-10　利用新浪微博推广

当一切都注册完了剩下的就是设置微博账号资料了。

1. 微博昵称的选择，这个最好能填写和你所卖的商品有关联性的比较好，例如你是卖家居收纳的那么你的微博名字可以写出"家居收纳品"。这样人家一看就知道你的微博是介绍家居产品的，在后期微博里面发一些产品图片也是比较合情合理的。

2. 微博描述里面尽量不要太过广告化，在微博资料里边，也要做到与网店完全类似，例如在私人主页和私人简介里可以输入店铺地址和店铺介绍，如图 6-11 所示。

3. 微博标签设置，在设置微博标题的时候可以把淘宝店铺宝贝的关键词适当地嵌入 2 ~ 3 个到里面去，便于粉丝搜索找到我们的微博。

4. 微博头像设计，这个要根据微博内容来选择，这样才能切合微博主题，目的是让更多的人来关注你。微博账户的头像也要与店铺 Logo 保持一致。

图 6-11　简介里输入店铺地址和店铺介绍

账号设置完成后，下面开始增加"粉丝"了。

拥有足够的粉丝后，要做的就是通过和粉丝的互动转播我们发的微博内容，增加微博的曝光度。多发布些有争议性的话题带动微博粉丝互动，同时可以增加更多的人进来转播评论，这样就可以增加微博的转发。因为微博上有淘宝店铺的地址，人家觉得有需要就会点击进入淘宝店铺里面去看看的。

下面介绍利用微博推广的一些技巧。

1. 利用微博相册。将店铺的产品上传到微博相册，每张图片放置店铺小 Logo，吸引注意。相册不能只放产品图片也要放一些意境图、笑话、明星景物美图等。这样来你相册的人多了，自然产品曝光率就高。如图 6-12 所示将产品图片发布到微博相册。

图 6-12　将产品图片发布到微博相册

2. 微博新鲜事。每日发帖十多个，转载、笑话、美容养生、明星热点等话题是最受关注的，几个帖子中适当地加入店铺链接。你的话题够新颖、能引起别人注意，那么你就成功了一半。

3. 开展有奖活动。分发不收费奖品吸引更多的听众，这种形式可以在短期内取得一定的用户。要求自己的粉丝再约定的时间里转发有奖活动，依照转发数目的多少获取奖品。

4. 宣布特价或打折信息。采用限时的商品打折或秒杀活动，定期或者不定期宣布一些商品促销活动，这种办法会给粉丝带去切合实际的利益，有意的客户一定会关注你。

5. 运用微群。微博玩转后，加入几个微群，聚合有相同爱好或者相同标签的朋友们，将所有与之相应的话题全部聚拢在微群里面。让志趣相投的朋友们以微博的形式更加方便地进行参与和交流。

6. 主动去关注别人。这些可都是你的潜在顾客。当然还要寻找目标顾客。那么目标顾客在哪里？这里微博的标签，它会自动推荐和你具有相同标签的人，让你关注。

通过在旺旺会员交流群公告区悬挂微博链接，淘宝帮派中发链接，将微博融入到店铺中，拓展了客户范围，店铺浏览量明显提高。通过微博店铺与粉丝距离拉近，通过微博营销每日订单数量增加不少。

第072招　使用网络广告推广

网络推广具有广泛性、时效性、公平性、经济性、针对性、长期性等特点，对于想开拓外贸市场的朋友来说，网络推广的低投入、高回报、门槛低、范围广等这些特点是更为突出。

网络广告就是在网络上做的广告，是利用网站上的广告横幅、文本链接、多媒体的方法，在互联网刊登或发布广告，通过网络传递到互联网用户的一种高科技广告运作方式。与传统的四大传播媒体（报纸、杂志、电视、广播）广告及近来备受垂青的户外广告相比，网络广告具有得天独厚的优势，是实施现代营销媒体战略的重要一部分。Internet是一个全新的广告媒体，速度最快效果很理想，是中小企业发展壮大的很好途径，对于广泛开展国际业务的公司更是如此。

网络广告的市场正在以惊人的速度增长，网络广告发挥的效用越来越受到重视。以致广告界甚至认为互联网络将超越路牌，成为传统四大媒体（电视、广播、报纸、杂志）之后的第五大媒体。因而众多国际级的广告公司都成立了专门的"网络媒体分部"，以开拓网络广告的巨大市场。如图6–13所示网络广告。

网络广告是常用的网络营销策略之一，在产品促销、网店推广等方面均有明显作用。网络广告存在于各种网络营销工具中，只是具体的表现形式不同。对于网店推广比较有用的广告类型有以下几种。

图 6-13　网络广告

1. 图文广告

图文广告是以 GIF、JPG 等格式建立的图像文件,大多用来表现广告内容,同时还可使用 JavaScript 等语言使其产生交互性,是最早的网络广告形式。图文广告包含 Banner 广告、按钮广告、通栏广告、竖边广告、巨幅广告等。如图 6-14 所示图文广告。

图 6-14　图文广告

2. 文本链接广告

文本链接广告是以文字作为一个广告,点击可以进入相应的广告页面。这是一种对浏览者干扰最少,但却较为有效果的网络广告形式。有时候,最简单的广告形式效果却最好。文本链接广告位的安排非常灵活，可以出现在页面的任何位置，可以竖排也可以横排，每一行就是一个广告，点击每一行都可以进入相应的广告页面。这种广告的好处就是能根据浏览者的喜好提供相应的广告信息，对于这一点，其他的广告形式是很难做到的。如图 6-15 所示文本链接广告。

3. 搜索引擎竞价排名

直通车就是关键词搜索引擎竞价排名广告的典型代表，不同的是直通车只在淘宝网上投放，而搜索引擎竞价排名则是在各大搜索引擎上竞价。两者原理是一样的，只是搜索引擎竞价要比直通车贵很多，对于中小卖家来说，都是难以承受的天价。当然，搜索引擎带来的流量也是不可估量的。如果店主能承受高额的广告投放费用，也可以试试。

4. 活动赞助

活动赞助是指卖家为了获得推广店铺的效果，向某些活动或团体提供资金或实物支持的一种行为，赞助的目的是为了提高店铺的知名度和浏览，从而增加销量。如图 6-16 所示一个活动赞助。

图 6-15 文本链接广告

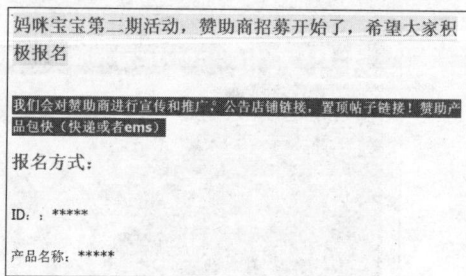

图 6-16 活动赞助

第073招 去各种论坛发展潜在买家

在论坛上经常看到很多用户在签名处都留下了他们的网店地址，这也是网店推广的一种方法。将有关的网店推广信息，发布在其他潜在用户可能访问的网店论坛上。利用用户在这些网店获取信息的机会，实现网店推广的目的。

论坛里暗藏着许多潜在买家，所以千万不要忽略了这里的作用。记得把自己的头像和签名档设置好，并且做得好看些、动人些。再配合上好的帖子，无论是首帖，还是回帖，别人都能注意到你的。分享你的生意经、生活里的苦辣酸甜、读书、听音乐的乐趣等。定期更换你的签名，把店里的最新政策和商品及时通知给别人。如图 6-17 所示在论坛上推广自己店铺的产品。

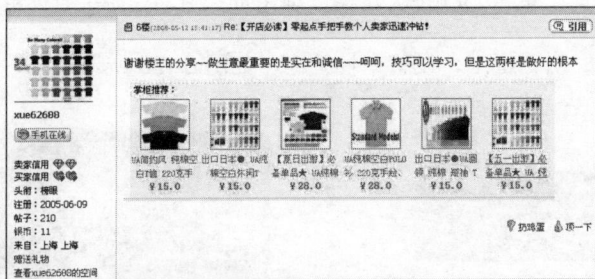

图 6-17　在论坛推广自己店铺的产品

第 074 招　电子邮件推广

电子邮件推广也称为 E-mail 推广，E-mail 推广方式使用一次即可，多次发送会给他人留下不好的印象，影响口碑。发送 E-mail 推广方式成功的关键是你发送的广告信，写得要有诚意，而且最好你的网店所提供的信息内容正好是收到这封信的网友所需要的。如图 6-18 所示。

图 6-18　电子邮件广告推广

第075招 通过 QQ 签名推广

QQ 个人设置中个人资料里有一栏个性签名，这里可以根据自己的爱好、心情来设置自己与众不同的个性签名。当然也可以利用 QQ 签名添加自己的广告，例如添加自己的店铺名称。下面讲述 QQ 签名的设置方法，具体操作步骤如下。

（1）登录 QQ 后，单击 QQ 个人头像，弹出如图 6-19 所示对话框。

（2）在"资料"对话框中，设置个性签名，如图 6-20 所示。

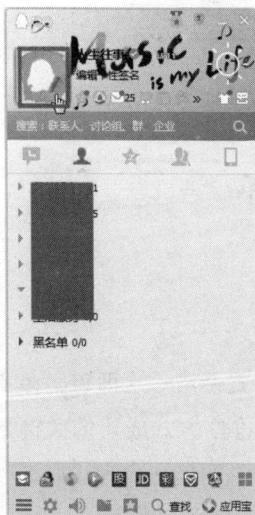

图 6-19 单击头像

图 6-20 设置个性签名

（3）当好友与你聊天时聊天窗口上 QQ 头像右边就是设置的 QQ 签名，如图 6-21 所示。这样就可以利用 QQ 签名推广自己的店铺了。

图 6-21 QQ 签名

第 076 招　利用 QQ 空间推广，增加可观流量

QQ 空间推广一般是以提高空间人气为目的，踩他人空间为辅助，两者相辅相成综合运用而带来广告效应。这种广告效应是长久的，也是不易被删除可持续存在的广告内容。利用 QQ 空间提高流量，就是去别人的空间不断地留言，使访客都来到你的空间，在 QQ 空间添加上店铺的广告信息。如图 6-22 所示在 QQ 空间推广。

可以把 QQ 空间当作是自己的另一个店铺，大量地上传产品图片和产品信息，还有店铺的信息链接等，不会被删也无限制。在 QQ 空间发表文章或是发布店铺、产品信息的同时，可以在他人的信息中心显示该日志动态信息。这就是很不错的推广产品的方式，相当于是群发。你只需多加 QQ 好友和空间好友，你发布的产品推广信息就会增加在更多的好友的

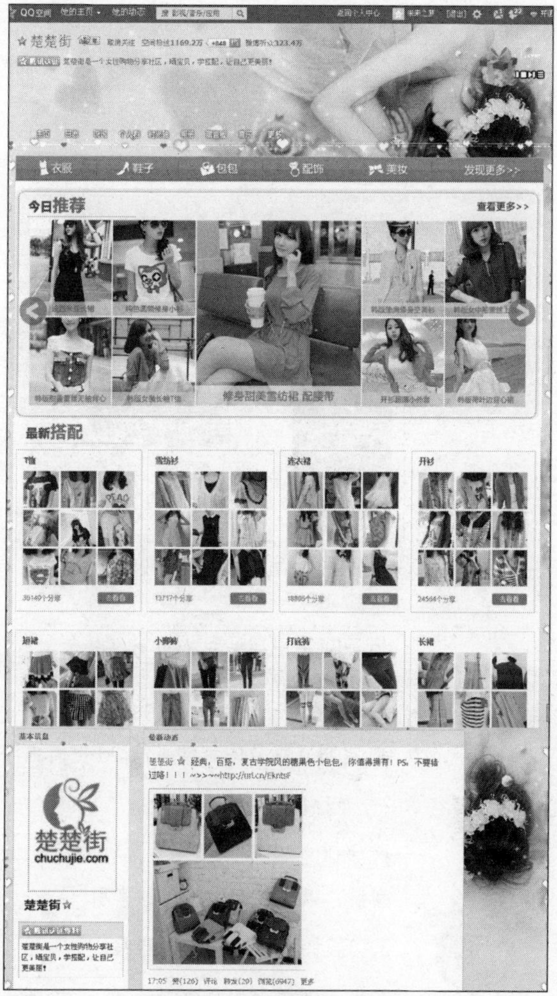

图 6-22　在 QQ 空间推广

空间里露面的机会。如图 6-19 所示在其他好友的空间里显示店铺的动态信息。

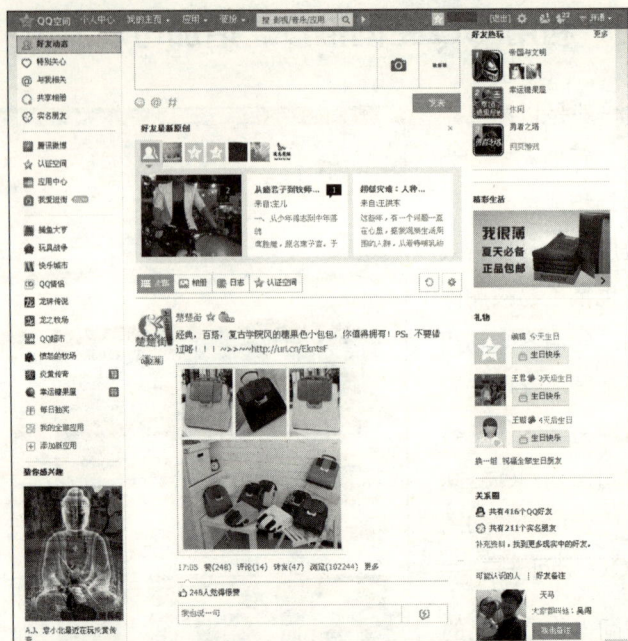

图 6-23　在其他好友的空间里显示店铺的动态信息

QQ 空间推广的方式有很多种，下面介绍一些比较常用的方法。

1．QQ 互踩

QQ 空间互踩是一种常见的 QQ 空间推广方式。

2．通过搜索引擎优化

这种 QQ 空间推广方法非常有效，可以将 QQ 空间内容（日志，相册之类）列出，以便搜索引擎能够索引。

3．通过 QQ 空间本身进行推广

多去访问别人的 QQ 空间，尽量在自己的留言中留下一些能引起别人注意的内容，引导其他用户回访到自己的 QQ 空间里面，这种 QQ 空间推广方法的回访率还是非常高的。

4．丰富 QQ 空间内容

不断丰富自己的 QQ 空间内容，当然，特别是 QQ 空间照片，尽量让访问者下次再来。

第 077 招　通过 QQ 群相册推广

QQ 群是一个免费的交流场所，但在群里发布的文字交流信息不直观也不便存留，然而 QQ 群中的相册却能以图片的方式长久直观地展示和宣传你的产品或服务，因此通过 QQ 群相册推广你的产品或服务是一个挺不错的途径。如图 6-24 所示 QQ 群相册。

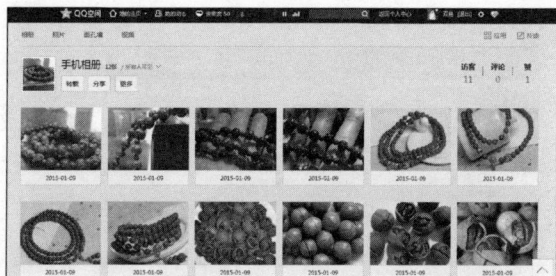

图 6-24　QQ 群相册

1. 查找加入 QQ 群

首先根据你从事的行业找到适合产品推广交流的 QQ 群，定位您的目标客户群。如你从事的行业是化妆品类，那就找化妆品类的 QQ 群申请加入。打开 QQ 上面的"查找"功能，点"找群"，在查找栏内输入关键词如"化妆品"，然后点击查找，就会列出你要查找行业相关的 QQ 群，如图 6-25 所示。

图 6-25　查找群

找到您认为合适的 QQ 群，点击"＋加入"。然后等待通知，如图 6-26 所示。
也可以通过百度等搜索引擎查找相关行业的 QQ 群，如图 6-27 所示。

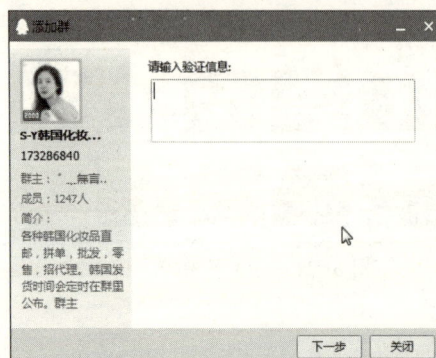

图 6-26 加入群

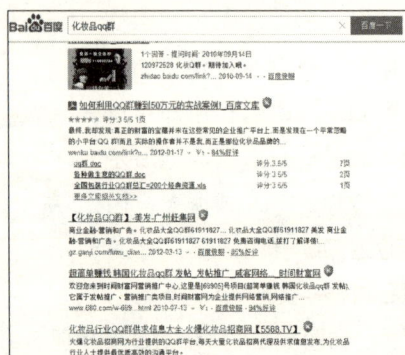

图 6-27 百度搜索 QQ 群

通过百度等搜索引擎查找到相关行业的 QQ 群号后，在 QQ 中点击"查找"
功能，直接输入您查找到的 QQ 群号进行搜索查找进行＋加入申请，如图
6-28 所示。

图 6-28 添加群

2. 推广

等通过申请加入 QQ 群后，就可以通过 QQ 群的相册功能进行产品或业务推广了，如图 6-29 所示。

进入 QQ 群"相册"后，可以自己创建一个"相册"，也可以直接在默认的相册内上传产品或业务图片，如图 6-30 所示。

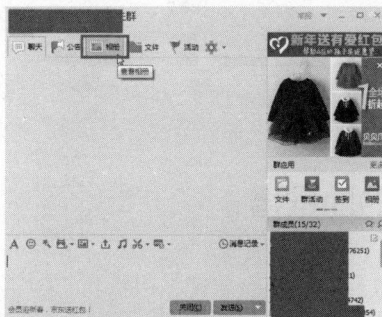

图 6-29　QQ 群对话框

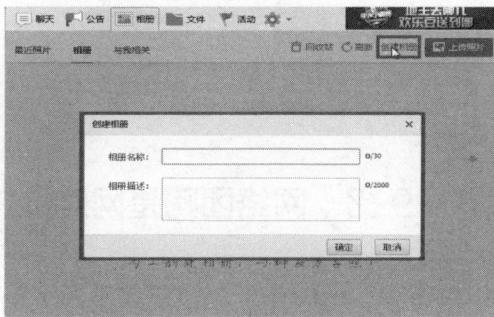

图 6-30　创建相册

建议上传 QQ 相册图片时，对图片进行简单的修饰，可以在图片上写上自己的联系方式，这样宣传的效果会更好。

第078招　在分类信息网站推广

分类信息网站发展的核心是给用户提供及时方便、实用关乎日常生活的信息，说得简单一点就是便民，要让分类信息网成为便民信息网，信息不仅要大而全，更要新而快。

目前在中国有很多的分类信息网站，这些网站都是供求信息发布平台。除了付费服务，很多网站还提供免费的信息发布，店铺可以利用他们发布商品信息。国内也有几家比较大的分类信息网站可以免费发布信息，比如 58 同城，很多商家都是从这里的零成本推广开始起家的，如图 6-31 所示。

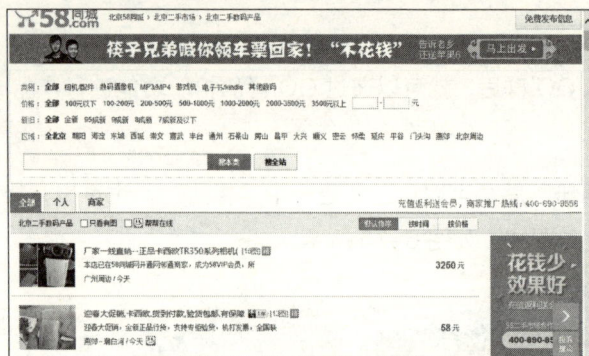

图 6-31　分类信息网站推广

第 079 招　网络团购是网店推广的助推器

所谓网络团购，是指一定数量的消费者通过互联网渠道组织成团，以折扣价购买同一种商品。尽管网络团购的出现只有短短两年多的时间，却已经成为在网民中流行的一种新消费方式。

当前，越来越多的消费者希望通过网络的方式组成团体采购商品，网络团购的范围小到图书、软件、玩具等小商品，大到家居、建材等价格不很透明的商品，甚至连体检、保险以及各类美容、健身等服务也采用团购的方式。如图 6-32 所示的店铺参加了网络团购，销售量大增。

图 6-32　店铺参加了网络团购，销售量大增

在传统的采购模式下，消费者处于弱势地位，很难争取到有利于自身的交易条件。而网络团购改变了这种情况，消费者通过团购组织者联合起来进行消费合作，从而提高了消费者在消费过程中的地位，加强了消费者的交易能力，减少了消费者与商家在法律、专业信息等方面不对称的状况。网络团购的商品流通渠道是"生产商→团购代理→消费者"，商品从生产商到消费者所经过的交易次数相对于传统的分销渠道而言极大地减少了，所以，消费者的成本也相应减少了。

团购不仅能为消费者带来好处，也能为经销商和厂家带来利益，对于商家，网络团购是刺激产品销售的渠道之一，对新产品的推广起着不可忽视的作用。并且通过网络团购，消费者的信息能够直接真实地反馈给厂家，有利于厂家及时地改善售后服务系统，针对消费者的需要生产适销对路的产品，而且在信息传递中，不对称的程度能得到一定程度上的缓解，可以避免不必要的损失。

由此看来，在信息技术快速发展的今天，传统的营销方式或多或少地存在着缺陷，而网络团购这一新生的营销方式势必比网下直销、网下分销等存在着优势。网络团购成为越来越多的人参与的一场消费革命。

第 080 招　微信朋友圈推广

微信现在受到了越来越多用户的喜欢，使用微信的朋友也越来越多，在微信里有一个功能，就是微信朋友圈，微信用户可以在这里发布图片和文字，同时也可以看到好友发布的消息和图片。如图 6-33 所示微信朋友圈推广的商品。

几张漂亮的照片、几句简单的文字，都可以形象直观地表达用户的经历和情感。虽然微博可以发布文字和图像信息，但

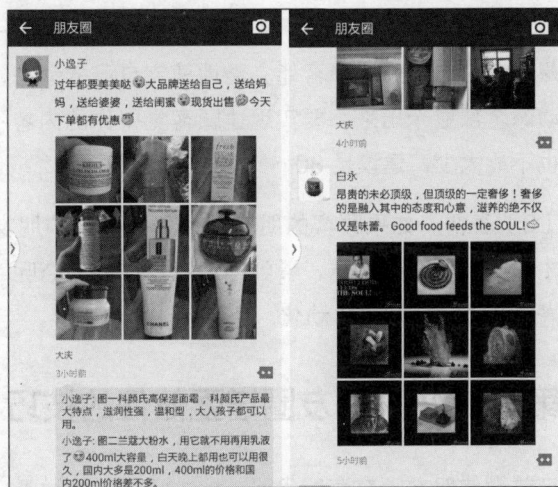

图 6-33　微信朋友圈推广的商品

是微信的朋友圈更侧重的是熟人的关系，主要在熟人间进行互动。其他用户甚至不能看到非好友的回复，增强了信息传递的准确性和私密性。

微信的朋友圈里，基本都是熟人或有一些接触的人，大多半熟不熟的，这些人可以是你的潜在客户，也可以是你潜在客户的引荐者。但是，你如果天天向他们展示产品，必然会引起反感。朋友圈营销：内容是一切的根本。

（1）与企业"核心产品"有关的话题。微信朋友圈营销的重中之重就是"品牌产品的塑造"，品牌产品的专业展示是营销的基础，所以每天发一条"专业知识"。要注意的细节是，尽量把内容做成"连续性"的，吸引粉丝再次关注。

（2）分享客户现场体验的评价。

（3）偶尔分享与自己生活有关的话题，比如吃喝玩乐等。可以适当"装可怜"，以博得好友的同情，有了同情就减少了距离。比如"今天穿高跟鞋走了一天的路，脚都起泡了"。

（4）要懂得加入一点惊喜，适当地可以要求转发。

（5）分享内容要做到"图文并茂"，图片必须符合文字的内容。

（6）链接分享必须要加上自己的引导式总结内容。

（7）字数注意。如果字数太多，朋友圈动态就只会显示一条，然后剩下的就隐藏起来了。要想让顾客能完整地读完自己的动态，理解动态的含义，最好是能让动态全部显示出来。要实现让顾客觉得你的内容不错，或者引起共鸣，那么字数也不能太少，建议是 80～110 个字最好。

（8）表情。如果顾客的朋友多，那么每天的朋友圈动态可能比较多，那么怎样才能吸引顾客的眼球，看到并注意自己的动态呢？表情就能解决这个问题，因为表情可以让文字更生动化、色彩化。

第081招　朋友圈增强信任的技巧

目前微信朋友圈有海外代购、地方特产、护肤品、服装等各种买卖交易。在微信做朋友的生意是一种新的电商"朋友销售模式"。有些人在朋友圈营销，获取了极大的收益，也交到了更多的朋友。在朋友圈增强信任需要哪些技巧呢?

（1）要别人对你印象深刻，可以主动出现在别人的面前。首先可以主动去赞和评论微信的朋友圈动态。有时间可以去打招呼，发一些有意思、容易让人记住的话。

（2）每天筛选20个朋友用心阅读并回复相应的话题。

（3）要让别人关注自己，一定要让别人觉得自己的存在跟对方有关系，让对方有存在感。在微信朋友圈发动态的时候可以多发一些互动性的动态，多问朋友问题，发一些跟朋友有关的话题。

（4）在讨论中挖掘朋友的需求，并主动为大家提供解决方法的参考内容。

（5）把最真实的一面呈现给大家，在微信上，尤其是你的个人微信，尽可能展现你的最真实的一面给你的朋友。为什么鬼脚七这么多人关注他，其中很关键的一点就是，他所写的文章有一大部分都是他自己的真实故事和生活感悟，让人感觉很亲切。所以我们在微信上要多分享一些自己的生活点滴，个人喜好，越真实越好。当你的朋友圈好友知道你背后的一个人事，对你慢慢地产生了兴趣和信任后，一切就变得简单了。

（6）真心地对待你的每位新朋友，多与他们交流。人家找你沟通，你再忙都要回复人家，不管是评论还是留言，都要做到不要遗落，让人感觉他的存在性和对他的一种尊重。

其次，加了之后，没有交流的朋友，不算是有价值的朋友，凡是愿意和你交流、沟通的，都有机会成为你的新好朋友，都有机会和你合作。

（7）定时分享干货，让他们觉得关注你觉得有价值。每个人都有自己专业的一面，也就是你的专长。你既然想通过微信打造你的个人品牌，打造你的粉丝圈，你就要在某个方面有一定的特长或优点。最好定时与他们分享你的观点和干货。

第082招　在朋友圈植入广告的技巧

在朋友圈能积极努力去做营销固然很好，但是一定要有一个度，千万不要影响了用户体验。下面介绍一些常用的广告植入方法。

1. 自己试用

一个产品好与坏，第一说服力就是卖的人自己是否使用，为了打消客户的某些顾虑，可以上传自己试用的照片和体会，也能让好友感觉更亲切，如图 6-34 所示。

2. 客户评价

自己宣传自卖自夸，这样转化率会比较低，要是有第三个人说你的产品好，往往更容易得到用户的认可。比如客户对产品的评论、聊天记录等。如图 6-35 所示客户评价。

图 6-34　自己试用

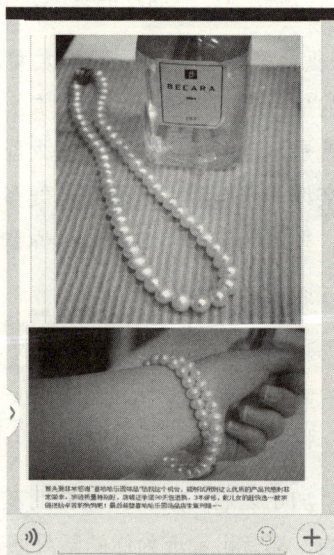

图 6-35　客户评价

3. 工作包裹照片

要证明你推荐的产品好，销量大也是重要的证明方法之一，要体现出销量好，可以从工作入手，比如大量包裹单、同事合影等，如图 6-36 所示。

图 6-36　工作包裹照片

4. 活动

比如抽奖、赞就送、折扣等活动，用折扣或者优惠来吸引眼光。

5. 品牌文章分享

一个产品要有说服力，品牌形象一定要做得比较好，所以适当地宣传品牌还是有必要的，尤其是对于要打造新品牌的朋友来说。

6. 产品介绍

直接对一个产品进行描述，虽然看起来相对来说广告比较"硬"，效果可能差一些，但是对于一些需要展示的产品来说，也是必不可少的。比如被子、十字绣、衣服，都是需要看图片的。

第083招　微信"扫一扫"推广

自从微信诞生之后，"扫一扫"便成了功能强大的方式之一，只要有二维码的地方，用户只要轻松地在上面扫一扫，就可以获得相关内容。而它也成为了企业进行移动互联网营销的杀手锏。

使用微信"扫一扫"二维码功能，用户可以快速添加微信好友、关注公众账号，具体操作步骤如下。

（1）登录微信后，切换至"发现"选项卡，单击"扫一扫"按钮即可进入扫描界面，如图 6-37 所示。

（2）将储存微信账号信息的二维码图案放到取景框内，即可自动扫描，如图 6-38 所示。

（3）扫描成功后进入到账号信息界面，单击"关注"按钮即可完成微信账号的添加，如图 6-39 所示。

（4）微信用户都可以制作个人账户的微信二维码，单击自己的头像，进入到个人信息设置界面中，如图 6-40 所示。

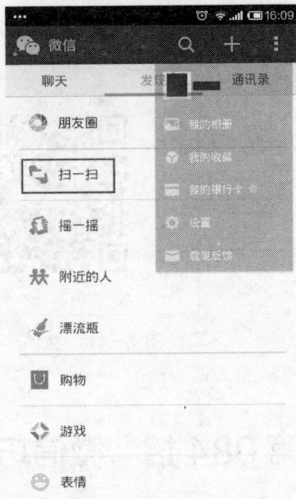

图 6-37　"发现"选项卡

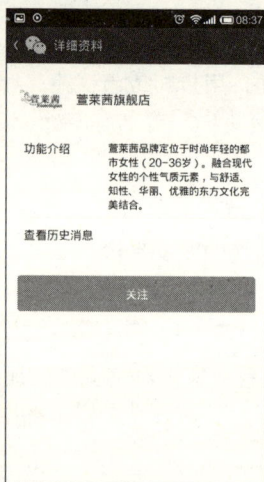

图 6-38　扫描二维码　图 6-39　完成微信账号的添加　图 6-40　个人信息设置界面

（5）进入"二维码名片"，即可生成带有个人信息的二维码图案，如图 6-41 所示。单击右上角的按钮，可以选择将二维码名片分享或存储，如图 6-42 所示。

图 6-41　生成二维码　　　图 6-42　将二维码名片分享或存储

第 084 招　微信巧妙点赞推广

"亲，帮忙点个赞吧，我要参加集赞送礼品活动。""只要转发本条内容至您的微信朋友圈,并关注本公众账号,累积获得 XX 个赞起,即可获得本公司送出的免费 ipad。"近日,微信朋友圈集赞活动盛行,不少商家透过微信公众号进行点"赞"送礼活动,送礼方式各样,集满规定的"赞"数便可获得免费领取化妆品、优惠券、小饰品等礼包,更有"点赞"送免费旅游的。如图 6-43 所示集赞送礼品活动。

图 6-43　集赞送礼品活动

现在也有很多商家专门发起微信点赞活动,以此来增加人气营销产品,当你将商家的产品内容分享或转到微信朋友圈时,你的好友看到了也会为你分享的文章点个赞,这样微信集赞到一定数量后将微信点赞截图给商家看,条件满足活动要求后商家会赠送奖品或给你一定的优惠。

微信集赞是一个新的微信营销的方式,在没有众多的好友资源的情况下,微信集赞这个活动可以让更多陌生人参与到其中,也能够让越来越多的人知道这个活动,甚至知道自己的品牌,从而达到推广的目的。

那么怎么通过微信集赞来推广自己销售的商品或者一个广告活动呢?

首先,标题要吸引人。好友把活动分享到好友圈的时候只有简单的几行字,当然活动的标题也只有那么一点点,标题一定要简短而且要紧扣主题,让大家看了之后一目了然,这样的目的是为了让大家知道你这个是一个集赞的活动,集到赞是有奖励的。

其次就是奖品了。奖品要吸引人,你的奖品值不值得大家去花时间花经历去收集那么多的赞。

微信集赞这个功能已经被那些走在潮流前端的商家所利用,也渐渐地成为了微信新营销的一种方式。

第 085 招　采用传统方式推广

很多人忽略的传统的网下推广方法,只要将这些方法结合自己的店铺进行有计划的推广,并坚持肯定会有你意想不到的效果。

1. 印刷媒体的重要性

印刷媒体：报纸、杂志、期刊、商品说明书、火柴盒、包装纸等各类印刷出版物。这类媒介是广告最普遍的承载工具。

报纸的优点是：信息传递及时、记者广泛稳定、可信度比较高；刊登日期和版面的可选度较高、便于对广告内容进行较详细的说明；便于保存，制作简便，费用较低。报纸的局限性是：时效短、转阅读者少；印刷简单因而不够形象和生动，感染力相比差一些。

期刊的优点是：读者对象比较确定、易于送达特定的广告对象；时效长、转阅读者多、便于保存；印刷比较精美、有较强的感染力。期刊的不足是：广告信息传递前置时间长、信息传递的及时性差、有些发行量是无效的。

2. 流动广告

你有车辆吗？将爱车两侧及后面贴上广告，当然还是突出淘宝网店网址，从而使别人看到你网店的流动广告。广告要做得醒目，让人不用太近就能看清车上的字。

3. 免费发放礼品

免费发放礼品，可以在闹市、人流量大的地方。如环保袋，因为现在环保袋的使用频率很高，同时制作成本低，袋子上可以印上自己店铺的一些信息。

第7章

疯狂玩转促销策略才能赚大钱

近年来，虽然网上商店的数量与日俱增，但许多网店由于缺乏经营意识，只是昙花一现。网上商店同传统的商店一样都需要精心打理，因此，制定既适合网店又适合网络环境的促销策略就显得十分必要。

第086招　什么时候最适合做促销

促销虽好，但不能什么时候都用，如果全部商品都在搞促销，先不说利益的问题，那这样促销也没有什么意义了。一般来说，促销的最佳时机有以下几种。

1. 节日促销

逢节日促销是现在商家惯用的手法，尤其是像情人节、国庆节、五一节、元旦等大节日更是给商家带来促销的理由。如图 7-1 所示为在节日促销的商品。

图 7-1　在节日促销的商品

当然，节日促销也要结合自身的商品实情及顾客的特征来进行，比如你是卖女装的，在父亲节搞促销显然不对。

2. 新品上架

新品促销可以作为店铺长期的促销活动，因为一个用心经营的店铺总是会源源不断地推出新款的。新品的促销既能加快商品卖出的速度，也有利于培养老顾客的关注度，进而提高他们的忠诚度，这样正是一石二鸟之计。

新商品上市第一阶段，如果没有一个恰当的促销时机，可能新商品销售很难跨过上市门槛。促销的最佳时机定在新商品上市一个月后，即铺货率能达到 50% 左右的时候进行促销最佳。

3. 季节性产品的促销时机

季节性销售明显的产品，都存在淡旺季之分，每一年都在重复着淡旺季这种规律。店铺在旺季开始前期，需要对市场进行一定的告知性促销，以预热市场，目的是使商品能够顺畅地流入市场，得到市场的前期效果，为商品旺销季节的到来奠定基础，甚至达到提前启动旺季的效果。如图 7-2 所示冬季卖毛呢外套的销售旺季，在此时促销是很好的时机。

图 7-2　冬季为毛呢外套促销

在商品旺季正式开始时，店铺必须把握好这个时机，在进行主打商品促销的同时，还可以利用低价策略促销其他商品。

旺季结束之后，销售开始下降，为了延长旺季时间，店铺应立即进行促销，尽可能地消化库存。

随着市场进入淡季，此时店铺还有必要开展促销活动，目的不是为了销量，而是希望获得顾客来年获得更大的支持。

4. 店庆

店铺在"升钻升冠"时，都可以庆祝一下，搞促销优惠。店铺开张周年庆，更是大好时机，不仅可以做比较大的促销，还可以向顾客展示店铺历史，给人信任感。

5. 换季清货

一些季节性强的商品，换季促销活动力一般都会比较大，而顾客显然也很乐于接受换季清仓这类的活动。

第 087 招　什么商品适合做促销

什么样的商品适合做促销呢？

1. 款式大众化，有众多的潜在消费者

重点推广的宝贝最好是市场大，目标用户群的范围较广的。推广新奇或者个性的宝贝要存在一定的市场需求。如果选择的商品都是一些没有多少人会喜欢的冷门商品，甚至是卖不出去的商品，即使价格非常低，也缺乏吸引力，这样的商品只能作为甩卖处理，不要指望它们能带来流量和人气。

2. 质量过关，和品牌商品性能相当

虽说是促销商品，但买这个商品的顾客有可能会成为回头客，或者是你的老顾客，如果促销商品质量不过关，滥竽充数，不仅很难有回头客，还有可能招来中差评，这对店铺的长远发展极为不利。

3. 应季性和前瞻性

在盛夏重点推广裙子和沙滩裤时，要及早为秋季服装做准备，同样的道理，在当季的季末时要提早对下一个季节做准备。

4．促销商品最好是店铺的主营商品

如果店铺主要是做女装的，促销的商品选择女装就很适合，如果你选择一款男装衣服来做促销，恐怕吸引进来的多是男性，那就很难带动女装的销量了。如图7-3所示女装店铺选择女装促销。

图7-3　女装店铺选择女装促销

5．符合当前潮流趋势和社会主流价值需求

如销售大热的时尚元素，则更容易被大众接受，对成交也有促进作用。所以建议掌柜们在推广宝贝时选取与潮流符合的样式，这样能够带来更好的效果，吸引更多的买家购买。

6．具有一定的成交记录和客户评价

由于网购无法看到实物，除了通过图片和文字介绍来了解宝贝外，历史购买记录和客户的评价也是用户是否会产生购买的重要依据。所以在可行范围内，尽量让买家们认真填写评价。

7．货源充足

推广对宝贝的销量有推进作用，同时，也会产生滞后购买效应，所以库存量充足也是推广不可忽视的问题。有充足的货源，能够保证产品在销售的过程中不会出现缺货的情况。如图7-4所示的促销商品库存达31258件，货源充足。

图 7-4　促销商品货源充足

8. 在货源渠道和销售价格上具有优势

推广为宝贝争取了更多的展示机会，如果产品有价格优势，对成交的推动和成本的控制都会有一定的作用；如市面上雪纺衫，大部分价格集中在 80 ～ 150 元，如果自己的产品成本可以在 60 元以下，则相比推广优势会更大。

第 088 招　店铺促销中常见的误区

在开展促销的过程中，存在许多误区，给店铺的销售非但没有带来效益，反而带来很多消极影响，如果在经营过程中能够避免这些误区，则可以大大提高促销的效果，提高销售额。

1. 价格越低越畅销

毫无疑问，现在低价促销成了促销活动的主要内容，很多商家觉得用价格当作促销工具，将降价当作促销活动，战无不胜。但大家都知道这是一把"双刃剑"，刺伤了别人，同时也刺伤了自己，是将来被抛弃的一种促销手段。所以，促销创新如果能让价格不受促销活动的影响而下跌，继续保持稳定且又能让促销效果良好的话，这将是促销创新的极大突破。

做促销活动时，尽量不采取降价促销活动的方式，这是为了产品长久的发展和夺得销售、品牌双丰收的需要。当然，促销活动实在要与价格相结合的话，一定要谨慎地考察消费者对价格促销还有没有耐心。要想用价格工具来促进销售，一定只能是短期促销！如果短期促销不起作用，长期促销将更不起作用。

2. 夸大商品优点隐藏缺点

买家是店铺的利润来源，是店铺的生存之本。然而，有一些卖家却将买家当作傻瓜，认为买家不懂什么，只要卖出去就行了。有些商家为了将产品尽快地销售出去，却采取了极力吹嘘商品的办法，大肆夸张商品的某些特点隐藏缺点。事实上，无论是在淘宝上，还是现实生活的商铺中，产品已经非常发达了，买家不仅可以从众多同类产品中选择自己喜爱的商品，而且还有凭自己的主观感受来选择自己消费的权利。如果言过其实，甚至故意欺骗顾客，那么对自己也没有什么好处。因为顾客这次如果感到很不满意，有可能会给你差评，下次也就不再光临你的店铺或购买你的商品了。

由此可见，要想生意兴隆，不能只图眼前利益，而是要注意自己的店铺形象和在公众中的口碑。从每个卖家的信用评价上就能明显的看出这一点，也许好评很多，但基本都没做文字描述，也许是买家的原因，但也要在自己身上找找问题所在。

3. 对买家的促销错觉

一些卖家在开展促销的时候，存在对买家的一些错误认识，这些错误认识导致促销失去了真正的目标和对象，因而使促销的效果大打折扣。常见的包括下面几种。

（1）误以为每个人都是买家。理论上，人人都是消费者，但实际上由于年龄、性别、环境等因素，每个人的需要就大不相同了。因此，在制定促销策略的时候，要将目标市场的消费者的特点、购买力等作为依据。

（2）误以为购买者就是使用者。使用者不一定等于购买者，促销时应该注意两者的差别，分别予以对待。例如，礼品就是一种购买者和使用者相分离的商品。

（3）误以为能够支配买家。促销的宣传力量并非在于支配买家，而是在于配合买家。如果无法迎合买家真正的需要，再出色、好看的商品广告都不会吸引买家。在很多卖家做店铺装修的时候应该注意这一点，商品的描述、店铺公告都应该吸引买家的"购买欲"，而非单单是"眼球"。

4. 售后服务差

在网络销售中，售后服务更为重要。许多卖家在买家购买商品时，会向买家做出各种各样的承诺，以打消买家的顾虑，促使其尽快做出购买决定。但是，一旦买家掏钱购买后，他们就将自己所做的承诺抛到了九霄云外。

5. 与买家争利

有些卖家在销售的过程中，对买家毫不让利，与买家争利，这样的结果只能是将买家拒之门外。

对于卖家来说，只有拥有了比较稳定的客户群，才能够获得相应稳定的利润。稳定的客户群是怎样获得的呢？给买家一点"甜头"，就会获得买家的心，他们会再次光临你的店铺，从而成为店铺的回头客。

6. 想当然地推销商品

卖家要想生意兴隆，商品卖的好，当然要了解买家的心理。然而，有些卖家以为只要自己对商品感到满意，买家就会同样感到满意，完全以个人口味来决定大众的需求，这样就本末倒置，造成商品的滞销。

曾经有一位店主在开店初期，就是这种心理原因造成滞销亏本。一味地强调商品的质量如何好，完全忽略了网购人群的喜好，进的第一批货到目前为止还在积压。

7. 急功近利，忽视对忠诚顾客的培育

通常来说，搞促销不外乎要达到三个目的。

第一：到竞争对手那里抢客户。

第二：给自己的客户一个回报。

第三：刺激新客户的购买。

那么针对不同类型的客户怎样区别对待，创建客户忠诚度呢？对于某些能让消费者多次购买的产品特别是单品金额较大的产品来说，在消费者第一次购买后给他一定的积分，在平时给予适当优惠，使他在促销期更能得到促销优惠之外的优惠，当获得这些积分的人消费到一定金额时还可以向他赠送礼物作为意外的惊喜。有

条件采用这种促销手段的店主如果将临时促销与这种长期促销结合起来使用，效果自然会随着时间的推移而得到体现。

8. 缺乏对目标消费者的市场细分

现在网上开店的人多，网上购物者也不少。没有多少店主的商品面对的是所有人群，基本上都有自己的特殊消费群体。而很多店主的促销活动都想一网打尽天下所有消费者，其实这是促销的误区。套用哲学上一句话："多就是少，少就是多"，店主的财力、人力是有限的，全面开花往往顾此失彼，达不到预期的效果。

第 089 招　卖家如何做好淘宝秒杀活动

秒杀对于商家来说，以给予客户极低的折扣，短时间吸引大量的客流量，迅速增加商品的销售数量。对于客户来说，除了获得超值的商品，还能体会到那种刺激、疯狂的感觉。完善的准备是秒杀成功的前提，无论是产品的筛选、包装、宣传素材及发货物流等都要进行精心的策划。

1. 好产品才有好的效果

商品永远是最基础的一环，也是最重要的一环。商品的选择上，千万不要因为秒杀特价就降低产品质量，只有让客户体会到超值的感觉，才能带来更多的忠实客户。要让客户真正地感受到实惠，让客户有满足的感觉，这样，就算此次秒杀没有达到预期的目标，但是获得了一批忠实的客户，这比销量重要的多。

由于秒杀期间流量巨大，在秒杀的同时，做好相应的关联营销，例如裙子在秒杀的时候，同时推出相应的上衣搭配。这样不仅仅提升了客户的成交，而且促进了更多的商品销售。

在此需要说明的是，根据秒杀的强度对参与秒杀的商品进行合理的库存规划，根据自己商品折扣及秒杀的强度进行分析思考。既不要产生较大货物缺口，也不要造成大规模的货物积压，并尽可能让物流体系的效率最大化，误差最小化，迅速将秒杀商品发出。

送彩票也讲求技巧。表达方式上最好幽默含蓄，而非赤裸裸告知买家给好评就送彩票。另外，为吊足客户的胃口，再加"祝您好运"祝福语更是给客户足够的心理暗示，使客户会觉得不参与是莫大的损失。

2. 产品卖点挖掘，让客户坚定下单

在经过了最基本的准备之后，对商品的营销卖点的提炼就成了重中之重。对商品的描述中，必须将商品的基本特征进行详细的描述，并在商品描述页面最醒目的地方进行展示，对商品卖点的深度挖掘，给客户更多的购买理由，这样才能更好地让客户下单购买。让客户一目了然，充分了解，这样会减轻客服的压力。

3. 宣传推广

在进行了上述一系列的规划之后，核心的推广环节是不能大意的。即使策划得再完美，如果没有强有力的流量做支撑，秒杀的效果也会大打折扣，所以，如果想整合一切可以利用的资源，尽可能最大化地宣传、告知，要做到以下几点。

（1）提前释放活动信息。在店铺内进行告知，可以使更多的进入店铺的客户知晓。客户在收到此信息后可以对身边的朋友进行传播。

另一方面，通过客户的询问情况，更能清楚客户的需求，也能曝露出自己的不足，可以给自己一些调整的空间，使商品的描述等更加适合客户的需要，使传达的信息更加精准。

（2）老客户信息充分传达。秒杀活动，对于已经认可店铺的老客户是有着巨大吸引力的。如果前期价格一直坚挺，猛的折扣，可以激发很多老客户的热情。

对老客户的告知可以采用短信、旺旺留言、邮件等方式。要指出的是，短信内容和短信的发送时间请慎重考虑，内容过于平淡，不会吸引客户的兴趣，过多广告可能被屏蔽。至于千牛留言，也要把握一个度，在保持信息有效传达的前提下，考虑到客户登录的频率不一致，所以，信息应该提前三天告知，但是不能过于频繁，这样会容易引起客户反感。

（3）付费广告的投放，是带来流量的最好手段。但是在付费的前提下，一定要

要有合适的投入产出核算。

（4）根据自家的实际情况，整合的资源也是不同的。在进行活动的时候，和一些目标客户相近的其他优质商家达成合作关系，互相在店内设置对方的广告位置，这样也能带来不错的流量。

（5）后期跟进。秒杀活动结束后，仍旧有强大的预热，这个时候就要制定其他的营销策略，使销量继续保持。另外对大量没有付款的客户进行付款提示，以提升销售数量。

> 其实，整体来看，秒杀活动无非就是一场流量和转化的战斗。所有的工作都是围绕这两点开展。只有将两项工作做透，才能获得秒杀的成功。

淘宝秒杀活动会为网店吸引大量的人气，如何将浏览量转化为销售额还需要其他很多工作的开展，无论是什么样的促销手段，都必须以网店的商品品质与服务做支撑，只有保证品质与服务的稳步提升，才能长久地支撑网店的发展，秒杀也才能发挥最大的作用。

第090招　开通"满就送（减）"，销量翻番不是梦

"满就送（减）"分为"满就减现金""满就送积分""满就免邮费"。满就送顾名思义也就是满一定的商品就赠送礼品或者积分、或者是免邮费，基于旺铺，给卖家提供一个店铺营销平台，通过这个营销平台可以给卖家更多的流量。让卖家的店铺促销活动可以面向全网推广，将便宜、优惠的店铺促销活动推广到买家寻找店铺的购物路径当中，缩减买家购物途径的购物成本。如图7-5所示设置"单笔订单满98元立减19元，单笔订单满2件 减20元"，促进了商品的销售。

"满就送"工具更适合原本就有人流量有订单的掌柜，这个工具可以促使消费者更多消费店铺的产品以保证所购买的商品的性价比，说白了就是可以省点钱。

图 7-5　满就送（减）促进了商品的销售

第 091 招　如何设置满就送（减），达到促销效果

"满就送减"可以提高店铺销售额的转化率，让更多进店的会员在卖家的店铺中
买东西，让消费者一次性购买更多。同时也让买家轻松地寻找到正在"满就送"
活动的店铺，享受更大的优惠。设置"满就送减"具体操作步骤如下。

（1）登录我的淘宝，进入到"卖家中心"，单击"促销管理"超链接，进入如
图 7-6 所示的页面，订购满就送减。

（2）单击"满就送减"按钮，进入到如图 7-7 所示的促销工具详情页面。

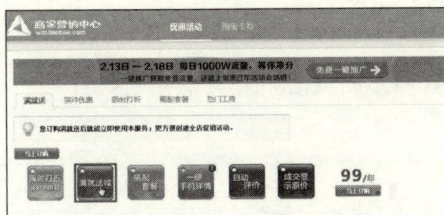

图 7-6　卖家服务管理详情

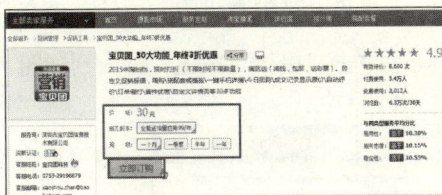

图 7-7　单击"立即订购"超链接

（3）选择周期，单击"立即订购"按钮，进入如图 7-8 所示的页面。

（4）单击"同意协议并付款"按钮，弹出如图 7-9 所示的"去支付宝付款"对话框。

图 7-8　单击"同意协议并付款"

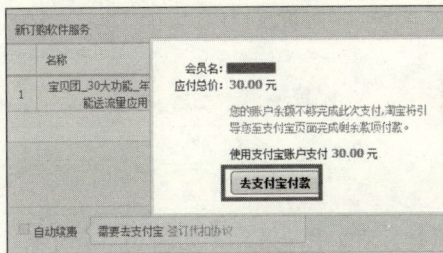

图 7-9　去支付宝付款

（5）输入"账户名"和"支付密码"，单击"下一步"按钮，如图 7-10 所示。

（6）进入到如图 7-11 所示订购成功页面。

图 7-10　单击"下一步"按钮

图 7-11　订购成功

（7）单击"营销宝贝团"图标，进入到如图 7-12 所示的页面。

（8）单击"授权"按钮，进入到如图 7-13 所示的页面。

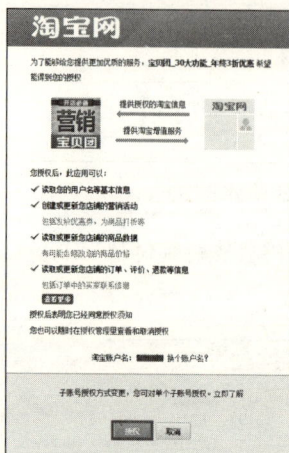

图 7-12　授权

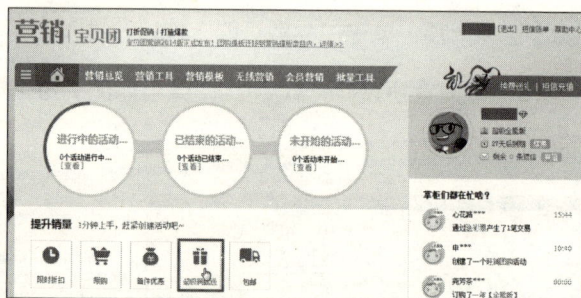

图 7-13　单击满就送减

（9）设置活动信息，如图 7-14 所示。

（10）单击"下一步"按钮，设置优惠等级 1，如图 7-15 所示。

图 7-14　设置活动信息

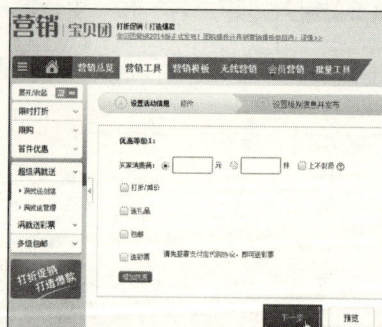

图 7-15　设置优惠等级 1

（11）单击"下一步"按钮，设置活动范围，如图 7-16 所示。

（12）设置完毕，单击"发布"按钮，活动创建成功，如图 7-17 所示。

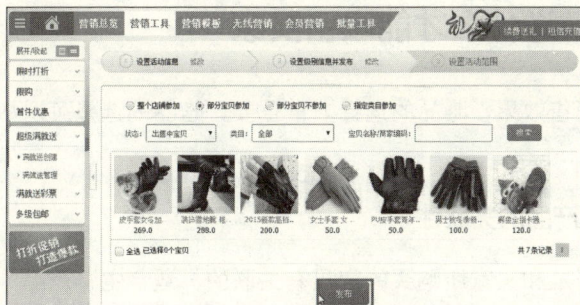

图 7-16　设置活动范围

图 7-17　活动创建成功

（13）在宝贝页面中可以看到已经创建的满就送减，如图 7-18 所示。

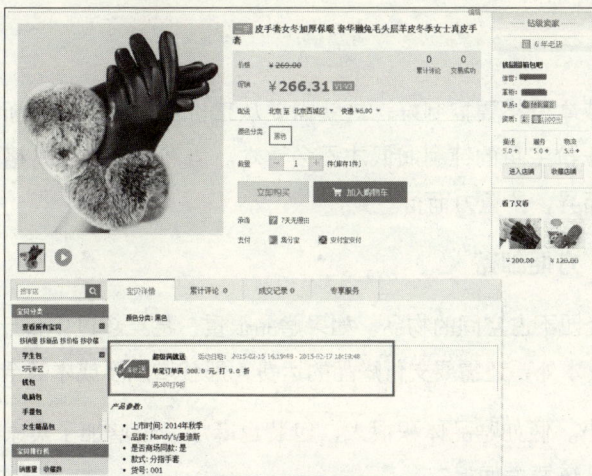

图 7-18　满就送减

第 092 招　送什么才能吸引买家

要想达到好的销售效果，赠品的选择非常重要，赠品的选择可以从下面几个方面考虑。

1. 赠品与主营产品的关联性

所送的赠品最好是和买家所购买的宝贝有关联的，适合主营产品的顾客群。送一些买家用不上的东西，和不送没什么区别。

比如买电脑送鼠标，买鼠标送鼠标垫等。如果赠品不适合买家，那么很难达到促进销售的目的。

2. 赠品不会造成买家的不快或有不好的影响

每个地方都有其风俗或禁忌，所以所选的作品不应该给人不好的联想或不吉利的感觉。赠品虽然是免费赠送的，前提是你的赠品不要给买家不好的感觉才能达到预期目的，否则就会适得其反。

3. 美观或适用

赠品是免费的，但还是应该具备"美观"或"实用"这两个功能中的一项的，不然买家拿到了没有什么用处，送也白送。

4. 进价便宜

因为是赠品，成本价格要控制好，这就需要从正价宝贝的利润方面来考虑了。赠品的进价要比正价宝贝的纯利润低才不会亏本。当然，赠品的价格越高越有吸引力，这要因店而异，要量力而行。

5. 利于保存，方便邮寄

赠品应该选择轻便不占空间的物品，如果赠品很重，甚至超过 1 公斤，那么卖家除了担负赠品的成本外，还需要支付赠品的运费，那就增加了成本甚至有可能亏本。

赠品需要体积小。假如赠品体积很大，包装也麻烦，也增加了卖家的人力及包装成本。另外赠品还要方便保存。

赠品最好选择没有保质期和使用期限的物品。如果所选的赠品有保质期的话，要注意确保赠品在送到买家手中时还在保质期或使用期限内。

第 093 招 为什么要使用"满就送（减）"促销

开通"满就送（减）"可以实现以下功能。

1. 增加销量

促销活动的设置对增加销量的作用是毋庸置疑的，一些买家为了获得赠品 / 减现金或包邮，往往比较容易多购买一些商品，或者找朋友一起购买。

2. 提高销售转化率

相对于其他没有活动的同类店铺来说，做活动的店铺的流量和成交量的转化率更高一些。

3. 增加参加活动的机会

淘宝网有时候会举行一些针对参加"满就送"的活动，只有订购了这个服务的卖家才可以参加。

4. 节省人力

当卖家设置好"满就送（减）"功能后，买家购买商品时，达到了设置的优惠标准后系统会自动操作。比如"单笔订单满 299 元，送隔离乳小样"，"免运费，满 299 包邮，再免费送妆前隔离乳小样 8g"，"4 折换购正品 7 色胭脂腮红"，"半价换购奢华黑霜小样，网络专供，限量换购！每 ID 限拍 1 件！"

5. 增加店铺曝光率

店铺类型筛选中就有促销选项的店铺，加入买家选择了"促销优惠"类别进行搜索，在搜索结果中，只有店铺订购了"满就送"功能并设置了相应活动的才会被显示。

6. 突出位置显示

"满就送（减）"最大的好处是可以在各个宝贝页面的突出位置显示。这样的话，有加入直通车的卖家，顾客通过直通车广告点进你的宝贝页面时，第一眼就能看到你店铺设置的优惠。加大了宝贝成交的机会，减少了直通车白花钱的风险。

7. 显示到网店的每一个地方

可以通过拷贝"满就送（减）"代码，将"满就送（减）"促销显示到网店的每一个地方，让顾客轻易的就可以看到店铺促销优惠，而不是只有到首页的促销区才能看到促销内容。

第094招　使用"店铺优惠券"实现销量、流量全面提升

淘宝优惠券一般在各大节日活动中都是可以领取的，也有的是在各大店铺可以领取的，但是一般优惠券都是只能在指定的店铺里面购买商品，有的还要必须达到一定的金额才能使用此优惠券的，同时天猫优惠券使用期限也是有限制的，比如到了一定的时间优惠券会过期，所以说必须要在指定的时间里将优惠券使用掉，否则过期作废。

> 在发放优惠券前，卖家不仅要找准目的地，了解活动方向还应当提前做好各项准备，避开中途可能出现的各项问题。

卖家们常常使用优惠券，却常常不知道怎样使用优惠券，要知道优惠券不仅仅是给买家一个折扣那么简单。优惠券不单单是一种促销手段，更是一种网店推广方式和吸引二次消费的策略。如图 7-19 所示的优惠券。

图 7-19　优惠券

在很多卖家印象中,优惠券就是给个折扣金额、吸引顾客购买而已。实际上如果不弄清优惠券发放的目的和方式,优惠券也许就无法吸引客户甚至会导致老顾客流失。一个看似简单的优惠券具有以下作用。

1. 给订单指个路

不同的卖家有着不一样的经营环境,有的类目比较适合宽松的优惠券营销政策,以提高客户粘度和回头率为主,比如服装和化妆品;而有的卖家或许就适用于高刺激性的优惠券策略,以提高产品的性价比竞争力,比如家具、大家电。卖家从优惠券的营销目的出发,才能制定出合适的优惠券营销方案。

2. 促进本次购物

优惠券作为本次消费的刺激点受很多买家喜爱,这是非常直接的一种刺激消费的方式。因为买家有着确切的购买需求。例如,在淘平台上卖家发放的优惠券提供给了顾客广泛选择的机会。买家完全可以在自己有需要、有购买目标的时候去领取。

3. 诱导未来消费

这种方式相当于有条件的打折优惠,买家只有触发了第二次的消费行为,才能享受折扣,因此这种优惠券活动买家实际执行度并不高。例如,某卖家开展满 100 元送 50 元优惠券活动,看起来似乎是卖家提供 5 折优惠,可这张 50 元优惠券只能在该买家下次购物时才能使用。因此,从最终效果上看,卖家实际上提供的是满 200 元享受 50 元折扣。另一方面,如果该买家不进行第二次购物,那么此次交易就相当于以原价 100 元成交,买家并未享受折扣。

4. 巩固会员粘度

卖家们都知道老客户的重要性,因此很多店铺以优惠券作为一种奖励机制赠送于老客户,用于提高顾客的重复购买率。新客户变成老客户的基本点在于宝贝对他的吸引力,不定期地发放也能起到加深品牌印象的效果,让店铺的服务也更加人性化。

5. 细节,赛前早准备

恐怕优惠券给人印象最深刻的元素就是优惠数额了,实际上一张完整的优惠券应当具有许多值得留意的要点,并不仅仅是给出一个诱惑无比的优惠数字就足够了。

除了最为淘宝卖家熟知的店铺电子优惠券外,淘宝官方陆续推出电子版的生日卡、包邮卡、会员卡、试用卡、买一送一卡、换购卡、阶梯价卡等优惠券。

减价优惠券有满额减价和无限制抵用券两种。其中满额减价和打折几乎完全一样,在折扣力度比较大的时候会对买家起到很好的刺激效果。而无限制抵用券因为没有最低消费限制,因此会领取率比较高,买家通常情况下也会尽量使用。

礼品券不是完全意义上的优惠券,卖家可以根据条件来限制,比如某买家可以在购买100元的商品后兑换指定的礼品。当然,有的时候也可以通过加钱换购的方式实现。由于换购的商品有一定局限性,而且购物归根结底是商品选择,因此卖家需要记住宝贝本身的诱惑才是激起客户消费的根本原因。

第 095 招　利用淘金币做营销的好处

淘宝众多的店铺活动中,就属淘金币把买家跟卖家结合的最紧密了。对买家来说,淘金币可以抽奖、兑换,购物方便、省钱。对卖家来说,淘金币带来的 IP、PV、订单、活跃用户是很多的,并且每天有 3000 万次的曝光几率,可把有兴趣的买家一网打尽。淘金币是淘宝网特有的一种积分营销工具,持有淘金币的淘宝用户能够在淘宝网参与多种商品优惠(例如平台的卖家给予的折扣销售等),及卖家提供的商品全额兑换、抽奖等活动,还能兑换包邮卡、运费险、电子书等权益。

小提示

利用淘金币做营销的好处。

搜索优先展示:宝贝搜索淘金币专项筛选＋店铺搜索淘金币直达＋手机淘宝搜索优先即将上线。

免费得淘金币展位:淘金币专门开设淘金币抵钱频道,设置金币抵钱就有机会进频道展示,尽享平台日均 1000 万 UV。

增强买卖互动:每天 2000 万买家通过各种渠道赚淘金币,卖家通过发淘金币,可以持续吸引买家进店互动。

提升成交转化:全网 1.2 亿买家持有总额超过 1000 亿淘金币,设置全店支持淘金币抵钱,可以吸引淘金币买家进店消费,拉动店铺成交。

直通车特殊展示:如果你的店铺也加入了直通车推广,在直通车展位会有淘金币特殊标识。

目前使用淘金币兑换、抽奖、竞拍各类商品，都在淘金币平台（http://taojinbi. taobao.com）进行，如图 7-20 所示。

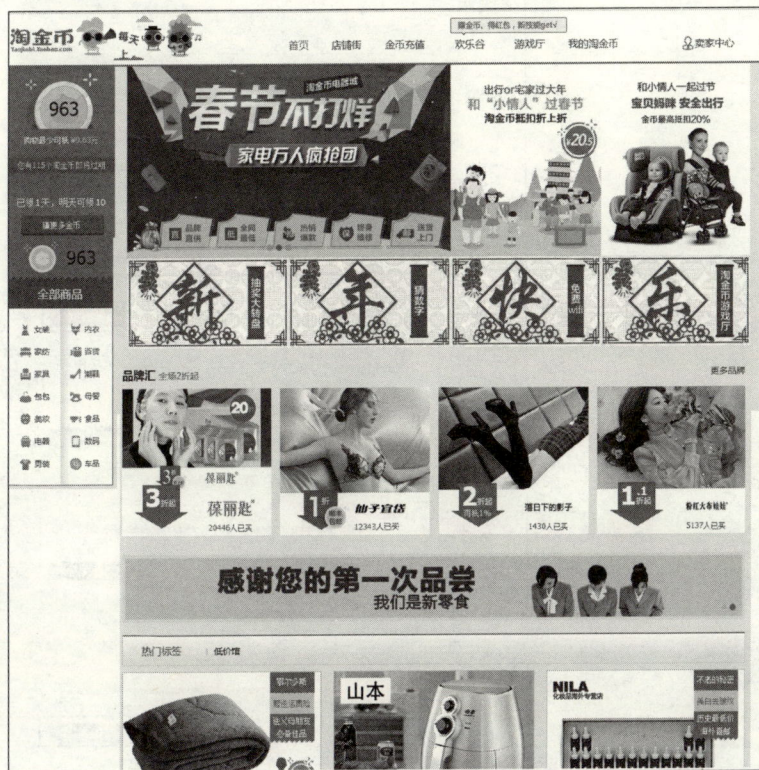

图 7-20　淘金币平台

如果你是网购高手，你一定知道淘金币，也喜欢用淘金币购物。因此店长如果不知道淘金币活动，那网店推广就少了一个利器了。

设置卖家淘金币账户具体操作步骤如下。

（1）进入卖家中心，单击"我是卖家——营销中心——淘金币营销"，如图 7-21 所示。

（2）淘金币卖家服务中心，如图 7-22 所示。

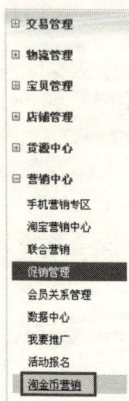

图 7-21　单击"淘金币营销"

图 7-22　淘金币账户首页

（3）"分享店铺送淘金币"让你可以对分享了你店铺的买家赠送淘金币。设置此功能，将促进买家在微博等平台对店铺的传播，提升你的社会化营销能力，如

图 7-23 所示。

（4）单击"确认开通"按钮，弹出提示框，如图 7-24 所示。

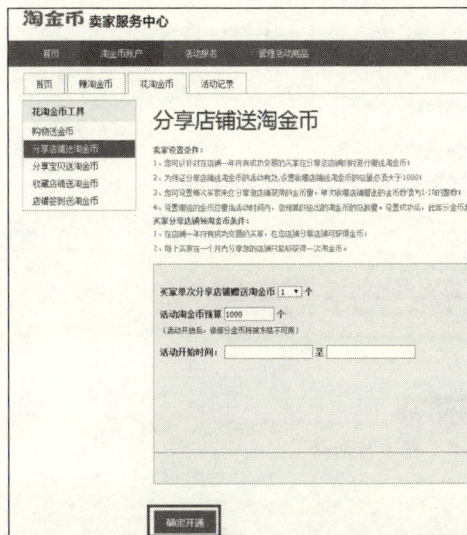

图 7-23　分享店铺送淘金币

图 7-24　分享宝贝送淘金币

第 096 招　开启全店淘金币抵钱活动

新卖家往往不知道怎么增加流量，而直通车等工具不仅需要购买使用权，还需要达到一定等级才能开通。而淘金币的门槛就很低了，可以免费开通使用，如果能够参与到淘金币首页活动，流量自然会增加很多。那么怎样开通淘金币抵钱活动呢？

开通淘金币抵钱活动，开通链接 http://tb.cn/QFvyVcy 如果是新店没有淘金币的卖家会出现这样的提示，按提示"同意协议并申请账户"就可以了，如图 7-25 所示。然后单击"立即运行活动"，如图 7-26 所示。

图 7-25　开通淘金币抵钱活动

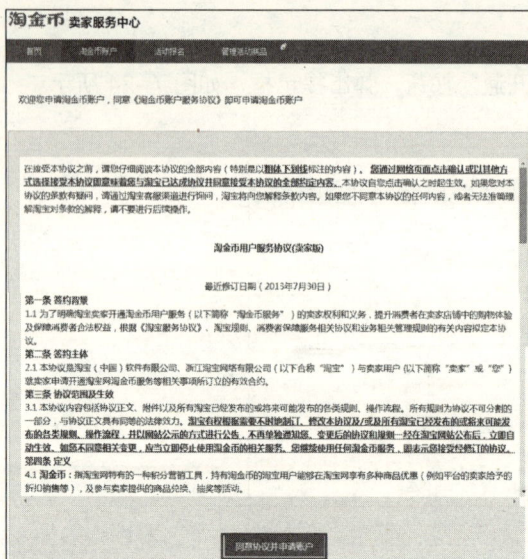

图 7-26 单击"立即运行活动"

第 097 招 淘金币抵钱的设置

下面进入淘金币抵钱的比例设置和活动时间的设置，比例你可以随便设置：最低可设 1%，最高可设 99%。设置比例必须为整数。活动时间建议时间拉长，设置的时间越长，赚取的淘金币越多，获得流量奖励的机会越大。都设置好以后，点击下面的"同意开通"就可以了，如图 7-27 所示。

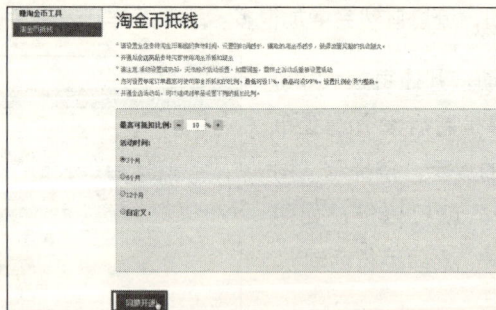

图 7-27 开头淘金币抵钱

这是"赚淘金币"，如图 7-28 所示。

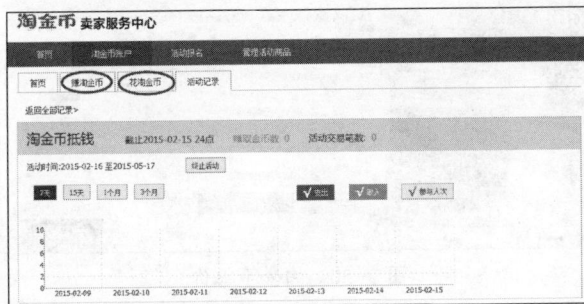

图 7-28　赚淘金币

点击"花淘金币"，会出现下面的页面如图 7-29 所示。

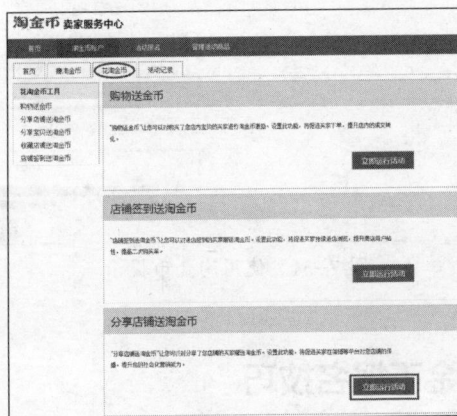

图 7-29　花淘金币

都设置好以后宝贝主图右边就会出现"淘金币最高可抵商品价"的字样，如图 7-30 所示。

当买家进入付款页面时会有使用淘金币提示，如图 7-31 所示，一般的买家只要买东西，系统会自动赠送淘金币，每个人至少会有几千几百个，这些淘金币到后台中心去兑换商品，往往不够，所以他们留着也没用，会非常乐意花掉。系统会根据设置活动时间的长短来奖励免费流量。

图 7-30 淘金币抵价

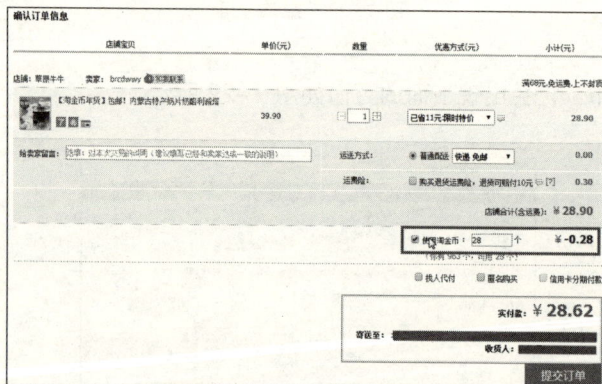

图 7-31 使用淘金币提示

第098招 淘金币报名技巧

不同的宝贝适合不同的活动平台，同一款宝贝在某个平台上卖得好，但是到另一个平台就不一定了，这个是由宝贝本身的特点和平台的受众群体所决定的。能否报名上淘金币需要掌握以下技巧。

1. 了解平台的受众特点

据调查，淘金币主要的受众群体是 20 ～ 35 岁女性，她们的特点是钟爱打折优惠，逛淘宝的时间比较多，账号里淘金币数量较多，同时了解淘金币这个活动怎么去玩。通过对这种类型买家的购买习惯分析，得出她们的购买行为主要有两种：一种是冲动型的消费，冲着产品的性价比去的，比如偶然在淘金币平台上看到一件性价比高的，自己比较喜欢的产品就去进行兑换购买。另一种是季节性消费，长时间跟住这个平台，粘度大，一年四季的消费品都会及时在这个平台进行购买。

根据淘金币受众群体的不同特点，卖家在推广的时候就应该大致清楚选择什么样的宝贝进行推广了，即宝贝的差异化推广。以女装秋冬装为例，一种是价格在100 元以下的包邮产品相对热销，它针对的是冲动型消费客户；另一种是季节性强的宝贝，随时关注天气变化，假设 12 月份气温下降到 0 度以下，大衣、外套、棉衣、羽绒服、皮棉服等市场会相应有显著提升，这些类目针对的就是具有季节性消费行为的客户。

2. 注意款式

要保证衣服的款式，款式的选择上都要时尚气质或者朴实大方，不要选择另类或受众群体很小的款式。此外，宝贝的季节性一定要分明。一定要从活动平台的那张图片上就能看到产品的卖点和季节性，如深秋入冬要厚实保暖，宝贝的档次，如时尚度、面料、舒适感等，要通过主图和详情页在各细节中体现出来。

3. 注意价格

相比天天特价客单价较低，淘金币则是倾向于客单价较高的宝贝。以女装秋冬装为例，据分析，淘金币的定价在 89 ~ 249 元之间最热卖。淘金币价格一定要是前后两个月的最低价。

4. 产品质量要过关

拿些次品以次充好，活动过后也不会有回头客。如果你产品质量好，哪怕在做活动时亏了一点，但是活动结束后，回头客带来的成交应该会很快盈利。如果仅仅只是为了做活动而做活动，而不是为了长期的生意，那不如不做。如果做活动质量不过关，换来的好评率直线下降，又要花钱去改评价，那不如不做。

第 099 招　报名免费试用让店铺流量涨不停

淘宝网的大量用户或新手用户，对于一些陌生品牌或产品，持怀疑态度。淘宝试用应运而生。淘宝试用中心的活动一般是这样的，商家拿出试用品免费给淘宝会员试用，想参加的会员就提出申请，淘宝会审核，申请成功的会员就可以获得免费试用商品的机会，试用后要写一个试用报告。

淘宝试用中心是全国最大的免费试用活动平台。淘宝试用中心汇集了上百万份的试用品，聚集了亿万消费者对各类数码产品、美容护肤品、家居日用品、母婴用品、美食保健品、汽车用品的试用报告和体会，同时这里还有最公正客观的买家点评、淘宝最划算的活动。

在试用期间极大地增加成交和店铺信誉，同时商家还能得到宝贵的产品试用反馈。在这里商家不需要花大钱，就能抓住新客户，每天数千人的申请，赢得巨大流量和好评的同时也在淘宝树立起强大的品牌和店铺形象。

试用中心的好处如下。

（1）可以获得更多的淘宝流量，业绩倍增，如果收藏越多、销量越大、评价越高、购买转化率越高，在淘宝关键字搜索时，该类商品拍卖就越靠前。

（2）每个试用品每日都可获取数十万的流量，申请人数甚至几万人，并有独立的产品信息页，即使试用结束也会长期保留。试用商品页直接链接商家店铺及宝贝详情页。如图7-32所示，试用品有独立的页面，有32264人申请试用。

（3）商家通过试用品每日通过试用中心直接或间接达成的交易量大大超过平时。

（4）独享推广资源，获得淘宝首页、试用频道首页等最优质资源的推广机会。

图7-32　有32264人申请试用

（5）通过试用产生良好的使用体验，大量优质的试用报告被百度、谷歌等搜索引擎收录，获得试用会员最客观真实的口碑传播，增加品牌美誉度。当顾客在搜索类似产品时，试用报告给消费者提供网购的参考依据。如图 7-33 所示试用报告。

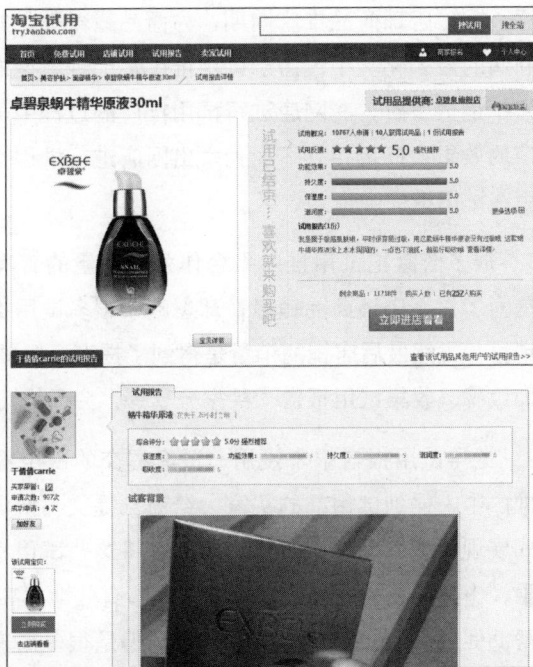

图 7-33　试用报告

第 100 招　为什么我报名试用会不通过？

所有报名试用活动的商品若审核不通过，商家都会收到系统提示的不通过理由，商家认真查看报名要求并检查自己的报名信息是否符合。

常见的不通过原因有：

（1）价格严重虚高，实际价值不符合试用报名规则。

（2）报名图片不符合要求（图片失真、大小不符、非白底、牛皮癣等）。

（3）同一个商家一次报名多款商品或一款商品重复报名。

（4）报名商品在同类型商家中竞争力不足。

第 101 招　网店试用推广常见的误区

网店进行试用推广，让买家能够以最短的时间接受店铺商品，快速建立买家信任感，缩短店铺商品推广周期，为商品赢得更长的市场销售成熟期，从而获得经营利润的最大化。不过由于试用推广是一种新型的推广方式，很多商家对试用推广还不是很了解，在网店进行试用推广的过程中，会经常出现一些问题，让试用推广的效果大打折扣。下面列举出网店进行试用推广常见的一些误区，帮助商家避免在试用推广中走入误区。

1. 很多商家把试用推广平台作为刷销量的工具，在试用推广发布试用活动，只是为了提高店铺商品销量，却忽略了很多试用推广中的重要步骤，就想着花钱刷销量，虽然最后店铺的销量是得到了提高，但是试用推广的其他效果却没有达到。如口碑、收集试用报告、买家分享等，会因为商家一味地追求销量而被忽略掉。

2. 觉得试用报告根本没用，试客提交的试用报告从来不看，也不审批。在试用推广中，得到试用品的买家会给商家提交一份详细的试用报告，以图文结合的形式展现买家的整个试用体验过程。将这些试用报告加以整理，运用到店铺详情页中，作为店铺的一种销售见证，能够有效地提高其他买家对于店铺商品的信赖感，帮助促进其他买家购买店铺商品。但是很多商家在进行试用推广的时候，却很少去关注试用报告，收集来的试用报告也不重视，最终忽略掉了试用报告的重要作用，让试用推广效果大打折扣。

3. 拿店铺的劣质商品用来发布试用活动。有部分商家，因为觉得试用推广是把店铺商品免费发放给买家，觉得很亏本，所以为了节省成本就拿出店铺的一些劣质商品来发放给买家进行试用。这种方法是不可行的，首先你店铺的商品进行试用推广所面向的试客都是一群热爱网购、热爱分享的潜在买家，如果他们得到的是劣质的商品，就会对店铺的评价不好，买家们再把这些劣质商品及评价分享到微博、博客等平台，把店铺的劣质商品曝光出来，这对店铺的口碑及品牌都会有严重的影响，这就得不偿失了。因此如果你做了试用推广，就一定要拿出优质的商品给买家试用，不要因小失大。

以上三点误区是商家们在进行试用推广中经常发生的，商家只有正确认识了试用推广的作用，全面了解试用推广的整个流程，同时避免以上误区，最终才能使得试用推广的效果达到最优。

第 102 招　试用报告怎么写会更好

试客在成功申请到免费试用品后，需要提交试用报告。试用报告是会员对商品品质、性能等试用体验后做出的客观真实的试用感受。试用报告支持文字、图片、视频等多种内容呈现方式，富有真实的场景感，从而为其他消费者提供购物参考，找到真正适合自己的商品。试用报告可以通过赞，转发和评论等方式产生互动，同时可以为试用品起到口碑推广的作用。

要以产品为主体，体现产品的质量和特性。在写试用报告时减少对非产品相关信息的描述，重点突出商品本身，提高试用报告的质量。

（1）减少邮包图片，试用报告需要以试用产品图片为主。一些关于快递包装的图片和描述，可以尽量减少。如果卖家包装非常体贴，非常有特色，可以放到报告最后描述，保证报告整体质量。

（2）关于申请成功提示图片等信息可以相对弱化。收到旺旺提示的信息，可以不在试用报告中体现，或者放到报告最后体现。

（3）报告整体按照"总分总"结构撰写。在试用报告开头部分，将试客的一些基本情况描述清晰，让报告阅读者对试客有大体的了解。同时可以上传一些体现产品整体性的图片，如服饰的上身图片，化妆的效果图片，家居的整体产品图片等，让报告更具有吸引力。

试用品是否能够申请成功，取决于每个试用者与试用品的关联度，包括近日的搜索、购买、收藏相关类目的行为，以及试客在试用中心的活跃度。

第 103 招　参加淘宝天天特价，享疯狂促销

天天特价定位为淘宝网小卖家扶持平台，专门扶持有特色货品、独立货源、一定经营潜力的小卖家。为小卖家提供流量增长、营销成长等方面的支持，是小卖家实战营销的黄埔军校。天天特价汇淘宝精品、享疯狂促销，其推广商品致力于疯狂促销、应季精品、服务保障三个卖点。

（1）登录淘宝网首页，将光标放置在页面右侧顶部的"网站导航"上，即可出现下拉菜单，在其中选择并单击"天天特价"选项，如图 7-34 所示。

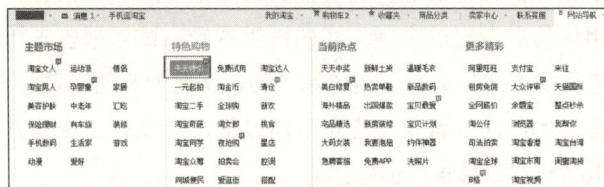

图 7-34　选择"天天特价"选项

（2）弹出"天天特价"页面，单击页面的"我要报名"按钮，如图 7-35 所示。

图 7-35　单击"我要报名"按钮

（3）进入到商家报名页面，如图 7-36 所示。

图 7-36　商家报名

（4）选择日期，随即右侧就会显示如图 7-37 所示的信息。

图 7-37　选择一个日期

（5）选择一个活动后单击"立即报名"按钮，进入到如图 7-38 所示的活动说明页面。

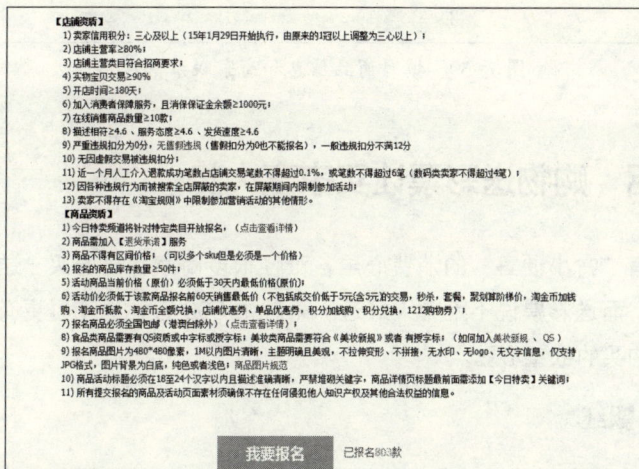

图 7-38　活动说明页面

（6）接着填写"商品信息"和"商家联系信息"，如图 7-39 所示。

（7）填写完毕，单击"提交申请"按钮即可报名成功。

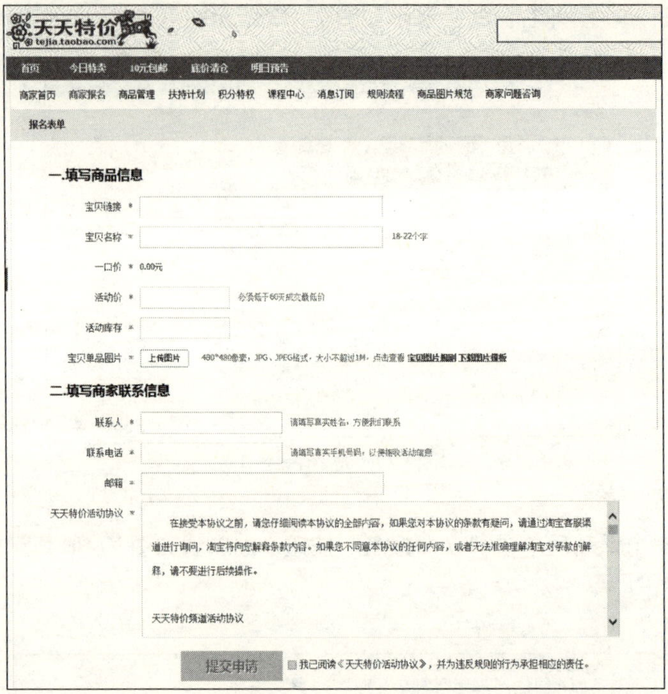

图 7-39　填写商品信息和商家联系信息

第 104 招　购物送彩票让买家赢大奖

很多买家都有"贪小便宜"的消费心里，难怪很多商家都打着买一送一甚至更多的旗号促销，而送彩票说不定哪天好运一来就中 500 万，这无疑更有吸引力，更能触发买家购买的欲望心弦。

1. 让 DSR 飘红

（1）首先，在产品描述页面做好展示，如图 7-40 所示在产品描述中添加"购物送彩票"的活动广告。该店铺使用之后，DSR 一路狂涨。

（2）其次，签收之后给客户的售后关怀。如"五星好评送双色球，中奖 1000 万不是梦。"如图 7-41 所示。

图 7-40　在产品描述页面做好展示

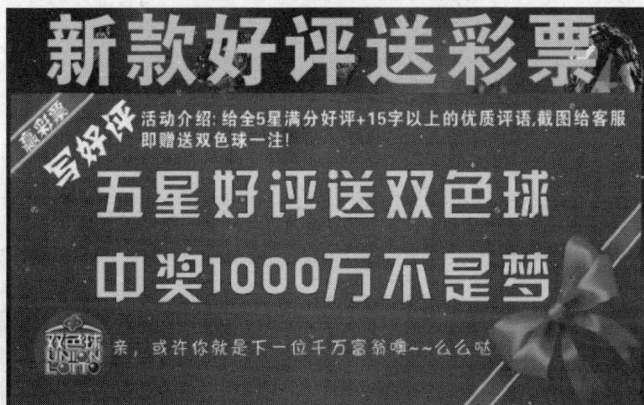

图 7-41　签收之后给客户的售后关怀

这种促销活动不仅让买家拥有一夜"暴富"的机会，也使得买家增加对店铺的肯定，认定了店铺的公益好形象。每次评价只需多打几个字的好评，动动手指头的事情，千万大奖也许就是你的了。对很多买家来说，这是个新鲜的促销方式，且有巨大彩利在吸引着他们，况且经常能有淘宝彩票中心的活动配合，何愁买家不下单？下单后何愁买家不给 5 分好评呢？

2. 打造爆款

有一款商品上架后一直没有销量，后来商家巧妙地使用了彩票营销，迅速地将销量做了起来。买商品送千万豪礼，吸引眼球，促进转化，大力拉升销量奠定了爆款地位。

"彩票即刻送，百万不是梦"营销口号通过店铺发出去之后，如图7-42所示。

开始每天有一两单，然后慢慢增长到100单左右。后面奇迹发生了，一个客户中了10000元，后来在评价中写了大量好评文字。之后该商品的转化率大增，每天的流量很高，原来是客户中奖之后店铺再做宣传带来了很多优质的流量，一月之后每天稳定在500单左右。

图 7-42 打造爆款

3. 做大促销

提起促销，很多人认为不外乎打折、满就送等价格让利，然后外加一个噱头包装，诸如店庆、节日等。打折优惠是利润的杀手，而且伤害老客户的感情，损害店铺的品牌形象。于是商家采用了彩票营销。

首先，可以设计吸引人的banner，配合运营的推广和广告，给店铺带来大量的流量。

图 7-43 有梯度的彩票赠送

其次，实现有梯度的彩票赠送，如有满50元送彩票1注；满100元送彩票2注；多买多送。如图7-43所示。

最后，用购物送500万大奖的金钱诱惑，将平时5%的转化率提升到10%的新高。从而也使得销量在没有大量付费推广的前提下放大到平时的数倍以上，创下销量新高。

第 105 招　限时限量促销吸引买家抢购

利用人人都想占便宜的心理弱点，精心设计有限定条件的商品广告，能使顾客觉得不立即抢购就会吃亏。如常看到这样一些广告："三日之内，本商品四折出售，欲购者从速""优惠只限于前 100 名幸运者""2015 年 10 月 1 日下午 2 点至 22 点，全场 8 折优惠"。如图 7-44 所示限时促销商品。

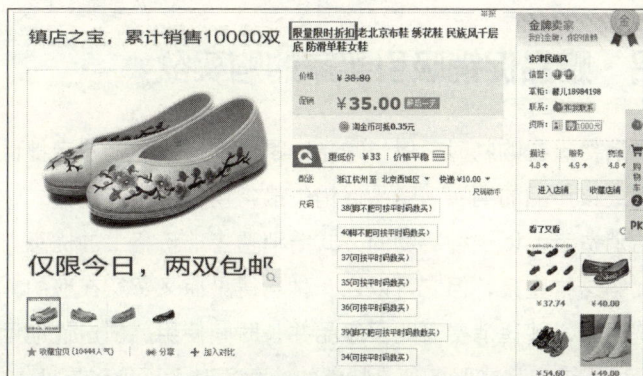

图 7-44　限时促销商品

这种限定时间、限定销量的广告宣传，的确很好地抓住了人的心理弱点。因为如果是随处可见、随时都可买到的商品，人们自然不会产生强烈的购买欲。但如果数量上有所限制，就能触发买家的消费欲望，使他们觉得如能抢购到此物，就占了大便宜。有了这种错觉，商家即使不推销，买家也会前来抢购。

限时促销是抓住了人们爱占便宜的心理，是一种非常有效的促销手段。但如果不能系统地把握其中的诀窍，不仅不能取得很好的效果，反而可能会弄巧成拙。那么该如何采取有效的方式去做，尽可能地扬长避短，以达到应有的效果呢？

第一步：选择商品

哪些商品适合限时促销？流行商品、应季商品、大众化商品、单价不过高（也不太低）的商品一般是首选。限时促销商品根据不同的种类最好定为原价的 4 ~ 8 折，价格不能太低，太低就有假货、滞销货的嫌疑，会引发顾客失望和生疑。当然，为了考虑吸引力，偶尔拿出一些非常敏感的商品做几次惊爆价格也是可以的，但最好不要频繁地做。

第二步：促销时间

很多限时抢购促销失败都与时机选择有关。选择节假日、周末，特别是有大型促销活动的时候最好，如换季促销、周年庆、黄金消费周等时间。因为这时网上的人流量大，限时抢购的效果就好。

第106招　赠品促销吸引买家的购买欲

赠品促销就是消费者在购物时，以"赠品"赠送的形式向消费者提供优惠，吸引其参与该品牌或该产品的购买。赠品促销是最常用的价值促销方式，它把商品作为礼物赠送给消费者，以一种实物的方式给消费者非价格上的优惠。这种方式虽然没有价格促销这样直接，但它可以以一种看得见而又实实在在的方式冲击消费者、增强品牌观念，并让消费者购买产品并长时间使用。创造性地运用好赠品促销，可以获得居于该产品或服务独具特色的、竞争对手不能轻易模仿的良好效果。可以说，赠品促销是一种既能短时间增加销量、又能起到长时间树立品牌的极佳促销方式。

怎样有效地使赠品达到理想的效果呢？

（1）不要选择劣质品作为赠品。否则只会起到适得其反的作用。不要以为"赠"就是"白送"，便可随意忽悠买家。赠品也须重质量，体现的是商家的诚信。在选择赠品之前，需要关注你的竞争对手，你要看看他们的营销策略是怎样的。关注对你构成竞争的那些店铺用的是什么样的赠品，你的赠品比他们价值高，比他们的好，这样才能打败对手。

（2）要体现赠品所达到的额外价值，得到顾客的认可。赠品的核心是让目标顾客认为"占了便宜"，否则送他们毫无感觉的东西，就失去了赠品的意义。

但赠品的价值也不能太高，因为这将花费更多的成本。如果你提供价值高得离谱的赠品时，就会引起顾客的猜疑，有些顾客会觉得你的利润空间太高，降低了主产品在他们心中的价值，也有可能会干脆放弃购买。

（3）注意赠品的时间性。例如：不要在夏天送冬天才能用的商品。要选择顾客需要的赠品，这是最重要的。如果赠品是顾客用不着的，那对他就没有任何的吸引力，就谈不到提升交易的价值了。所以，应该认真思考，根据顾客的需要来选择赠品，只有顾客需要的对他们才有吸引力。

（4）赠品要让人容易获得。容易获得才可以激发顾客参与的热情，否则赠品让人感觉与自己无缘，即使参加了也很难获得赠品，就无法激起顾客的参与热情了。

（5）把店铺的信息告诉顾客。在赠品上印上店铺标志、LOGO、设计得很可爱的电话号码等，让顾客每次用你的赠品时，都会想到你的店铺。

赠品促销不仅可以带动店铺的销量，更重要的意义在于吸引更多人关注你的产品、店铺，你从中可以挖掘更多的潜在顾客。

> 如果店铺大批量采购赠品，成本会进一步降低，更有利于促进销售。但赠品选择也不是有什么赠什么、随便什么都行。赠品促销的关键在于赠品的选择上，一个得当的赠品，会对产品销售起到积极的促进作用，而选择不适合的赠品只能使成本上升，利润减少，顾客不满意。

如图 7-45 所示买 3 罐茶叶免费送杯子，来达到促销商品的目的。

图 7-45　免费赠送杯子

第 107 招　集分宝促销

集分宝是由支付宝提供的积分服务，全称应为支付宝集分宝。淘宝集分宝是指可以在淘宝网交易时使用支付宝集分宝进行交易支付抵现，满 50 以上集分宝方可使用。

用户在支付宝合作商户网站交易或在支付宝网站指定的业务，可在支付时按集分宝兑换人民币的比例抵扣使用集分宝。如图 7-46 所示集分宝抵现，淘宝购物、还信用卡、缴水电煤费，集分宝当钱花，100 个集分宝抵 1 元。

图 7-46　集分宝抵现

用户也可通过将集分宝换购指定商品、捐赠给支付宝合作的公益项目等途径使用集分宝。如图 7-47 所示集分宝换购商品。

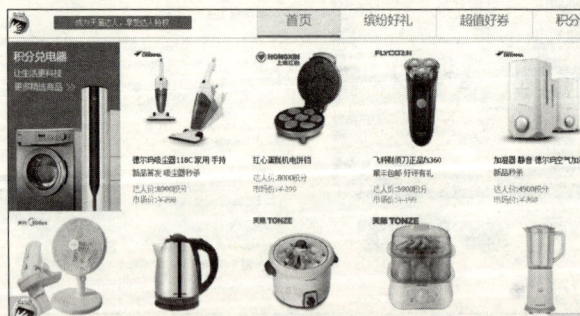

图 7-47　集分宝换购商品

第108招　打折促销

由于打折促销直接让利于消费者，让买家非常直接地感受到了实惠，因此是目前最常用的一种阶段性促销方式。如图 7-48 所示的折扣促销。

折扣主要采取以下两种方式。

1. 不定期折扣

在重要的节日，如春节、情人节、母亲节、圣诞节等，进行打折优惠，

图 7-48　折扣促销

因为在节日期间人们往往更具有购买潜力和购买冲动。店主应选择价格调整空间较大的商品参加活动，并不是全盘打折。这种方式的优点是：符合节日需求，会吸引更多的人前来购买。虽然折扣后可能会造成利润下降，但销售量会提高，总的销售收入不会减少，同时还增加了店内的人气，拥有了更多的顾客，对以后的销售也会起到带动作用。

2. 变相折扣

如采取"捆绑式"销售，以礼盒方式在节假日销售。这种方式的优点是：符合节日气氛，更加人性化。

折扣促销主要有以下优点。

（1）效果明显。价格往往是消费者选购商品时的主要决定因素之一，特别是对于那些品牌知名度高的产品。因此，折扣是对消费者冲击最大、也最有效的促销方法。由于折扣的促销效果明显，可以处理到期产品、减少库存量、加速资金回笼、配合商家促销等。

（2）活动易操作。店主可以根据不同时间，在允许的促销预算范围内，设置不同的折扣率。这种促销方法的工作量少，成本和风险也容易控制。

（3）最简单有效的竞争手段。为了抵制竞争品牌产品的销售增长，抵制对手新产品的上市或新政策的出台等，及时采用折价方式刺激消费者购买本产品，减少顾客对竞争产品的兴趣，并通过促进消费者大量购买或者提前购买，来抢占市场份额，打击竞争对手。

（4）有利于培养和留住老顾客。直接折价活动能够产生一定的广告效应，塑造质优价低的产品形象，吸引已经使用过本产品的消费者重复购买，形成稳定的现有消费群体。

第109招　包邮促销也有技巧

包邮成为淘宝上最火爆的促销方式之一，由于快递费用带来的购买价格的提升，买家对可以免除邮资购物非常开心，因此包邮很大程度上刺激了买家的购物神经，但包邮也有它的灵活之处，只有灵活运用包邮促销，才能发挥最大效果。

包邮促销大致分为普通包邮、满额包邮、少付费包邮、组合包邮、限制包邮。在这些包邮中应注意哪些问题，让包邮活动达到最好的效果，又能保持高的利润？

（1）普通包邮：即使用性价高的民营快递，对全店商品普遍使用包邮。但是要注意快递公司的质量和服务，例如派送时效，不能只顾邮费低，以免引起过多的中差评。如图7-49所示普通包邮促销。

图 7-49　普通包邮促销

（2）少付费包邮：就是加几块钱就可以包邮，如加 3 块钱或 5 块钱包邮。适合那些单价不高，又不适合包邮的单品。

（3）单品包邮这种策略适合新开店的中小卖家。初期对提升店铺购物数量非常明显，随着店铺的品牌进一步提升，发展到大卖家时，此阶段新客户的数量会下降，老客户的购物数量又增加，为了满足新老客户的需求，可采用组合包邮。

（4）限制包邮：对包邮条件做一定的限制，第一件包邮，第二件或者更多的订单需要另外付费。这种产品比较适合母婴产品、尿布湿等。

（5）满额包邮：是指购买商品达到指定数量或者规定金额才可以享受的包邮。这时要确定好满多少元包邮、满几件包邮，还要做好店铺内部的关联销售。如图7-50 所示满额包邮促销。

图 7-50　满额包邮促销

第 110 招　在销售旺季的促销方法

几乎任何店铺生意都有特定的销售周期，有着明显的淡季、旺季。一般说来，旺季占营业总额的 70% 以上。旺季促销是很多商家经常使用的手段，店铺经营者在旺季必须要做到热卖。

旺季热卖有如下几点需要注意。

（1）首先是提前准备好商品，货源充足。这一点可以说是在旺季能否做旺至关重要的一点。

（2）其次是及时发掘出重点推荐商品，这类商品尤其是要货源充足。

（3）到了旺季，平时不舍得"投入"的卖家可花点钱装修下店面，给买家留下好的印象；买一两个月的旺铺试试，旺铺可按月买，没效果可不再续费；如果稍微好点尽量加入消保。

（4）营业时间充足保证。时间也是网店销量多少的重要因素。网店经营时间并不像实体店那样有所限制，需要卖家根据自身条件灵活定制，尽量充分保证。特别是旺季时更应该保证时间，网店才有可能比别人更胜一筹。

（5）网店经营是否顺利需要方方面面的完善配合，而快递也是保证成交顺利的重要环节。特别是旺季时，一定要掌握多家物流信息，密切搞好合作关系。这对网店的经营起着很重要的作用。不要只有一两个快递公司合作，"关键"时你就知道"兵到用时方恨少"。

（6）要在店铺内营造热卖气氛。要搭配些促销或优惠活动，不一定要多但一定要有。做生意掌握些顾客购物心理，进行人性化合理设置，会起到不错的辅助成交效果。例如"满100送小礼物"和"满200包邮"活动，不少顾客购物金额差几十元时都会再补一件以期达到满200包邮的目的。如图7-51所示在销售旺季采用满199包邮和送优惠券促销。

图 7-51   在销售旺季采用满 199 包邮和送优惠券促销

第 111 招　在淡季的应对方法

生意淡旺乃市场自然规律，市场人潮涌动、生意红红火火是商家的最大满足与期盼，但这样的日子却不是天天都有的。店铺经营中出现淡季是正常现象，这是市场本身的特征，不是店铺可以改变的。淡季的最直接表现就是销售额难以提高，一般的促销措施根本无法使得这种情形得到改善。

网店如能在销售淡季使自己的产品销售一枝独秀，不仅可以提高店铺的销售业绩和产品的知名度，还可以为即将到来的销售旺季打下坚实的基础，在未来的竞争中抢占先机。为此，必须明确洞悉市场淡季需求，抓住需求，努力创造销售，提高销售业绩，彻底改变淡季营销思想。店铺应对销售淡季，应采取如下几个行之有效的措施。

（1）淡季首要的是心态要调整。有些卖家一听说"淡季"来临了，认为即使投入再多，也不会有很好的收获。于是，不愿再像旺季那样去投入，去宣传了，从而致使原本应有的一些生意也没有了。如果卖家自己都没信心了，买家对你的宝贝还有信心吗？要树立"销售无淡季"的意识，只要多下功夫、多用心想想，总会找到出路的。关键是要有一个好的心态，能以一颗平常心来看世界。

（2）明确洞悉淡季需求是关键。在销售淡季，要想制定出有针对性的销售策略，必须首先找到消费者对产品的需求，然后抓住需求，进而创造需求，引导消费，提升销售业绩。

（3）出奇制胜，使淡季不再淡。例如搞折扣促销或降价促销。但是一定要注意一个产品都会有它的市场合理价格，一味的低价只能是扰乱市场秩序，引来消费者猜疑。无限制的价格促销、一味的低价并不一定能带来更好的销售。

（4）开发新市场。在淡季开发新市场，主要因为淡季绝大多数竞争品牌处于宣传休眠期，对市场的管理工作减弱，在广告宣传上的投入也减少了。选择这时进入，市场上的干扰信息较少，有利于占领渠道和品牌形象的建立，市场的扩大会带动销售业绩的提升。

（5）创新寻找新利润增长点。销售淡季产生的一个主要原因就是产品无法满足消费者的现实需求，因此增加新的产品功能就可以满足消费者的市场需求。如夏季穿西服太热，但是有时必须穿。针对这种情况，报喜鸟清凉西服应运而生，它满足了夏季既穿西服，又不希望太热的需求，市场淡季销售额大增，为企业带来新的利润增长点。

（6）为即将到来的旺季备足货源。淡季往往空闲时间较多，充分利用好这个时间，多接洽些供货商，调整备足自己的货源。多看看市场，就会知道今年旺季，什么宝贝更抢手。

（7）加深与顾客的感情。销售淡季，卖家的时间相对充裕。因此，利用销售淡季，加强、加深客户关系，是一种攻心战术。

（8）另外这段时间里装修美化店铺也是成长中的卖家必须要做的，如将网店装饰得漂亮一点，重新拍照不满意的商品，增加匆忙上架而未来得及介绍详尽的宝贝描述，趁机将旺季销售的得失和对手的销售情况进行分析总结，利用空余时间为旺季到来和小店将来发展做一些准备。

店铺销售的淡旺季是客观存在的，关键是用什么心态去看待。要改变淡季营销观念，海尔的张瑞敏曾说过"没有淡季的市场，只有淡季的思想"。商家要想在销售淡季提升销售业绩，必须改变经营观念，树立"销售无淡季"思想，面对如季节般轮换的淡旺季交替，只有以积极的心态引导消费，创造消费，方能走出销售淡季，提升销售业绩。

第112招　节假日销售促销策略

假日期间的销售，是一个很好的商机，会比平常的交易量高出许多。如何充分利用假日经济带来的契机做好促销，成了摆在广大淘宝卖家面前的重要课题。如图7-52所示节假日促销。

1. 提前策划，有备而战

商场如战场，在假日促销之前，要有详细的策划、精密的组织、统筹的安排、这样才能运筹帷幄，占领先机。

图 7-52　节假日促销

针对假日的特点与网上买家的需求、以及目前的流行趋势来策划。策划的内容以假日所针对的人群分析、活动如何宣传、以什么样的形式搞促销、备货的充足量、活动所达到的预期效果等为重点。

另外如果有时间和条件，可以装修美化店铺页面，给买家一种节日的气氛、一种新的视觉。

2. 做好宣传与推广

还可以到一些人气旺的论坛里做宣传。不过宣传一定要遵守论坛的相关规定，不能乱发宣传贴，不然会被版主删除或引起买家的反感。

可以针对自己的商品写一些消费指南类的帖子，指导买家如何鉴别商品等。还可以到淘宝论坛发一些免费宣传的帖子，淘宝论坛有一个优惠商品区和促销活动区，在这里宣传是"合法"的，可大胆发贴。

另外，每逢节日，各大论坛都会推出一系列的活动，例如情人节、淘宝年货在线热卖会等，这些活动都要积极地参与，这样不但可以提升人气宣传自己的店铺，而且还有机会赚取银子，赚的银子又可再投放广告。

3. 商品促销，让利买家

在圣诞节、春节、情人节等这些节日里，人们都会购买些礼物送人，这时候适时推出购物送礼等活动，就可以进一步刺激买家的购买欲望，也可以作为回馈新老买家一年来的帮助与支持。拉近卖家与买家之间的感情。应注意的是，商品一定是精心挑选的，而且是物美价廉的，让买家看到实惠，这样才会感激你。

> 活动的方法如：推出一些特价商品或者买一送一、买100减20、赠送小礼品或是多件包邮等。这些促销活动可以为店铺聚集人气，提高买家的购买热情。

4. 备货充足，迎接顾客

准备好充足的货品，在节日期间这是必然的。在策划活动时，就应考虑好货源问题。一些重要的节日，都是要放长假的，而且物流、快递也不方便。所以要提前备好货品，节日期间一定要考虑快递、物流所需时间，尽量多预算点。

5. 服务周到，诚信为本

在网上销售中，买家对产品是否满意，不仅仅取决于产品的质量和价格，很大程度上还取决于服务的质量。

服务应该包括售前、售中、售后，有买家咨询就要快速回复，即便只是询问，没有购买意向，也要耐心解答，他很可能就是店铺的未来顾客。

6. 物流信息，提醒买家

节日期间，特别在长假期间，大部分的物流快递公司都会休息，要及时了解所在地区物流快递公司的休息情况，最好是写在公告栏里，及时通知买家。

第 8 章
钻石展位实现品牌和销量双赢

钻石展位即钻展，是专门为了有更高信息发布需求的卖家们量身定制的产品。这里精选了淘宝最优质的展示位置，通过竞价排名的方式排序、计价。钻石展位性比价高，更适于店铺、品牌的推广。比较适合中等以上的卖家，因为如果想获得不错的推广效果，就要花费大量的资金。

第113招　什么是钻石展位

钻石展位是按照流量竞价售卖广告位的，计费单位是"每千次浏览单价"，即广告所在的页面被打开 1000 次所需要收取的费用。钻石展位不仅适合发布宝贝信息，它更适合发布店铺促销、店铺活动、店铺品牌的推广。可以在为店铺带来强大流量的同时，增加买家对店铺的好感，增强买家粘度。如图 8-1 所示首页的大图广告就是钻石展位。

图 8-1　钻石展位

钻石展位是面向全网精准流量实时竞价的展示广告平台，以精准定向为核心，凭借淘宝海量的用户数据和多维度定向功能，为客户提供广告位购买、精准定向、创意策略、效果监测、数据分析等一站式全网广告投放解决方案，帮助客户实现更高效、更精准的全网数字营销。淘宝钻石展位产品有以下优势。

- 超低门槛：即使花很少的钱也可以在淘宝最有价值的展示位上发布信息。

- 超炫展现：展现形式更炫丽，展现位置更大，展现效果更好。

- 超优产出：不展现不收费。自由组合信息发布的时间、位置、花费。

- 范围广覆盖全国 80% 的网上购物人群，每天超过 15 亿次展示机会。

- 定向准目标定向性强，可定向 21 类主流购物人群，直接生成订单。

● 实时竞价投放计划随时调整，并实时生效参与竞价。

第 114 招　钻石展位展现在哪里

钻石展位的主要优势在于它不仅可以推广单品，还可以推广整个店铺。钻石展位
展现在哪里呢？

1. 淘宝首页

首页流量巨大，对于资金雄厚的大卖家来说，放在首页可以带来巨大的流量，从
而带来更多的顾客，如图 8-2 所示淘宝首页上的钻石展位。

图 8-2　淘宝首页上的钻石展位

2. 各频道焦点图和通栏

钻石展位只要展示了就要收费的，最好选择和自己的产品相匹配的垂直频道进行
投放。如图 8-3 所示女鞋频道首页的大图钻石展示位。

图 8-3　女鞋频道首页的钻石展示位

3. 特卖促销频道

在淘宝天天特价等促销频道也有钻石展示位，如图 8-4 所示。

图 8-4　天天特价频道

4. 广告网站联盟

广告网站联盟，各大门户网址广告位置，如图 8-5 所示在新浪网的淘宝广告位。

图 8-5　新浪网的广告位

第 115 招　怎样购买钻石展位

在哪里能找到"钻石展位"这个推广工具呢？购买钻石展位具体操作步骤如下。

（1）首先登录进入淘宝后台，单击"营销中心"栏目下的"我要推广"，如图 8-6 所示，在打开的营销中心页面中，单击"钻石展位"图标，如图 8-7 所示。

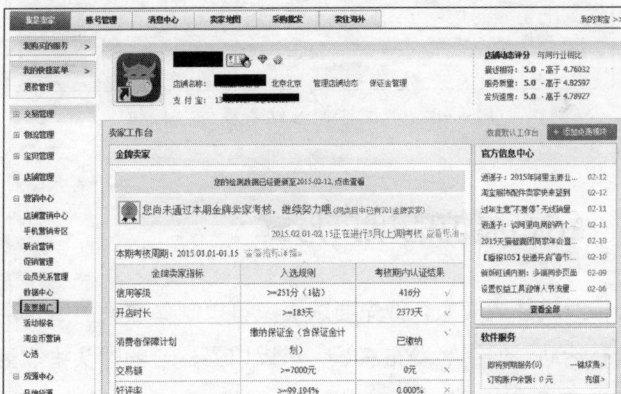

图 8-6　单击"我要推广"

（2）这时进入钻石展位页面，单击"加入钻石展位"按钮，如图 8-8 所示。成功后即可开通钻石展位。

图 8-7　单击"钻石展位"图标

图 8-8　单击"加入钻石展位"按钮

第 116 招　钻石展位的推广形式

钻石展位适合相对成熟的卖家，首先要求卖家可以制作漂亮的展示图片或 Flash，其次要求卖家有活动、促销等发布意识，可以以最适合的噱头推广最合适的产品。钻石展位不仅适合推广单品，还可以推广店铺促销、店铺活动、店铺品牌。可以在为店铺带来充裕流量，同时增加买家对店铺的好感，增强买家粘度。

1. 推广单品

大中型卖家都很了解，想要全部推广自己的所有产品是不可能的，因为一般店主没有精力也没有资金去推广那么多的宝贝。所以要在推广之前分析自己店里的宝贝，选一件或者几件比较有优势、与众不同的宝贝，就推广那几个宝贝。从单个的宝贝来提升店铺的整体销量。而且还要注意，选择推广的宝贝一定要是当季的热款，并且有一定的成交量。

如果主推的是商品，一定要把商品做到最好、最优，因为钻石展位是按照流量付费的，广告是否成功，很大程度上是用点击率来衡量，商品有绝对优势和吸引力，才能吸引买家点击，如图 8-9 所示是单品推广的一个经典案例。

2. 推广店铺

推广店铺的主要优势在于对整个店铺进行推广，对店铺整体销售额提升会有很大的作用。推广店铺是钻石展位广告中用得比较多的广告形式。成功的钻石展位推广往往能引爆店铺的销量，前提是先把店铺装修好，各种促销活动要吸引人，才能把引进的流量转化成成交量。否则流量暴涨却不能提升成交量，也是失败的广告。如图 8-10 所示是整个店铺推广的一个典型案例。

图 8-9　单品推广案例

图 8-10　整个店铺推广

3. 推广店铺活动

促销活动很容易抓住买家的眼球，尤其是一些优惠力度很大的活动，做钻石展位也可以带来很大的流量，会给店铺带来好的收获，做活动也是另一种营销。如图

8-11 示。

图 8-11　推广店铺活动

第117招　用钻石展位打造爆款产品

爆款在店铺流量中承担着至关重要的作用，自然搜索排名、各种活动报名、关联营销带动其他产品成交和品牌形象窗口等。通过良好的策划运营能力，以一款爆款产品，带动整个店铺的销售。这种对爆款的打造和流量深入运作的方法，是可以借鉴的。这种广告素材主要考虑一般为流量引入的精确性，所以在人群定位和店铺定位上应该是足够精确。其选择的位置为首页流量较大的广告位，也可以分析出是为了保证足够大的流量基数，来实现比较精准引流的目的。

在选择产品上必须要注意的是：产品本身有没有问题，有没有成为爆款的潜质，在进行钻展投放之前要进行两个方面的测试。

（1）老客户的内测：直接找到忠实的老客户，以给力的价格，让老客户体验并给出意见。

（2）新客户测试：直通车、钻展投放少量测试：从点击、转化率、浏览深度以及好评度三个方面来测试产品的可行性。

如图 8-12 所示在淘宝首页上利用钻石展位打造的爆款产品广告。

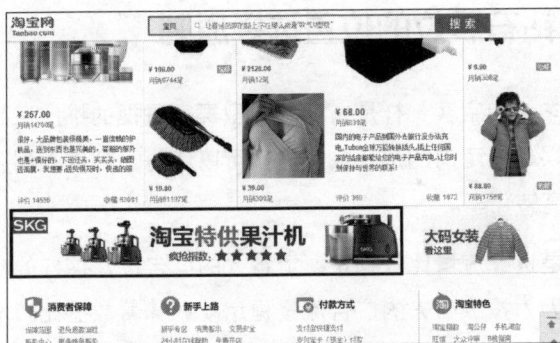

图 8-12　利用钻石展位打造的爆款

单击广告进入店铺的首页，在该店铺首页，可以看到该爆款产品的巨大广告展示在首页第一屏，如图 8-13 所示。可以看到爆款产品的销售量很多，如图 8-14 所示。

想要用钻石展位投放打造爆款，必须进行有效的规划和预算，才能起到事半功倍的效果。否则，20 万花出去，

图 8-13　爆款产品的巨大广告

可能也没什么效果。所以在做这个目标时，一定要做好充分的准备和规划。这样根据总体投放额度，大概确定好每天需要投放的金额。

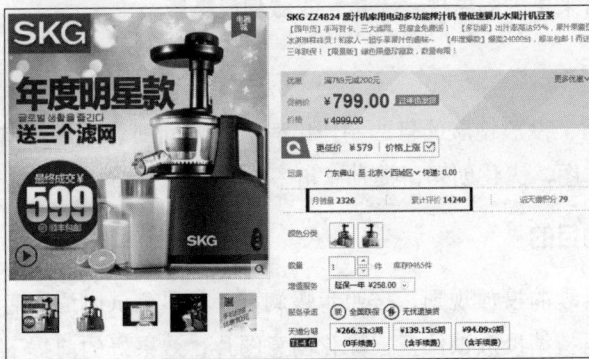

图 8-14　爆款产品的销售量

第 118 招　钻石展位的位置选择原则

钻石展位和直通车、淘宝客一样是备受大中型卖家重视的推广工具。通过群体定向、访客定向和兴趣点定向的选择投放后，可以让每一个进入到店铺的流量都更为精准，从而提高转化率。

一般而言，最好是选择流量比较稳定、流量大的广告位，这样的广告位往往是性价比比较高的。因为投放出去的广告流量稳定就意味着数据比较准确，具有非常高的参考价值和分析价值。对于那些流量小、点击率低的内页广告位尽量不要选择，原因就是这些位置的流量本来就很低，流量不容易买到，数据小也没有很大的参考价值。

首页的广告位每天的流量在 9000 万左右，而平均的点击率在 1.5% 左右，不管是做活动、店铺推广还是单品都是可以的。

第 119 招　怎样获取最优质钻展投放展位

一个好的钻石展位能让店铺流量"爆表"这是很常见的事情，但是钻石展位投放想要找个优质展位却不是那么容易的。下面介绍如何挖掘钻展的优质展位。

1. 投放位置的选择

通过多个位置的投放，测试适合店铺投放的位置，提示点击率，降低引流成本，在此基础上会带来更多的展现、流量、收藏和成交量。

2. 素材的制作

根据店铺的风格、投放钻展的目的制作出有吸引力的创意图片，根据数据效果，及时反馈美工作图，优化创意，提升点击率。

3. 明确投放的目的

根据目的设定合理的投放规划，按照步骤测试，尽早测试出适合店铺投放的优质展位和图片，再持续投放该位置，优化创意图片，效果好的前提下可以适当加大投入，从而提升钻石展位投放的整体效果。

第 120 招　钻石展位如何选择投放时间和地域

我们如何合理地选择地域与时间呢？时间、地域均可能影响广告的投放效果。

要选择转化率高和流量高峰时段来投放，让我们的广告产生最大的效果。

对买家的购买时段做
分析，掌握购买时间，
从而可以分时段推广，
客服人数也便于安排。
关于时间的选择，可
以用数据魔方来分析，
如图 8-15 所示数据魔

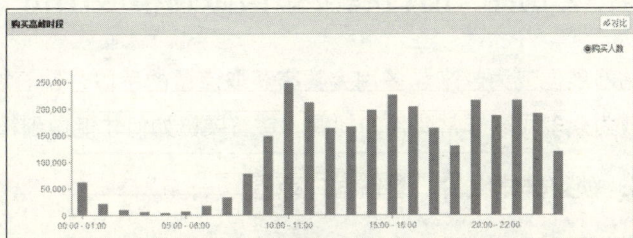

图 8-15　数据魔方分析购买高峰时段

方分析某个店铺的购买高峰时段。

建议从两个方面来选取投放时段：

买家的作息时间：一般在上午 10 点～ 12 点，下午 15 ～ 17 点，晚上 19 ～ 22
点是买家购物的高峰，选择这些时间段投放最好。

客服的作息时间：确保在广告投放时段内有客服在线，这样客户的购买率会上升，
客户体验也会提高。

关于投放地域，从淘宝指数可以看到搜索和成交的人群分布，如图 8-16 所示。

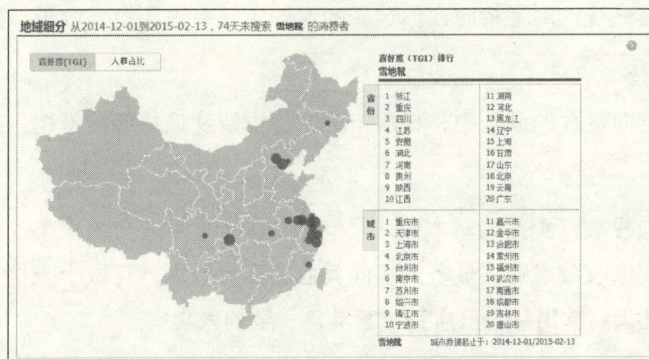

图 8-16　淘宝指数分析地域

> 做好钻石展位的推广，一定要根据自己店铺的情况，做出周密的计划，然后在实践中，根据反馈的信息及时做好调整的工作，这样才能以最少的钱来做到最大的推广效果。

第121招　钻石展位如何做到精准出价

钻石展位成为越来越多淘宝卖家获取流量的手段，钻石展位如何做到精准出价，成为众多卖家非常头疼的问题。钻石展位如何才能做到精准出价呢？

1. 锁定群体出价，圈住客户范围

在群体出价中，主要是针对淘宝的用户，进行人群、地域、性别和财力的定向投放。群体出价主要是针对一群人进行整体定向形式，这种出价方式比较适合大类目。

人群——看店铺本身有没有地域性，如果没有，可以在人群定向中全部选择，测试的数据可以看出店铺适合哪类人群。

性别——根据店铺情况来定，如果是女装店铺，重点针对的是女性用户，性别自然为女。

财力——建议店铺根据自己定位来选购买力高、中、低中间的两个段做测试。

2. 瞄准店铺定向，挖掘潜在客户

针对钻石展位的店铺定向投放，淘宝的官方解释是卖家可以根据输入与你店铺类似的定位的旺旺号，淘宝将向在你选择的这些店铺有过浏览、收藏，购买行为的用户展现你的广告。

在针对店铺定向投放的原则中，根据年龄、价位以及风格等因素相近的用户群，进行依次投放。

针对店铺定向投放，卖家的基本做法是：先去统计每天成交的买家收藏和购买的店铺，根据买家收藏或购买最多的相同类目的卖家数据，可做个表格，每天统计数据，收集几天后选出和自己店铺经营类目一致的大卖家。

通过以上数据挖掘，大概知道店铺应该投放什么样的人群，定位什么样的店铺。

根据这些信息，在确定店铺和人群后，建议前期多做测试，先给出比较高的价格后，把日限额调到最低，这样经过一周左右，就会收集到一些和自己店铺相关的具体数据。

第 122 招　为什么钻展素材没有通过审核

淘宝流量对于网上开店是至关重要的，没有流量从何谈起销量，而钻石展位作为超大流量的广告投放工具对于我们卖家来说是很重要的。

其实做钻石展位的核心就是素材，定价和竞价等相对新手来说都是比较容易学会的操作。可能很多卖家对于钻石展位还是比较模糊的，甚至做好素材后都没有审核通过，下面就来看看到底为什么你的钻石展位素材审核没有通过。

1. 宣传内容夸大其词

钻石展位素材内不能有夸大其词的内容，如全国销量第一、护肤第一品牌等。这些字眼是不能出现在钻石展位的图片以及详情页面的。如果你确实销量全国第一，必须拿出相应的数据或者是证据证明这个是名至实归的，否则就不能被审核通过。

2. 图片模糊、欠美观

这样的素材，在审核标准日趋严格的态势下，千万不要抱有侥幸心理，此类图片100% 会被拒绝。

3. 盗用明星照片

使用明星的照片，这一类的图片尤其是以化妆品的居多，很多店铺为了证明自己的产品好，往往会使用明星的图片作为一种炒作的手段，但是这个产品明明不是明星代言的，却使用明星的图片，就有误导消费者的嫌疑，在审核的时候肯定就会被拒绝了。

4. 特别类目需提供商标

卖化妆品、保健品、家纺、珠宝、箱包、3C 数码等类目下的产品，必须要有LOGO 或者是品牌的信息，还要提供品牌商的商标注册信息和授权资质。

5. 数据内容虚报宣传

没有经过证实的信息不能出现。比如很多店铺的图片上面会使用：全网销量第一、淘宝性价比最高级别的文字表述，"最低价、最佳、最xx、独家、领衔、首发、第一"等最高级别的表述全部都禁止使用(图片或店铺均不可以)，还有累计销量、月销量等数据作为提高消费者的注意力，这些数据如果是真实的，就要提供相应的资料。比如说月销量过万件，就要把相应的信息上传，否则，被拒绝的可能性是很大的。

6. 图片禁止出现拼接

目前钻展的素材分为两种，一种是普通创意，一种是一级创意，所以对于图片的要求是很高的，在图片中出现文字丑陋、描边、纯文字、纯图案、纯外文描述等都是不能被审核通过的。

7. 产品描述夸大其词

钻石展位不能使用虚假的或者是没有办法判断真实性的描述，对于药品的功效描述，以及模特使用前后效果对比图，涉嫌夸大效果的，比如一瓶搞定、3天见效、7天美白等字眼。

8. 禁止使用的文案描述

钻石展位不能使用最后一天、仅此一天的促销文案，如果是真实的促销时间，应该把具体的日期写上去，比如11月11日、10月1–10月10日等。

第123招　最实用的钻石展位无线投放技巧

手机受屏幕所限，不方便进行比价，这在一定程度促进了理性消费转变为冲动消费，而且频率很高，而且手机端可以随时随地交易。也就是说在无线端购买的人群，一旦看中某商品，下单付款的犹豫时间会比PC端低很多。很多店主在2014年甚至2013年就开始重视无线端的钻石展位，并且尝到了无线钻石展位的甜头。

钻石展位是以图片吸引点击，如果无线端的钻石展位广告吸引一个访客点击了，而且该商品基本符合他的需求，那么他收藏购买的可能性会很大，基本不太会去比价。因此，我们要利用好这一点，优化创意，优化宝贝详情，那么无线钻石展位的点击率就不会太差。

而就手机淘宝来说，不管是从版本的更新频率还是无线端的支付宝成交金额来说都呈快速增长趋势。无线淘宝无疑将是 2015 的重头戏，手机淘宝将精彩无限，那对于卖家来说，无线钻石展位要从哪些方面着手呢？

（1）创意要适合无线端那种小尺寸展现，文案精简，文字、LOGO 要清晰。

（2)时间、地点根据无线端访客的来访时段、访客地域、以及访客的特点进行选择。

（3）通过对店铺定向原理的了解正确地选择目标店铺，并对目标店铺进行分类。然后根据类目、店铺情况决定是否使用种子店铺定向。

（4）根据无线端购买高峰、来访高峰来决定是否提高出价。

（5）做好主图手机化、首页优化、手机详情页优化等店铺细节，这样无线端店铺的流量和转化会得到明显的提升。

（6）手机专享价格目前是卖家用的最实用普遍的营销手段，将重点销售的宝贝单品的焦点图，通过 banner 创意画面第一时间抓住顾客的眼球，在无线店铺设立宣传专区，顾客可以轻松找到顾客所需要的商品，激发顾客的购买欲望。

（7）坚持投放，不断挖掘精准的新客，同时维护好自己的老客。

第 124 招　钻石展位广告位的选择

利用好淘宝的钻石展位，可以取得和淘宝直通车一样的效果，在淘宝付费推广中算是非常划算的一种推广方式。当然了要推广得好，就要掌握使用钻石展位的一些技巧，否则钱不比直通车花得少。

一般来说，流量大的位置都是在淘宝首页、我的淘宝等地方，这些地方很适合投放热卖的单品、促销活动等方面的推广。但是广告素材一定要有鼓动消费性，这样投入产出比会好些。

如果广告位流量不稳定，最好不要作为日常的投放广告位，可以以自己能接受的价格来投放，如果价格太高就暂时不要投放。

1. 和商品属性相匹配

其他频道的内页广告位可以根据产品的类目和价格等方面来进行挑选。在促销频道尽量来推广价格比较低的商品，还要注意相关性，如化妆品不要放到数码的频道去。

钻石展位是按 PV 收费的，精准投放更显得重要。钻石展位只要展示了就要收费的，如果你选的广告位不是你的目标受众集中的页面，打开你的广告位所在的页面的什么人都有，那无疑是一种浪费。

比如你做的是女装，把这个广告投放在淘宝网首页和在"女装 /"频道，哪个会更省钱、更有效果？首页流量巨大，但男女老幼都有，不管是不是受众，打开了首页就收钱。100 个人中或许只有 10 个人是想买女装的。而在"女装 /"频道中，来浏览的人一般来说都是对这个商品有兴趣的，有可能打开网页的 100 个人中有 50 个是潜在买家，比投放在淘宝网首页划算。当然，对于资金雄厚的大卖家来说，那就另当别论。

2. 和广告预算相符

广告投放在哪个位置，除了和商品类型有关外，还和广告预算密切相关。

每个展位都有最低日限额，如果你的预算低于这些广告位的最低预算，可以不用考虑。

对于展位的价值估算，有两种误区：一种是认为 CPM 越高，价格就越高，价格就越贵；另一种误区是认为流量越高，CPM 越低，这个展位就越有价值。

3. 和店铺经营状况相当

除了预算，买什么位置，要多少流量，还和自己的店铺经营状况有密切关系。

即使你的资金充足，可以一天买进 10000 个点击量，但如果你的店铺没做广告前只有几百个流量，而客服也只有一两个，对于这个流量店铺是承受不住的。因为一两个客服远远无法满足 10000 个流量下买家的咨询。建议每天由广告引进的流量比平时多 2 到 3 倍，这样还可以承受，以后再慢慢加大投入。

第 125 招　钻石展位广告图片技巧

钻石展位是按流量计费的广告形式，其效果又是通过点击率来估计的，点击率越高则说明广告效果越好，所以，图片是否吸引人，是否让看到的人有点击的欲望，则是广告成败的关键。有创意有吸引力的图片，能让你的成本降到最低。图片的形式上要精美而有冲击力，这样才能吸引人的视线；图片的内容上还要有卖点。最终目的并不是仅仅要别人欣赏图片，而是要别人点击图片，进店购买商品。

广告图片常常被大家所忽略，但却极为重要，拥有一个适合自己，凸显主题的广告图片就会给自己带来无限的收益。

很多人都没有意识到广告图片的重要性，大家都觉得自己可以做，虽然做出来不是那么好看，能用就行，虽然节省了开支，但是却大大制约了收入，如果广告图片可以展现店铺所要表达的东西，那带来的收益会远远超过上千元，甚至上万元，几十万元。

所以，在计划推广商品前，首先要找到你要推广的商品或店铺最吸引人的闪光点。然后用有冲击力的图片，把这个闪光点呈现在买家面前。如果你的图片普普通通，毫不起眼，很容易就被买家忽略；相反，如果它能一下就跳入买家的眼球，就有可能产生高的点击率。如图 8-17 所示的案例，图片很精美，但真正让人忍不住去点击的还是它的卖点，对此感兴趣的人很快就会被吸引住点击了。

图 8-17　精美的广告图片

广告文字不能太乱，只要包含主题、价格、产品就可以了，也可以加上一个点击按钮，或者加上一个时间能给客户造成紧迫感，来提高点击率。切记一定不要乱，站在客户的角度想想，要让客户一眼就能看明白。

第 126 招　好的钻石展位文案吸引点击率暴涨

淘宝开店不论是新开店铺，还是当店铺发展到了一定的阶段，真正决定店铺生存和发展的重要影响因素还是流量。钻石展位不只是大卖家的引流利器，只要合理运用好，其实淘宝上的所有卖家都是适用的。钻石展位因为是按展现付费的，点击与否都是要收费的，所以提高点击率才是你做钻石展位推广的重要工作，而影响钻石展位点击率的因素就是素材中的文案。

1. 折扣型文案

全店都参加折扣活动时可以这样使用文案"全店 X 折"，或者有一款产品折扣很低，可以"X 折起 / 最低 X 折起"。

如果折扣信息不大，也没有一款价格很低的产品。我们可以把折扣信息写为"立省多少钱"。比如有的产品原价 300 元，9 折出售 270 元，说 9 折给人的感觉力度不大，但是说立省 30 元，看起来是不是更有吸引力？

如图 8-18 所示"全场包邮 4 折起的"折扣型的文案。

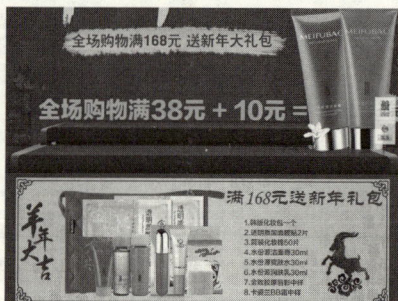

2. 赠品型文案

这类素材可以把赠品以平铺图的形式做出来，这样给消费者的感觉是很实惠，像他自己赚了一样。尤其是一些化妆类的商品会赠送小样或者是面膜之类的东西，最好在作图的时候把这些都展现出来，有一种堆积的感觉，这样很容易使人想到花很少的钱买很多的东西，突出数量和免费送。如图 8-19 所示赠品型文案。

图 8-18　全场包邮 4 折起的文案　　　　图 8-19　赠品型文案

3. 销量型文案

很多店可能既没有赠品也没有折扣，文案上该怎么突出？如果店铺销量高的话可以写出销量多少。最好是爆款的那种，人都喜欢买很多人买过的，这样才能放心，心里才会踏实。这里可以写月销售量或者是累计销售量，当然像图 8-20 所示 "淘宝销量第一防晒霜" 是非常吸引人的，感觉卖得特别火爆，不过要根据实际情况，绝不能夸大其词。

4．活动型文案

店铺有活动的时候，极力突出活动的大型影响力，如聚划算、周年庆等。建议用主标题（活动信息）副标题（促销力度）的形式。大型活动本身给人的感觉就是一定会有大力度的折扣，有大力度的折扣就很容易引起冲动型购买。所以在参加活动的时候一定注意在文案中突出店铺的活动信息。如图 8-21 所示抢年货活动促销。

图 8-20　销量型文案　　　　　　图 8-21　抢年货活动促销

5．口号文案

这种无非就是长期做品牌宣传的用户，在做素材的时候可以添加自己的品牌宣传语。比如："阿芙，就是精油！" "御泥坊：我的御用面膜"。这样适合在长期发展中使用，一遍遍的展示最终能够让消费者记住你的品牌才是最终的目的。这个过程中不宜更换口号，是一个长期定位和坚持的过程。如图 8-22 所示。

6．正品性质的文案

网购是否正品，这是买家经常关心的问题。有两种方法，一种是在素材中添加正品，然后又用专门的正品页面承接流量，告诉消费者我的为什么是正品，如何辨别真伪，给消费者洗脑。另一种方法适合旗舰店用，就是在所有素材的 LOGO 后面跟上旗舰店三个字，树立自己的官方形象。如图 8-23 所示正品性质的文案。

图 8-22　口号文案

图 8-23　正品性质的文案

7. 创意型素材文案

如果你有很好的美工，可以不按照上面的条条框框来制作素材。根据自己的思维，突出自己的卖点，来制作属于自己店铺宝贝风格的创意图片。这样的素材新颖度高，可以利用一些不知名的卡通的形象去展示出来，这样更能突出和表现。

最优秀的创意应该是文案跟设计融为一体的，抠出任何一部分看起来都比较平淡，

但是融和在一起就会很有创意。最好是在写文案的时候，脑子里已经有了设计的
模型，再交给设计去做，告诉设计怎么样去表现出来。

第 127 招　快速提升钻石展位点击率的秘笈

钻石展位点击率在广告投放时很重要，但是没有点击率何谈能给你带来流量和销
量。所以想要将钻石展位的能力最大化的话，就必须提升点击率，那么如何正确
地提升钻石展位点击率呢？

1．明确创意图片主题

钻石展位图片需要给买家呈现出清晰的主题，让买家知道你卖的是什么，比如你
的店铺主要是衣服，而钻石展位主图上却是鞋子，买家点进去是看中你的鞋子，
而进去后没有鞋子，这样点击会立马跳出。创意图最重要的是主图鲜明，画面简
单但重点突出。

2．一张创意图片一个宝贝

建议是尽量只放一款，不要觉得多放几款宝贝上去，买家可能会因为喜欢其中的
某一款宝贝而点击你的图片，其实这样做只会让你的广告图里面花花绿绿，且产
品缩小视觉效果会变差，买家只会无视你的小产品图，一张创意图只放一款宝贝
是最好的选择。

3．背景色选择

重要的原则：不要浅色调，一定要深色一些的。每个投放位置的上下左右都是各
种产品图片和文字，如果你选的是浅色调，那创意图上的产品和文字就是分离的，
你的创意的宝贝就和投放页面融合在一起了，难以引起买家的注意。如果选用深
色调，那在投放位置你的创意就是自成一块的，在买家的视野里占比也是比较
大的。

4．创意图上的宝贝和文字排列

创意图片的右半边是人视野容易触及的地方，是图片的重点展示区，如果文字更

动人，把文字放右边，如果图片更吸引人，把图片放右边。

5. 钻展文案的提练

首先要明确的是你的客户群体的特点和喜好，比如如果你卖的是高客单价的东西，就尽量不要去突出包邮，降价的主题，而是突出品质，产品最重要的特色等。而低客单价的东西，就要去突出性价比之类的。

6. 钻展创意图测试为准

设计好的创意图因为只有放到计划里测试了以后，你才知道怎么样的钻展图最受欢迎。你有足够多的图，才能测试出能达到你想要效果的创意。千万不要想当然地认为这张图肯定点击率不错，一切要以测试的数据为准。

第 9 章

参加供销平台扩大网店的规模

开淘宝店的人越来越多,但是其中有非常多的人虽然会开淘宝店,但是却没有好的产品,并且这样的人越来越多,淘宝供销平台是淘宝网专门为商家提供代销、批发的平台服务,帮助商家快速地找到分销商或成为供货商。

第128招　加入供销平台的好处

淘宝供销是指由淘宝研发提供的供销平台，用于帮助供应商搭建、管理及运作其网络销售渠道，帮助分销商获取货源渠道的平台。供销平台的入口是 http://gongxiao.tmall.com/index.htm，如图9-1所示。

图 9-1　淘宝供销平台入口

供销平台对供应商和分销商的好处分别如下。

1. 对供应商

（1）解决了推广销售难题，不必为商品找不到买家发愁了。供销平台的交易额每天都在不断攀升，不少供应商已经通过分销实现了销量的高速增长。如图9-2所示参加分销的商品销售额大大增加。

（2）解决了对代销商的管理难题，对代销商监控也加强了，库存、下单、打印发货都可以实现自动化，大大简化了流程。

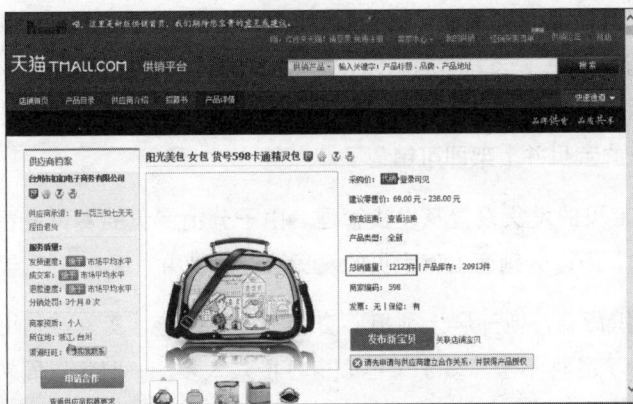

图 9-2　参加分销的商品销售额大大增加

2. 对分销商

（1）彻底解决了货源问题，淘宝网的供应商非常多，分销商现在不必担心找不到货，更不必担心找到的是赝品。他们可以随便挑选商品，信息非常透明。如图 9-3 所示淘宝供销平台的供应商。

图 9-3　淘宝供销平台的供应商

（2）不必再查库存了，对商品的上架、下架、缺货、补货都变得非常容易了。

（3）分销商可以直接引用分销宝贝的图片及商品描述文字。一般情况下，淘宝掌柜在宝贝上架后都要对宝贝进行详细的分类，并将宝贝尽可能地进行细致的描述，以便自己的宝贝能让买家尽快找到，所以需要花大量的时间和精力在编辑宝贝方面。分销则避免了这方面的问题，一般供应商都有专业的团队来处理宝贝图片的拍摄、后期修改，商品描述等，分销商只需要将宝贝下载后在自己的仓库管理中选择对应的宝贝并上架即可销售了。

（4）省去了宝贝的发货设置及发货管理。由于分销宝贝的发货设置是上级设置成自动状态的，所以分销商上架宝贝的发货管理都是由上级在直接控制和管理的。

（5）不用囤积货源，新开店无须担心资金压力及风险。卖家可别小看了货源这方面，宝贝少了品种不全，多了又担心资金投入太多，一时难以周转。而且刚刚开店很难准确判断哪些产品畅销，而网络分销使卖家不再担心商品质量、不再担心交易风险。

（6）不会再为单一发件而产生快递费用过高的烦恼。在淘宝开店的人都知道，每天单量多自然有资本和快递公司洽谈运费，为自己争取到最大限度的优惠。一般新手开店，刚开始生意肯定不会那么火爆，那么每天一两单，快递公司肯定不会让利太多。参加网络分销的供应商一般销售量都很大，能节省大量的快递费。

（7）分销商只需要做好服务、店铺的特色化和推广就行了。

第129招　选择什么样的商品进行分销

网上开店的核心和前提是商品，不是什么商品都适合做分销的。以下的一些商品是适合网络分销渠道的。

1. 品牌知名度较高的平民化商品

因为知名度高，因为平民化，所以市场空间足够大。新品牌或不知名品牌不是不能做网络分销，而是做起来非常艰难。

2. 标准化程度高的商品

什么是标准化商品？就是可以实现工业化量产的商品。因为标准化程度高，所以你的渠道客户不需要深刻地了解商品，从而极大地降低了销售门槛。这点非常重要，因为渠道客户无法接触所有实物，所以对产品的了解就只能通过商品的标准化信息来传达。

3．有足够的商品库存

库存宽度，是指商品款、色、码的种数。库存厚度是指某一款、色、码的件数。如果库存宽度太少，那就要求商品热卖，如果库存厚度不够深，那么当出现爆款的时候，你损失的潜在收入就大了。库存厚度要视品牌商的实力和规模，还有库存情况。

4．单价不能太高也不能太低的商品

目前国内网民对单价过高的商品还是心存疑虑，这是客观事实。如果客单价太低，那么你的下游利润空间太小，他们也不太会有动力去卖你的商品。

5．绝对利润不是太低的商品

一般情况下，绝对利润很低的商品基本可以不用考虑分销，除非可以销售出千万级别的量来。

第 130 招　怎样才能扩大网络分销

如何成为最受欢迎的供应商，利用分销迅速扩大自己的品牌知名度和市场占有率呢？经过对大量分销商的了解，总结出以下经验。

1．让利

只有让分销商赚到钱，他们才会卖力地销售你的产品。如果分销商的利润很低，就不敢轻易去做促销和推广。

2．货源稳定

不能经常缺货断货。在淘宝人气分很重要，分销商好不容易打造出爆款，供应商那边却说没货断货了，这种打击对相当一部分分销商来说是致命的。

3．描述跟实物要相符

我们追求图片的质量，但描述一定要足够真实，不然买家收货后发现实物和图片差别太大，最终还是会找分销商的麻烦。随之而来的就是中差评和不良口碑，使分销

商失去客户。大多数情况下，分销商看不到供应商的产品，只能通过描述来了解。

4. 产品管理

供应商的产品分类一定要清晰明确，做好商品编码，以便分销商查询。产品的类目和属性一定要正确、完整，这些是分销商无法修改的，一旦类目属性错误，分销商会失去很多淘宝搜索免费优质的流量，甚至被判违规处罚。

5. 有诚意

有些供应商在产品描述里，到处是供应商自己店铺的广告信息，让分销商给做广告；甚至会在宝贝描述里加入自己店铺的隐形链接；或者供应商在给买家发货时，把自己的店铺信息和联系方式给买家，买家下次购买时，可能直接就去找供应商了。

6. 发货时间和发货速度

供应商应该明确发货时间，如果供货商没有按自己定好的时间准时发货，产生的问题责任应该主动承担。一般在 24 小时之内发货，越快越好。大多数买家都很看重发货速度，速度跟不上，网购的快捷就失去了意义。

7. 保证在线时间

供应商在线时间不稳定。这个就直接导致有买家询问的时候分销商不知道有没有货。加上有的供应商库存信息更新跟不上，有时候买家拍下了又没有货。这会直接影响店铺服务质量，导致客户流失。

8. 监督管理分销价格体系

很多供应商的分销之路，毁于分销价格体系的混乱，造成内部分销商之间的自相残杀。

9. 敢于承担责任

供应商、分销商、买家之间，出现矛盾是不可避免的。问题出现了，不要相互埋怨和推卸责任。要及时沟通和积极解决问题，要把争议和纠纷降低至最小化。力争做到让买家购物满意，让卖家轻松省心销售。供应商作为领头人，应该敢于主动承担责任。

第131招　供应商加入淘宝供销平台

供应商入驻后开通供货功能，招募淘宝或者天猫卖家为其分销商，供应商入驻供
销平台方法如下。

登录 http://gongxiao.tmall.com/index.htm，单击"我要入驻供销平台"，如图
9-4 所示，进入如图 9-5 所示的入驻申请页面，单击"供应商入驻"按钮，此后
根据提示一步步操作可以成为供应商。

图 9-4　单击"我要入驻供销平台"

图 9-5　单击"供应商入驻"

第132招   写好吸引力的招募书

在天猫供销平台，供应商想要招募到分销商，首先就要在平台上发布一篇公告，用来向分销商介绍自己的品牌背景、产品优势、分销商合作政策、资格条件以及相关流程等，是供应商向分销商说明自己立场与需求的第一沟通环节，所以，优质的招募书能够吸引优秀的分销商与你合作，因此在内容上要注意合理表述。

一份优秀的招募书必须有公司名称、品牌、自身优势、分销商申请条件、分销商激励政策、折扣措施、支持政策、售后服务、产品优势、联系方式。在这些条件都具备了后再进行招募书的美化工作，色彩不可偏杂，选择同一种色系，排版规整，字体统一并有意识地突出重点，适当插入图片，让整个招募书图文并茂，给客户有看下去的想法。如图 9-6 所示是个优秀的招募书，有自己的特色和吸引力。

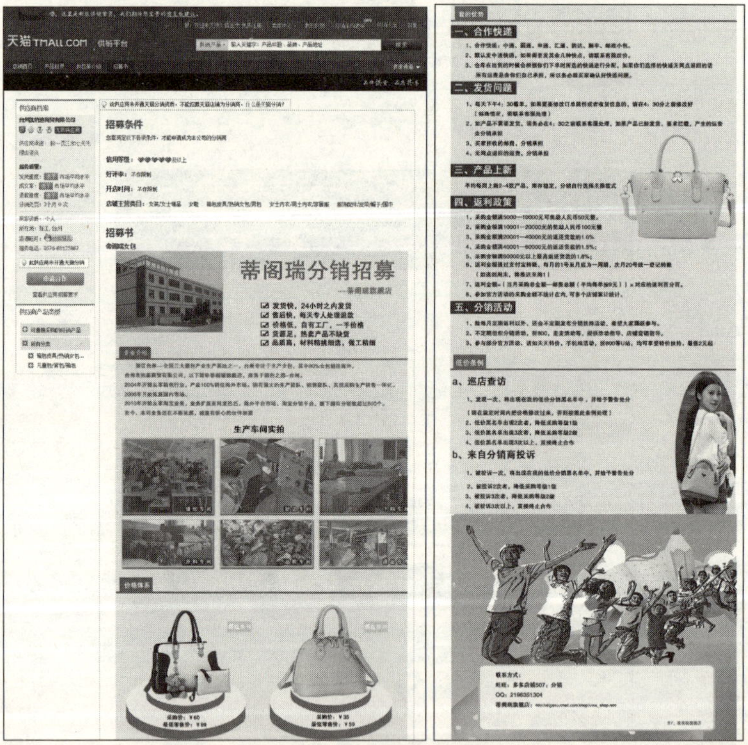

图 9-6   优秀的招募书，有自己的特色和吸引力

结合优质供应商的心得以及自身积累的经验，总结出优秀招募书必备的七个基本要素。

（1）公司名称、品牌。

（2）品牌自身优势。

（3）分销商申请条件。

（4）分销商激励政策。

（5）售后服务。

（6）产品优势。

（7）联系方式。

第133招　分销商如何寻找供应商

很多新加入的分销商，在进入供销平台后，不知道如何找到代销的商品和供应商，导致进入供销平台后，无所适从。下面讲述怎样找到供应商，具体操作步骤如下。

（1）通过搜索找，在供销平台首页的右上角，可以通过选择分别搜索到产品和供应商，如图 9-7 所示。

图 9-7　通过搜索查询

（2）也可以通过首页左侧的商品分类，快速找到需要代销的商品类目，如图 9-8 所示。

（3）通过上面的搜索和分类引导，可以快速地看到符合要求的商品列表。可以单击商品后面的"招募书"，如图 9-9 所示。

图 9-8　通过商品分类寻找

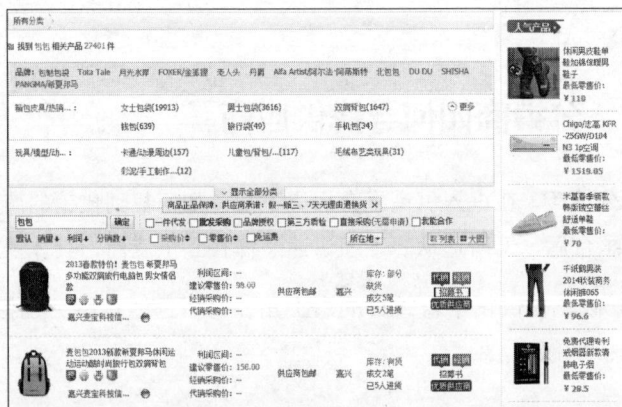

图 9-9　商品列表

（4）不要着急申请，先看看供应商的招募书，招募书是供应商招募分销商的最主要的介绍。一般包括：公司产品信息、加盟资格、分销商等级、利润分配、扶持政策和招募条件等，如图 9-10 所示。系统会自动检查是否有资格申请，只要分销商在登录状态下，查看供应商的招募信息，系统会自动检查分销商的信用等级、好评率、开店时间及类目是否符合你正在查看的供应商的要求，如果符合条件，单击"申请合作"。

（5）直接进入申请加盟和协议勾选页面，单击"提交申请"按钮，如图 9-11 所示。单击"提交申请"后，将弹出提交申请成功提示信息。

图 9-10　供应商的招募书

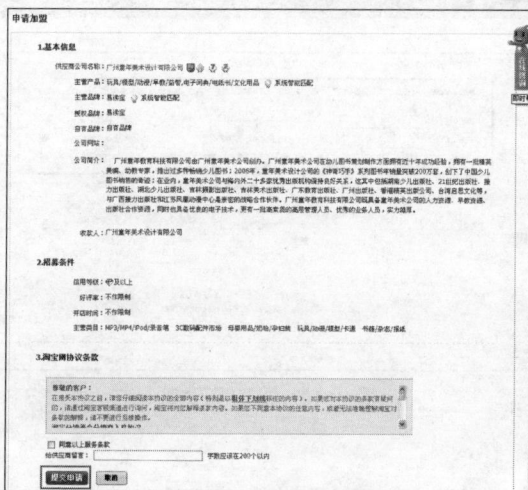

图 9-11　申请加盟页面

（6）登录淘宝后，单击"供销平台"|"我的分销"|"供应商管理"下的"我发出的申请"，可以看到申请的供应商信息，如图 9-12 所示。

（7）采购单管理主要是用于分销商统一处理发出的采购信息。系统会对查询条件预设为：等待付款、待确认收货、退款中、已付款、采购完成、已关闭等状态区分，在下方还会有根据采购单编号、采购日期开始日和截止日等多个信息进行查询。如图 9-13 所示。

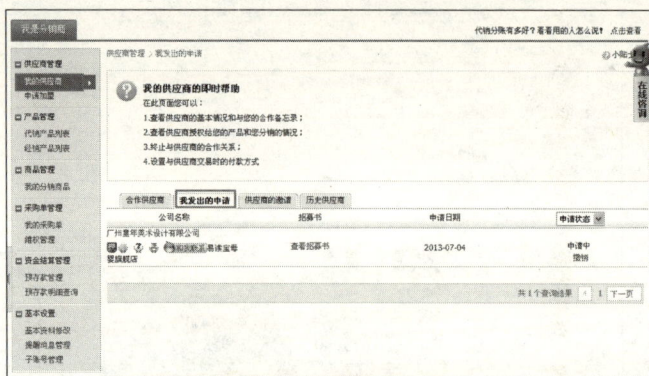

图 9-12　看到申请的供应商信息

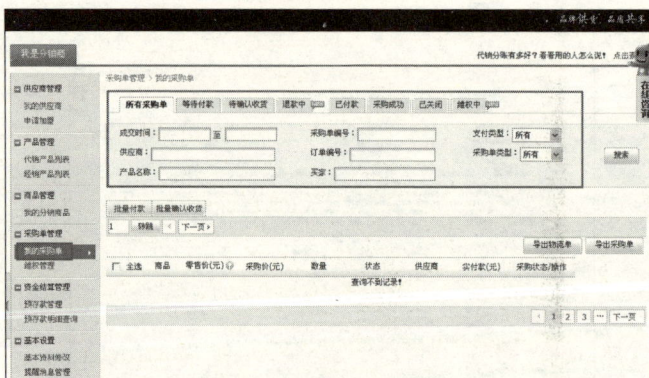

图 9-13　采购单管理

第 134 招　怎样挑选适合自己的供应商

对于初次接触淘宝网的新手卖家来说，选择做分销商无疑是最明智的选择，能够以最小的投资来换取宝贵的淘宝经营经验。作为分销商，很有必要了解怎样选择适合自己的供应商。

1. 行业类目

作为淘宝店主，我们有自己所擅长的主营行业，对于供应商的选择，选择自己熟知的行业供应商是促进自身成长及提高店铺交易的必备条件。

2. 考察优质供应商销量以及分销商数量

优质供应商的产品是比较具有竞争力的，销量和进货的人数通常也不会少。所以先按照销量降序排列，看看排名靠前的产品销量和进货人数怎样。平台会显示最近30天产品的分销销量，而进货人数是一直累积的。接下来对产品销量进行验证。在淘宝平台上搜索品牌名看看淘宝上分销商店铺有多少，销量大的分销商店铺销售情况如何，大致统计下相关产品的实际销量能否匹配这个数量。此外供应商的产品数量不能太多，产品线太长备货压力会非常大，库存保障很难实现。相对而言，小而美的供应商会更适合合作。供应链的反应相对也更快捷。

3. 产品种类

在供销平台上，大家会看到很多不同产品的供应商，有专注某一个产品方向的供应商，也会有产品较为全面的供应商。选择产品种类多的供货商，这样可选择的余地大很多，顾客的选择多了，成交的几率也就大。根据自己的发展需要，挑选与店内所售产品最匹配的代销产品。

但有一点必须注意的，不要选很多不同类别的商品，这样店里什么都有，像个杂货店，选同类的商品，做专业化比较适合新手店铺。

4. 是否有足够的利润空间

当然利润空间也是必须足够的。这点需要参考自己店铺日常运营费用，看供应商所提供的利润空间是否足以支付自己的运营费用，然后还有盈余。如果可以，那就加以关注并详细了解该供应商的招募书。

5. 产品质量

保障买家权益，保证产品质量，是分销商和供应商合作的前提。分销商务必就产品质量问题与供应商深度交流，避免后续时常出现纠纷等一系列恼人问题的产生。

可以从供应商先订购一件商品，这样就可以看到实物了。可以将实物和网上的商品照片对比，如果质量、款式等都很吻合，那么，这家供应商就是比较"安全"的，可以放心做代销。

6.　产品库存充足

产品的库存一定要充足且更新及时。对于分销商来说，把产品的人气做起来不容易，当刚刚有起色时，供应商缺货又无法补货时，无疑是件痛苦的事情。或者好不容易接到单，到了供应商那里却因为库存更新不及时，已经缺货却得不到通知，也会面临同样的无奈。所以在选择供应商的时候，一定要考察其实力是否足够雄厚以及库存更新是否专业。

7.　商品描述

有人说过，网络市场之所能成功销售在于商品描述的好与坏，当买家看不到实物的时候描述对销量的作用将发挥得淋漓尽致。要求供应商提供部分完整详细且富有细节图的同时，后期的自身的描述修饰也非常有必要。

代理的产品，在平台下载完毕，有时间最好自己给宝贝修改名字，可以在淘宝搜索看看最近同类型的产品哪些比较热卖，哪些字眼是买家在购物搜索时常常搜到的，给自己的宝贝加一个特别的名字，可以避免和其他分销商的产品同名，加上买家热门搜索的字眼进去，可以大幅度地提高宝贝被搜索到的概率。

8.　关于招募书

看供应商的招募书写的是否详实。一般连招募书都没写，或者写得非常简单，这样的供应商要么很懒，要么没空写，基本上对分销不会太重视，或者根本就没时间去管理分销。此类供应商要谨慎选择。

9.　供应商是否开启相关服务标记

品牌授权、消费者保障、7 天无理由退换货、正品保障、质检等标记开通得越多，相对越有保障。

10.　供应商的服务质量

在供销平台上都有展示，也是一个重要的参考依据。是否具有完善的分销商管理制度，供应商的活动支持力度，奖罚，配合提供装修素材等日常管理制度是否在招募书中有所体现。当然这方面的东西，更多的是在日后合作中才能知道。

11. 运费优势

确保供应商的运费低于市场平均费用，为销售的畅通铺平道路。有些供应商的邮费比所有卖家的邮费都要高，这样的不要选。

12. 尽量选择在淘宝有店铺的卖家

这样的卖家在线时间长，好沟通。有些大卖家经验很丰富，可以给你不少的帮助。但也是相对的，因为作为淘宝的大卖家每天是很忙的，不能经常指望人家去教你怎么做，还得靠自己主动去学去做。

13. 主动出击

需要仔细了解供应商的分销条款，要好好研究下，看是否合适自己。选择好提交了代销申请以后，一定主动地联系供应商留下的客服旺旺，首先可以通过简单的聊天之后加深对方对你的印象，主动出击的好处在于，申请的人很多，光看旺旺名称和简单的资料介绍，一不小心就被排除在审核名单之外。另外如果对方的客服态度冷淡，对于你的招呼和咨询爱理不理的，还是早点选择放弃该供应商为好。

第 135 招　避开网络代销骗局

随着淘宝网店的兴旺，网店代理也越来越多，"一件代发"的广告比比皆是。对于想开网店又找不到货源的朋友来说，这是一种好的经营模式。但是有利就有弊，很多人就是抓到了这部分人的心理，开始设置他们的骗局。因此在这给大家一些建议，不要轻易相信。

（1）不要随便地相信任何 QQ 或是旺旺上给你发来的代销代理的消息，就算是免费代销的也要多加小心，因为这里面多数暗藏陷阱。

（2）如果是代发货，但不支持线上、不按正规流程交易的，不要做他们的代销，因为一旦遇到纠纷，只害怕最不利的是你。

（3）看该公司是否要求预存款。很多假冒网络代销公司都是以预存款的形式进行行骗的，他们一开始就要求交几千块的预存款，如果遇到这种公司就要注意了。

（4）对于自己不熟悉的产品，在没有详细了解之前不要轻言代销，以免发生纠纷让自己陷入尴尬地位。

（5）看该公司能不能用支付宝担保付款。就像我们在淘宝买东西一样，使用支付宝付款，这样对双方都很公平。如果代销公司不支持支付宝付款，而是必须打到他们银行卡上再发货，这类公司也要小心了。一般正规的公司都是可以用支付宝担保付款的。

（6）过于低价的名牌，一定不要做他们的代销，因为很多都是假货或次品。

（7）看商品是不是实物拍摄。正规网络代销公司会拍摄实物并且有细节图，产品资料也是齐全的。而一些骗子公司会从网上找一些图片，或者拍摄杂志图片，这样的代销公司基本上就是空壳子。

（8）看退换货制度是否合理。一般的代销公司都有合理的退换货制度，并且不会收取不合理的手续费。而骗子公司以次充好，还不给退货或者要收取相应的费用，这样的公司也要注意了。

（9）如果你想做代销，一定要看好他们是否有售后服务，以免上当。

（10）代销前要知道详细的实物质地、颜色、性能等重要信息。

（11）看是否可以拿到最近发货的快递号。在加盟前，最好是和联系人要最近发货的快递号，这样可以看商品流通的情况，还可以知道是否是骗子公司。一般正规的卖家都会给的，要是骗子公司肯定不会给的，因为压根他们就没有。

（12）不要接受来路不明的虚拟商品类代销。例如 Q 币充值、QQ 秀、QQ 会员服务。因为这些多数都是偷来的，一点安全保障都没有。

第 136 招　供应商怎样做好规划

1. 价格规划

价格作为分销最为关键的要素，也是分销商最为关心的一个问题。针对价格规划，我们分为两个部分，供货价格和销售价格。一般供货价我们有两种模式，一是全部统一供货价，然后按照月度的进货金额给与返点。二是给与不同等级的分销商不同阶梯式的供货价。返点部分根据不同等级达成销售额给与返点激励。销售价格的话，一般都是采用统一零售价区间的方式以维护品牌价格体系。

2. 渠道管控

渠道管控主要表现在货品和价格这两大方面。针对乱价的行为进行处罚措施，做到有奖励也会有处罚，一切都有原则。

3. 激励措施

为了提升分销商的积极性，成熟的分销体系一定要包涵激励政策。给到分销商在同行业中居于较高水平的返点数，促使经销商有较大的销售积极性。一般激励方式主要有：达量返点、广告投放支持、达量服务支持（美工，客服等），淘宝活动支持（货品，价格）。完成月度销售任务后，可享受销售奖励政策，奖励直接抵冲货款。

4. 分销商数量策略

培养一定数量有较高销售能力的核心分销商，支撑店铺 70% 以上的稳定流量，在此基础上，发展一定数量的边缘分销商，以稳定整体曝光和销售。

第 137 招　邀请分销商加入

怎样邀请分销商加入呢？

（1）进入供销平台页面，单击"分销商管理"——"邀请分销商合作"，如图 9-14 所示。

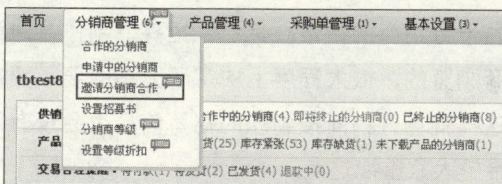

图 9-14　单击"邀请分销商合作"

（2）输入需要的分销商 ID，邀请即可，如图 9-15 所示。

（3）弹出确定要邀请的分销商信息，单击"立即邀请"按钮，如图 9-16 所示。

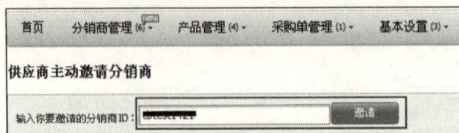

图 9-15 输入需要的分销商 ID

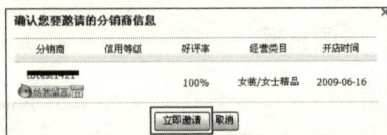

图 9-16 单击"立即邀请"按钮

第 138 招 供应商如何做才能使利润最大化

淘宝分销不仅得到了广大供货商的青睐，而且让很多没有货源的卖家也看到了希望。淘宝分销平台如何做才能使利润最大化呢？

（1）首先，主营类目一定要明确，凡是跟自身经营的产品有关的类目，一定要选择，因为这样对于搜索是很有利的。很多分销商是通过平台首页进行搜索，或者点击平台首页的类目搜索来进行供应商的搜索的。

（2）完整的主营品牌和公司的简介。这两个选择必须完整，要不然分销商进行公司名称搜索，或者品牌搜索的时候，由于没有相关的关键字在里面，所以依然会搜不到您的招募信息。所以建议在这两项中，要写清楚品牌的资料，公司的资料，以便于分销商的搜索。

（3）优化招募信息。分销平台的招募信息是由两个部分组成的，一个是招募书名称，另一个是招募书。

首先，招募书名称的设置，是非常讲究的，一定要设置一个跟您品牌非常相关的关键词，这样才更利于分销商的搜索。其次，招募书制作，建议要图文并茂，因为招募书是供分销商浏览的，很大程度上决定了分销商要不要在您这里申请，如果招募书很难看，这样就算分销商搜到您的招募信息也会没有用，最终之前的工作也会浪费，所以希望大家重视这点。

第 139 招 挑选适合自己的分销商

近年来，随着电子商务的高速发展，网络分销被广泛看好。对于传统品牌厂商来说，渠道控制能力和品牌管理能力是十分重要，他们希望能够实现网络有序的分销模式，在同行业内率先树立网络营销的标杆。一般情况下在筛选分销商的时候需要通过下面几个方面的信息来进行综合参考。

（1）分销商店铺的所属类目：店内商品或品牌的主要方向。考察分销商与供应商的匹配程度是双方深入合作的前提。

（2）要确立规范的代理运作体系：如果没有一个正式的代理制度，不仅会增加供应商的工作量，也容易出现纠纷，从而影响双方的合作诚意。

（3）要规范市场价格：代销商大量涌入后，如果不规范价格，势必导致原有的价格体系变得混乱，因为他们没有风险，而且可能很多为了赚取信用，就以低价出售，这样的话就会使品牌贬值，不利于品牌的健康发展。

（4）分销商成交量：通过信用评价来判断分销商每周、每月的成交量，可以看出分销商经营淘宝的经验和能力。虽不准确，但可作为大致的参考标准。对于部分店面经营时间不长，信用等级稍差但拥有很大潜力的店铺，此项是较佳的考察信息。如图 9-17 所示分销商最近一周的成交量，如图 9-18 所示最近一月的成交量。

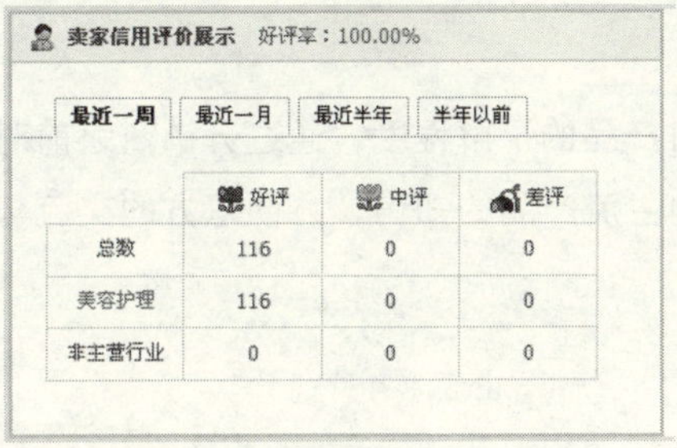

	好评	中评	差评
总数	116	0	0
美容护理	116	0	0
非主营行业	0	0	0

图 9-17 最近一周的成交量

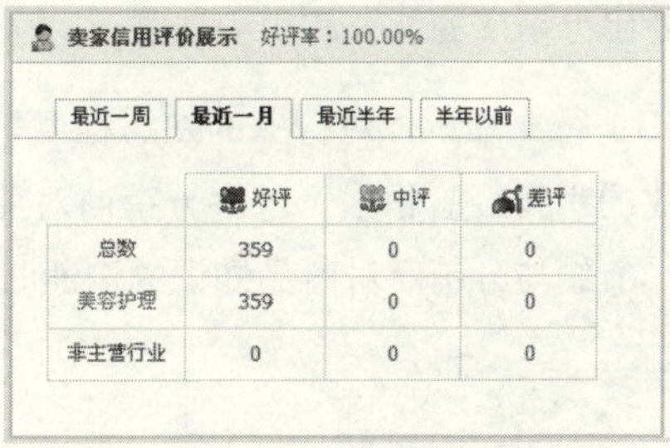

	好评	中评	差评
总数	359	0	0
美容护理	359	0	0
非主营行业	0	0	0

图 9-18 最近一月的成交量

（5）在线时间：分销商一天中旺旺在线时段及在线时间的长短，开通多少个子旺旺，反应了分销商对淘宝经营环境的方便性和重视程度。

（6）分销商店铺的信用等级：信用等级的高低代表分销商的经营能力以及对网络销售的了解程度，如果累积信用中包含实物与虚拟信用，实物交易的信用比例要占全部信用的 70% 以上，而且还要了解分销商家是否有炒作。

（7）不能盲目地发展代销：一是要审核他们的资质，看符不符合规定的要求。资质不仅仅要看店铺的信誉，也要看他们的销售管理能力；二是要与他们进行一定的沟通，了解分销商的品质等，因为他一旦代销了自己的产品，分销商即代表了商品品牌形象。

（8）收藏流量：分销商店铺现有收藏人数、每天的店铺流量，流量越高则商品曝光力度越大；收藏越多，粘度越高。

（9）买家评价：买家对分销商的评价，顾客对卖家的服务评价内容、服务态度，好评率要求达到98%，好评率对成交业绩非常重要，同时也会影响到店铺和品牌形象，也反映了分销商的用心程度。

（10）装修风格：从侧面反映了分销商对淘宝的操作能力及重视程度，淘宝打理知识和基本技能。

（11）销售技巧：店铺内的促销手段，满就送、限时折扣、推广技巧、直通车、淘宝客，淘宝社区中发贴数量和频率，加入了哪些组织。

（12）注册时间：这个并不是决定性的因素，但结合等级、好评率，就可以大致判断出分销商的能力和用心程度。

（13）行业知识，对行业的熟悉程度，对产品的了解程度，通过分销商之前对此行业的销售经验积累，考察分销商对业内主流产品的知识，方便双方的交流与沟通，节约与分销商对商品知识的沟通时间。

第 10 章

直通车精准推广

直通车是为淘宝卖家量身定做的一款精准推广工具，卖家可以通过类目推广、
活动推广、计划推广实现宝贝的精准展现，从而为网店引入精准的流量。当然，
想引入精准流量，就要学习一定的开车技巧，本章就带领大家一步步认识直
通车、了解直通车直至掌握直通车的开车技巧。

第140招　什么直通车推广

淘宝直通车是由阿里巴巴集团下的雅虎中国和淘宝网进行资源整合，推出的一种全新的搜索竞价模式。直通车竞价结果不仅可以在雅虎搜索引擎上显示，还可以在淘宝网以全新的图片＋文字的形式显示和展示。每件商品可以设置200个关键字，卖家可以针对每个竞价词自由定价，并且可以看到在雅虎和淘宝网上的排名位置，并按实际被点击次数付费。

淘宝直通车推广原理是根据宝贝设置的关键词进行排名展示，按点击进行扣费，具体过程如下。

（1）如果想推广某一个宝贝，首先为该宝贝设置相应的关键词及宝贝标题。

（2）当买家在淘宝网通过输入关键词搜索商品，或按照宝贝分类进行搜索时，就会展现你推广中的宝贝。

（3）如果买家通过关键词或宝贝分类搜索后，在直通车推广位点击你的宝贝，系统就会根据你设置关键词或类目的出价来扣费。

直通车账户对于推广宝贝的数量没有限制。可以根据自身需求进行选择推广宝贝的数量，建议可以率先推广店铺中的优质宝贝，同一类型的宝贝尽量不要重复推广。

第141招　直通车推广的宝贝展现在哪里

淘宝直通车是为淘宝卖家量身定做的推广工具。广告位极佳，在淘宝网多处位置显示广告，流量巨大。那么直通车商品具体展示在哪里呢？也就是我们常说的广告图片或者信息会在哪里被买家所看到。下面具体介绍宝贝的展现位置。

（1）当你使用淘宝直通车推广某个宝贝的时候，先为此宝贝设置相应的关键词和推广展示标题。打开淘宝网首页（http://www.taobao.com），"搜索宝贝"中输入购买的关键词，点击搜索。例如"鞋子"或者直接点击页面的类目进行搜索，搜索结果页面右侧的"掌柜热卖"展示位就是直通车的展示位，如图10-1所示。

图 10-1　右侧"掌柜热卖"展示位

（2）不但在搜索结果页面的右侧有广告展示，在搜索结果页面的下端，也会相应出现广告位。如图 10-2 所示搜素结果页面下方展示。

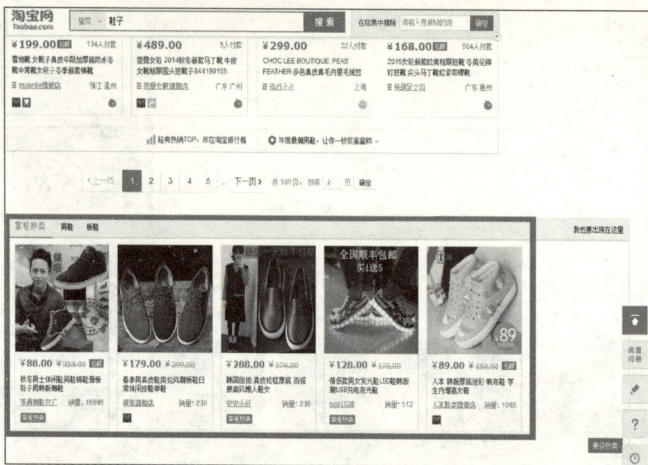

图 10-2　搜索结果页面下方展示

（3）利用宝贝类目搜索。当买家不使用关键词搜索，而是直接进入我要买或者淘宝首页，单击宝贝类目中的子目录，如"折叠车"，如图 10-3 所示。在搜索的列表页面中，右侧"掌柜热卖"的位置就是直通车的广告位。

图 10-3　单击宝贝类目中的子目录

（4）天猫直通车的展示位置在搜索结果页面最下方推广位置，显示为"掌柜热卖"，只要是天猫客户，且已加入淘宝直通车，就有可能在该位置展现。展现逻辑与淘宝主搜索的页面保持一致，如图 10-4 所示。

图 10-4　"掌柜热卖"

第142招　直通车搜索营销按词推广，精准匹配

搜索营销指的是卖家通过设置与推广商品相关的关键词和出价，在买家搜索相应关键词时获得推广商品展现与流量，卖家按照所获流量（点击数）付费，进行商品精准推广的营销产品。卖家加入淘宝直通车，即默认开通搜索营销。

一个宝贝可以设置 200 个以内的关键词，在选择直通车关键词时，把和宝贝相关的品牌、颜色、款式、型号、用途、产地、质地、功效、适用人群、流行元素等不同角度的中心词先想出来，才能尽可能地涵盖这个宝贝的有关词，同时还要根据各种买家的搜索习惯组合。

1. 展示位置

关键词搜索结果页面右侧"掌柜热卖"区域、关键词搜索结果页面下方"掌柜热卖"区域、类目搜索结果页面右侧"掌柜热卖"区域、类目搜索结果页面下方"掌柜热卖"区域。

2. 展现规则

淘宝直通车目前的排名规则是根据关键词的质量得分和关键词的出价综合衡量出的商品排名；质量得分主要用于衡量你的关键词与宝贝推广信息和淘宝网用户搜索意向之间的相关性。可以参考淘宝直通车系统里的智能预测工具结果，更加有针对性地优化你的推广内容，在提升潜在买家有效访问流量的同时，提高访问质量，让你的热销宝贝脱颖而出。

3. 扣费方式

按点击计费：买家搜索一个关键词，设置了该关键词的宝贝就会在淘宝直通车的展示位上相应出现。当买家点击你推广的宝贝时，才需付费，淘宝直通车才会进行相应扣费。根据你对该关键词设置的价格，淘宝直通车的扣费均小于或等于你的关键词出价。买家通过类目浏览，如看到你的宝贝出现在淘宝直通车展现位上，买家点击时，才产生扣费，扣费均小于或等于你的类目出价。

> 淘宝直通车每个宝贝可以设置几个推广标题？
>
> 淘宝直通车每个宝贝可以设置两个推广标题，两个标题都有机会被展示。添加标题的当天，系统会轮流展现两个标题，之后会根据各项参数，调整展现几率，如点击量、点击率等较高的宝贝展现几率会逐步增多，同时另一个标题展示几率会相应减少。两个标题的功能是为了提高宝贝的展现质量，由系统辅助帮你获得更多点击量，每次只展示一个标题。

第 143 招　直通车定向推广人群定向，流量更准

定向推广依靠淘宝网庞大的数据库，构建出买家的兴趣模型。它能从细分类目中抓取那些特征与买家兴趣点匹配的推广宝贝，并展现在目标客户浏览的网页上，帮助你锁定潜在买家，实现精准营销。

例如：有一买家喜欢波西米亚蕾丝花边连衣裙，那么当此买家来到定向推广页面时，系统就会在连衣裙类目里选出具有波西米亚、蕾丝、花边特征的宝贝展现给此买家。

1. 定向推广优势

定位精准，转化率高：以宝贝找人，数十万个兴趣节点判断意向买家，转化率更高。

流量丰富，收藏量多：23 个展示位，每天吸引 2 亿流量。

操作便捷，省时省力：选好位置，定好出价，设置人群，3 步轻松获得精准流量。

2. 展现规则

宝贝出价、推广质量、宝贝属性和买家兴趣匹配等因素正面影响着定向推广的展现量。

出价：这里的出价指的是综合出价，是通投出价、单独位置出价、人群维度加价和分时折扣的综合结果。

推广质量：主要包含宝贝和类目相关性，宝贝点击率，以及宝贝点击转化率等其他反馈因素。

宝贝属性点和买家兴趣匹配：需要通过优化宝贝标题和属性，使之能更好地匹配买家的需求。

3. 展示位置

我的淘宝—已买到的宝贝—热卖单品、收藏夹页—热卖单品、订单详情—热卖单品等；淘宝站外的十多家优质的合作网站中也有定向推广的展现资源。如图10-5 所示"我的淘宝 – 已买到的宝贝"最底部的热卖单品推广展示的商品，每天流量超 3000 万。如图 10-6 所示订单详情—热卖单品展示的商品，每天流量超 1000 万。

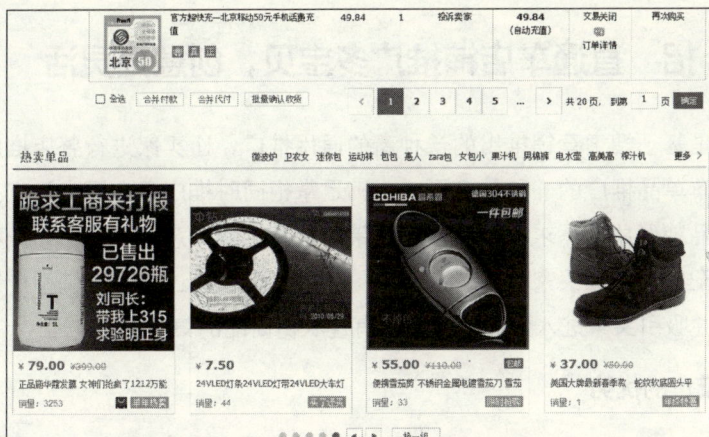

图 10-5　我的淘宝—已买到的宝贝—热卖单品

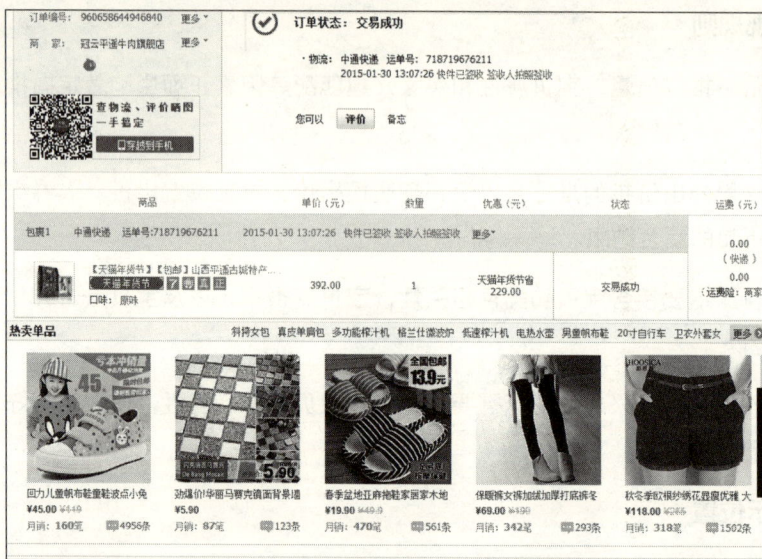

图 10-6　订单详情—热卖单品展示的商品

4. 扣费方式

按点击计费：开通直通车后，定向推广按点击扣费，根据为宝贝设置的定向推广出价，单次扣费不会大于出价。

第 144 招　直通车店铺推广多宝贝，创意更灵活

店铺推广是基于搜索营销推出的一种新的通用推广，让卖家进行整店推广。它是淘宝直通车单品推广的一种补充形式，满足掌柜同时推广多个同类型宝贝、传递店铺独特品牌形象的需求，特别适合向带有较模糊购买意向的买家，推荐店铺中的多个匹配宝贝。如买家搜索"连衣裙"，你就可以通过淘宝店铺推广位展现店铺形象，并吸引买家进入到你店铺中所有连衣裙商品的集合页面。

1. 店铺推广的优势

营销活动好助手：满足年推广多个宝贝或者全店推广的需求，是单品推广的有效补充。

品牌打造新阵地：店铺推广大图展现，实现品牌传递与效果营销双丰收。

流量拓展新形势：每天 1.5 亿的流量，为你拓展更多淘宝站内流量。

2. 推广方式

使用店铺推广，可以推广除单个宝贝详情页面外的店铺任意页面。包括分类页面如图 10-7 所示、宝贝集合页面如图 10-8 所示、导航页面如图 10-9 所示。可以通过为店铺推广页面设置关键词的方法，为店铺带入更多的精准流量。

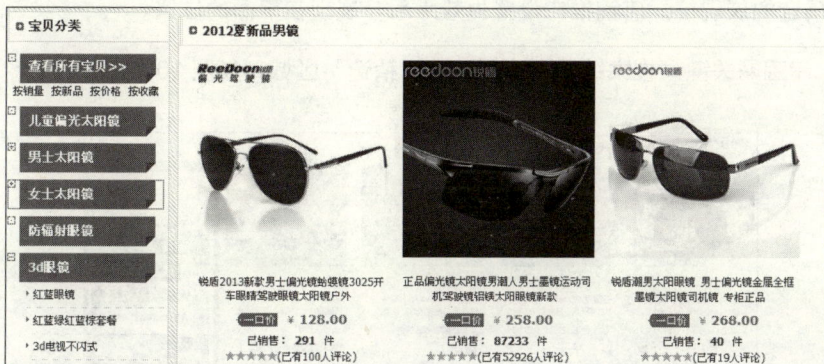

图 10-7　分类页面

图 10-8　宝贝集合页面

图 10-9　导航页面

3. 展现位置

店铺推广的展现位在哪里呢？参加了淘宝直通车店铺推广的页面即有可能出现在店家精选的展现位。店铺推广设置生效之后，展现在下面的位置。

（1）淘宝网关键词搜索结果右下侧"店家精选"区域，如图 10-10 所示。

图 10-10　关键词搜索结果右下侧"店家精选"区域

（2）单击"店家精选"下的"更多热卖"进入热卖页面，如图 10-11 所示。

图 10-11　淘宝热卖页面中的"店家精选"区域

第 145 招　阿里抢占移动流量的利器——直通车无线端

移动流量目前已经成为了互联网流量竞争中的兵家必争之地，可以毫不夸张地说，谁能抢占未来的移动流量入口，谁便能成为将要来临的移动电商时代的王者。如今电商平台将流量往移动端倒已经是一个主流了，而且充足的移动端产品线已经成为了互联网企业的标配，在这样的大背景下，阿里推出淘宝直通车的无线端看起来是顺理成章的。如图 10-12 所示直通车无线营销。

直通车无线营销产品优势如下。

（1）网络无线平台流量：包括淘宝站内和站外，都有人群流量覆盖，一旦投放，即可获得大范围覆盖。

（2）精准覆盖碎片化购物人群：通过无线端推广投放，可以定向推送商品给有需求或潜在需求的买家，花费更省更有效。

淘宝直通车无线推广的上线，对于大量淘宝卖家来说也是解放生产力的一种表现，这使得直通车推广可以实现移动办公。淘宝卖家对直通车的设置将不会限制于PC端，任何操作，只要延展到了移动端，那就意味着，使用场景是无限放大的，所以，这将会大大方便淘宝卖家的工作，并提高他们的运营效率。

图 10-12 直通车无线营销

第 146 招 直通车站外投放，海量精准人群投放

直通车外投是站内推广资源的拓展和补充，把你推广的商品投放在淘宝以外的网站上，以 Banner、文字链、搜索栏等形式展现，并根据我们对数据的分析，锁定人群，匹配相应的宝贝。将外部消费者吸引到专门展现直通车宝贝的页面。

1. 产品优势

流量大：直通车站外投放与众多知名网站合作，目前每天有超过近 40 亿的优质流量。

投放准：通过媒体用户的行为分析，多维度定位外网用户的兴趣偏好，将商品精准地投放到媒体网页上。

省成本：并且为了保证用户的外部流量转化，提升收入成本比。

2. 展现位置

直通车站外投放目前每天有超过 40 亿的流量。这些流量将会以文字链、图片创意等方式被引入到展现掌柜外投宝贝的页面。将这些流量进行分类，可分为六类：门户类、客户端、搜索引擎、网址导航、中小媒体、二级导航。如图 10-13 所示迅雷下载软件弹出窗口页面中的"淘宝"。

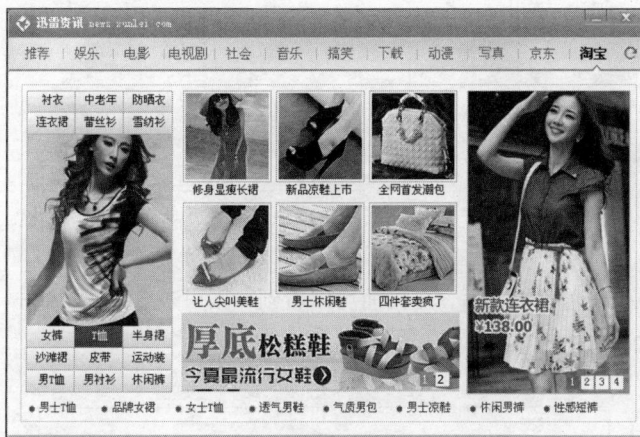

图 10-13　迅雷下载软件弹出窗口页面中的"淘宝"

3. 展现形式

第一种形式：在新浪等外网上展现的是人工制作的图片、文字等创意，当用户点击了这个创意时，进入到外投宝贝集合页，再点击宝贝就到了某个宝贝详情页。

第二种展现形式：在网易等外网上直接展现几个外投的宝贝，当用户点击这个宝贝时，进入到与该宝贝相关的一个宝贝集合页，再次点击宝贝就到了某个宝贝详情页。勾选了站外的定向推广的宝贝，就有机会以这种形式出现。

第 147 招　加入淘宝直通车

淘宝直通车的最大优势就是让你的宝贝在庞大数据的商品平台中脱颖而出，带来更多的人气和流量。那么怎么加入直通车呢，具体操作步骤如下。

（1）登录到淘宝，进入卖家中心，单击"营销中心"下的"我要推广"，如图10-14所示，进入到淘宝营销中心页面，单击"淘宝直通车"图标，如图10-15所示。

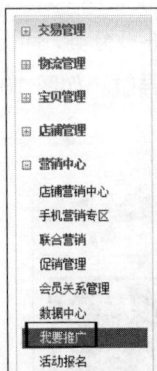

图 10-14　单击"我要推广"　　　图 10-15　单击"淘宝直通车"图标

（2）进入淘宝直通车首页后，在页面可以看到"账户未激活"，单击"我要充值"按钮，如图10-16所示。

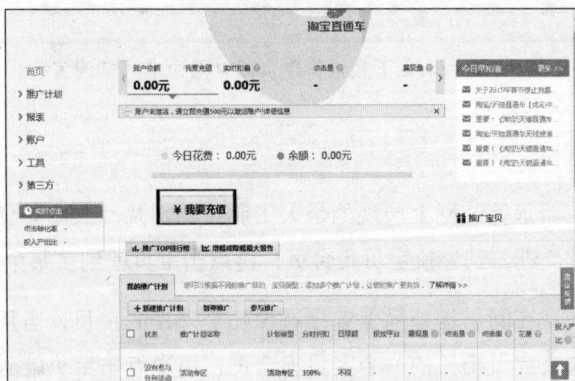

图 10-16　单击"我要充值"按钮

（3）打开直通车充值页面，淘宝直通车第一次开户需要预存500元以上的费用，这500元都将用于你接下来的推广中所产生的花费。选择好充值金额后，单击底部的"立即充值"按钮，如图10-17所示。经过支付宝的充值操作以后，返回到直通车主页，账户就开通并且可以使用了。

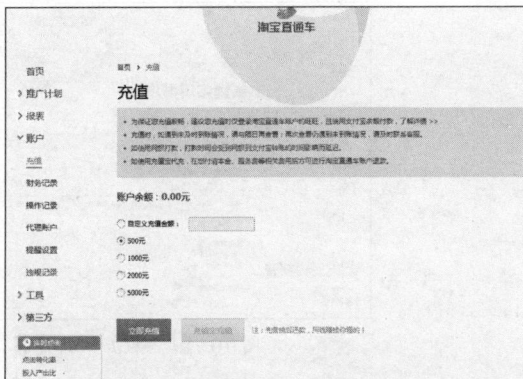

图 10-17　单击"立即充值"按钮

第 148 招　直通车怎样新建推广计划

"推广计划"是根据用户的推广需求，专门研发的"多个推广计划"的功能。可以把相同推广策略的一组宝贝加入同一个推广计划下进行管理，新建推广计划具体操作步骤如下。

（1）在"我的直通车"页面中单击"推广宝贝"按钮，如图10-18所示。

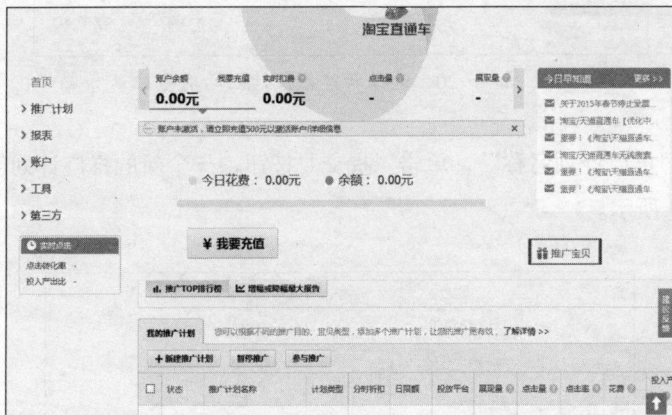

图 10-18　单击"推广宝贝"按钮

（2）弹出"选择推广计划"窗口，单击"新建推广计划"按钮，如图10-19所示。

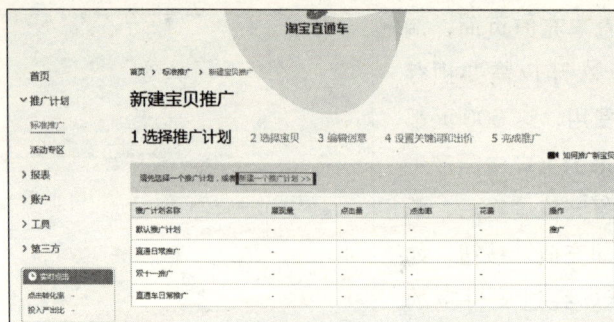

图 10-19　单击"新建推广计划"按钮

（3）选择新建推广计划的类型，如图 10-20 所示。

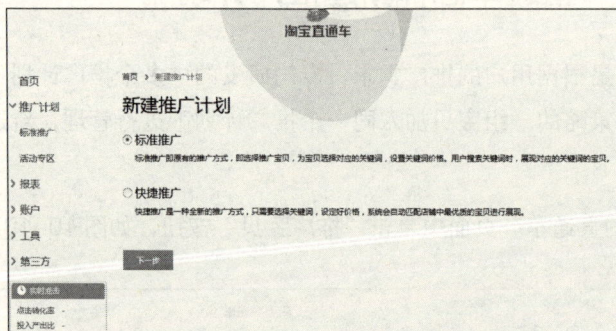

图 10-20　选择新建推广计划的类型

（4）填写"推广计划名称"，单击"提交"按钮，一个新的推广计划创建完成，如图 10-21 所示。

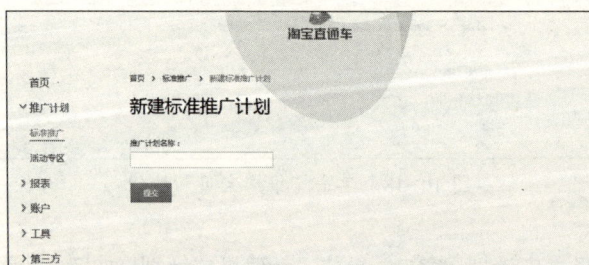

图 10-21　填写"推广计划名称"

怎么新建推广计划呢？

1."直通日常推广"计划

选取自己店铺里一些销量较大的宝贝做直通车推广，如果价格各方面都有优势的话，那么可以每个品种都选取一个做直通车。直通车竞价当然不要太高了，并根据情况调整竞价。

2."直通引流产品推广"计划

选取店铺里 2～3 款热卖的产品，并且价格、卖点都突出的宝贝产品做直通车推广。这一计划里推广的宝贝，可以单独地优化宝贝详情页、关联销售、引导页面等细节，用以引导买家去你店铺里看其他产品，并提高成品转化率和关联销售。

3. "直通车节日活动推广"计划

这一计划主要针对一些重大节日店铺里的一些活动和淘宝的官方活动等，而进行的直通车推广。这样选取的宝贝也就是一些活动产品和针对节日的产品。

第 149 招　直通车怎样推广新宝贝

直通车推广新宝贝的具体操作步骤如下。

（1）进入直通车标准推广计划，单击其中的一个推广计划"直通日常推广"，如图 10-22 所示。

图 10-22　单击推广计划"直通日常推广"

（2）进入直通日常推广计划中，单击"新建宝贝推广"，如图 10-23 所示。

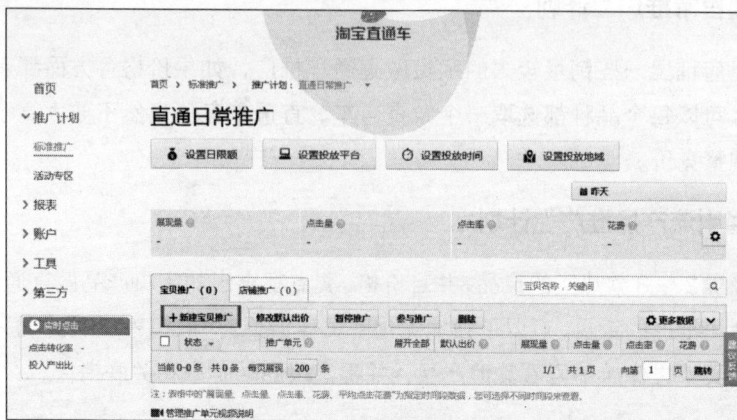

图 10-23　单击"新建宝贝推广"

（3）进入选择宝贝页面，选择一个要推广的宝贝，然后单击后面的"推广"按钮，如图 10-24 所示。

图 10-24　选择宝贝推广

（4）下一步添加创意，如图 10-25 所示，建议充分利用有限的图片空间和标题文字描述，传达宝贝的特色和优势。

图 10-25　添加创意

（5）接着选择关键词和出价，要从买家的角度出发，想想他们可能搜索什么词，选择词的范围包括产品名称、品牌、型号、质地、功能等，如图 10-26 所示选择关键词。

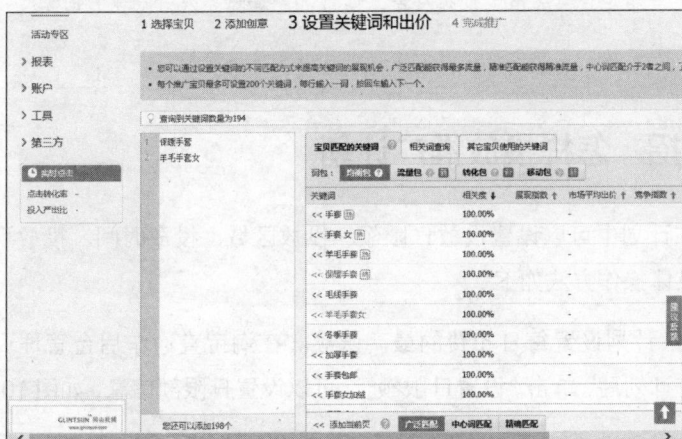

图 10-26　选择关键词

（6）设置完成后即可完成推广一个新的宝贝，如图 10-27 所示。

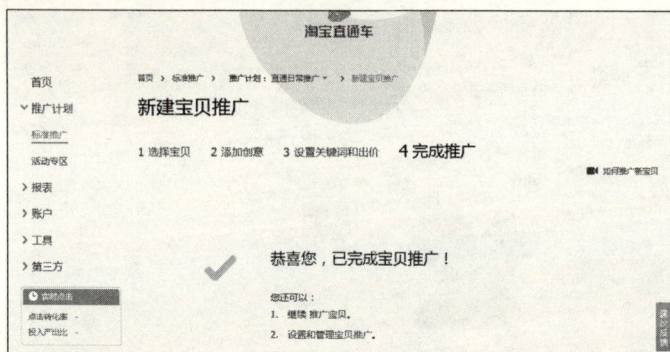

图 10-27　完成宝贝推广

展现量很多，但是点击量很少，是什么原因？

展现量多但点击量少，可能有以下几种情况。

首先，要考虑推广的宝贝是否符合当季买家的购买需求，例如：当前是冬季，而推广的宝贝是单鞋，相对来讲有些不合适。

其次，建议检查一下推广的宝贝的图片、标题，图片是否清晰，推广的标题是否有突出宝贝的特色，如特价、包邮等吸引眼球的词等。

最后，查看宝贝在类似宝贝中是否有价格优势。

第150招　怎样投放推广计划

在我的推广计划中可以设置投放日限额、投放区域、投放时间、投放平台、投放人群等，具体操作方法如下。

（1）为推广计划设置每日扣费的最高限额。在淘宝直通车后台管理页面，进入相应的推广计划后，单击"设置日限额"，可以设置日限额信息，如图 10-28 所示。

（2）为推广计划设置投放地域。可以所有地区"全选"投放，也可以勾选需要的区域，只有勾选的地域范围内的买家才能看到推广宝贝的信息。如图 10-29 所示。

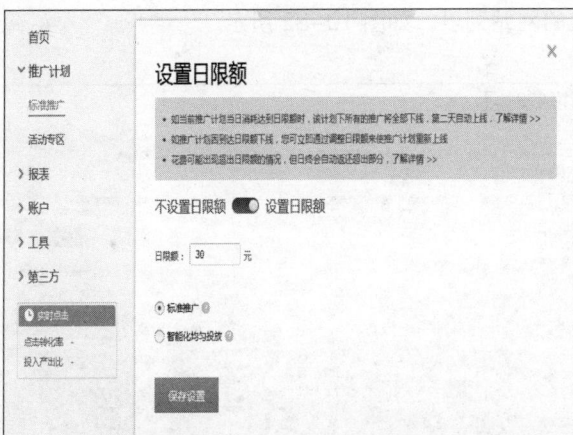

图 10-28　设置日限额信息

图 10-29　设置投放地域

（3）为推广计划设置投放时间，及对应时间段的宝贝出价，如图 10-30 所示。

（4）设置投放平台，淘宝站内是必选的平台，所有宝贝都默认投放。淘宝站外投放则是淘宝站外的其他优质的合作网站，单击"网站列表"链接。如图 10-31

所示，弹出其他的网站列表，如图 10-32 所示。

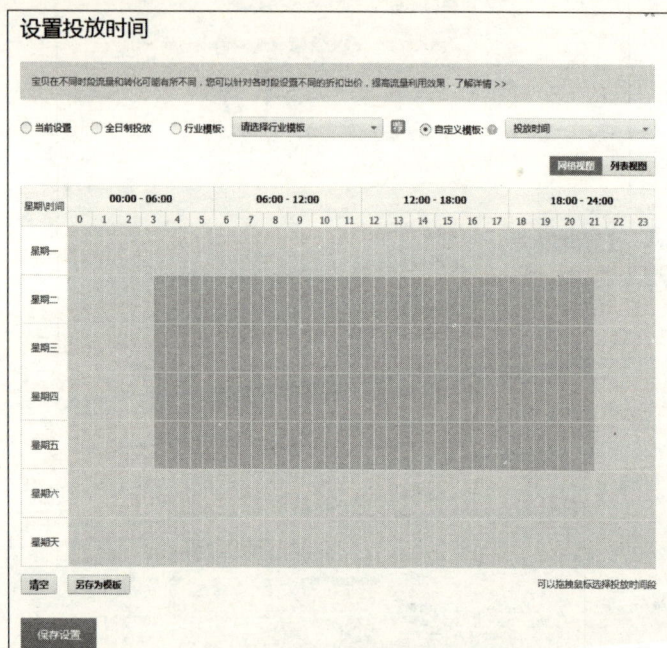

图 10-30 设置投放时间

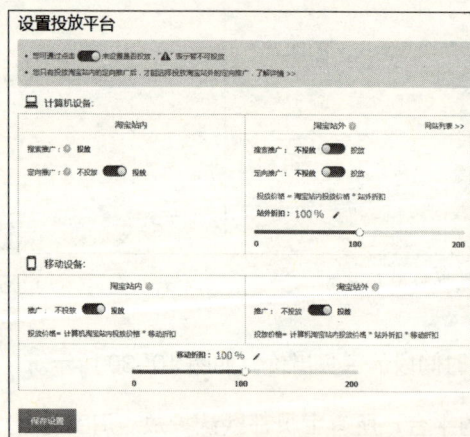

图 10-31 淘宝站外投放

图 10-32 其他的网站列表

第151招　怎样选择直通车的关键词

关键词是淘宝买家的搜索词，当买家搜索该关键词时，被推广的宝贝将展现在直通车推广位置上。既然关键词这么重要，那么怎么选择关键词呢？有哪些选择方法呢？

（1）可以根据淘宝直通车系统提供的关键词作为自己的关键词，如图10-33所示。

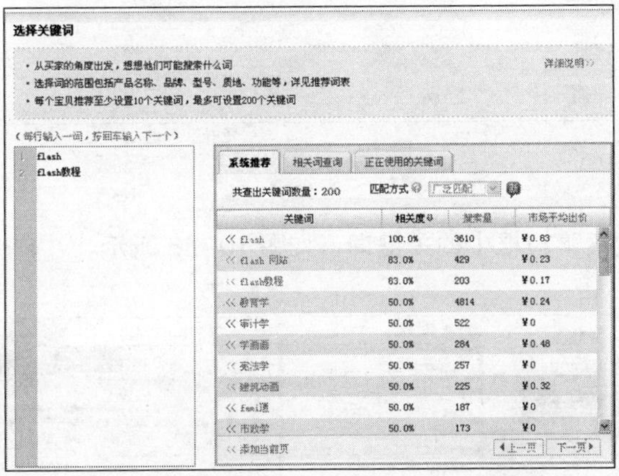

图 10-33　淘宝直通车系统提供的关键词

（2）热卖宝贝标题中的关键词，如图10-34所示。

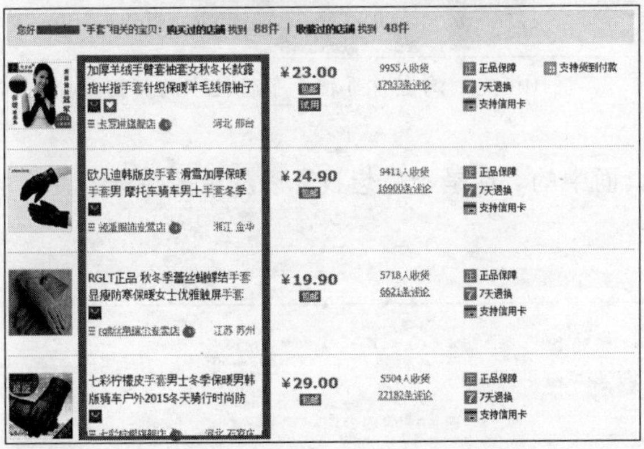

图 10-34　热卖宝贝标题中的关键词

（3）商品详情里的属性词，如图 10-35 所示。

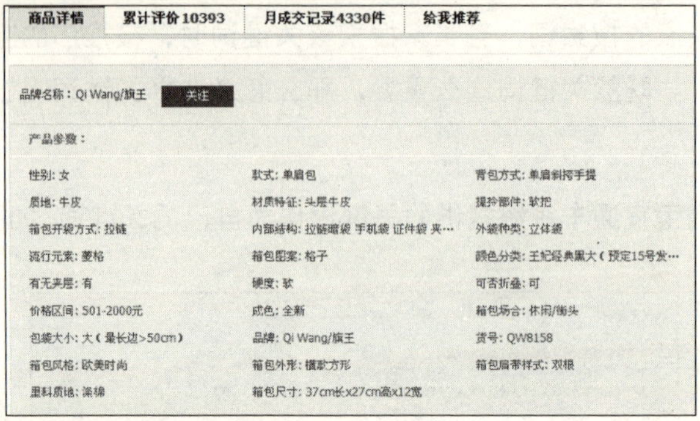

图 10-35   属性词

（4）淘宝首页搜索下拉框中的关键词，如图 10-36 所示。

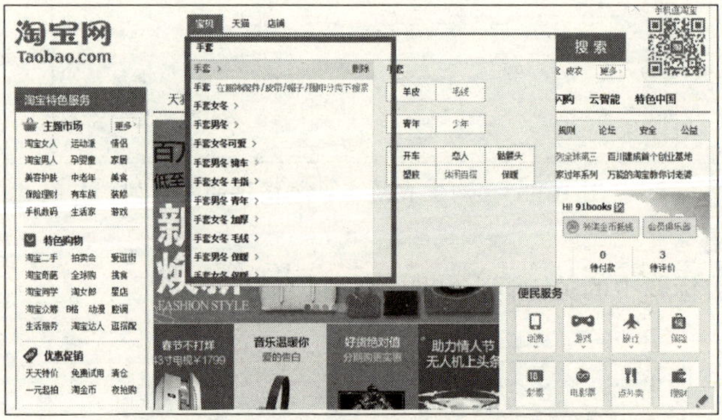

图 10-36   淘宝首页搜索下拉框中的关键词

（5）搜索结果页面中的"你是不是想找"以及更多筛选条件中的关键词，如图 10-37 所示。

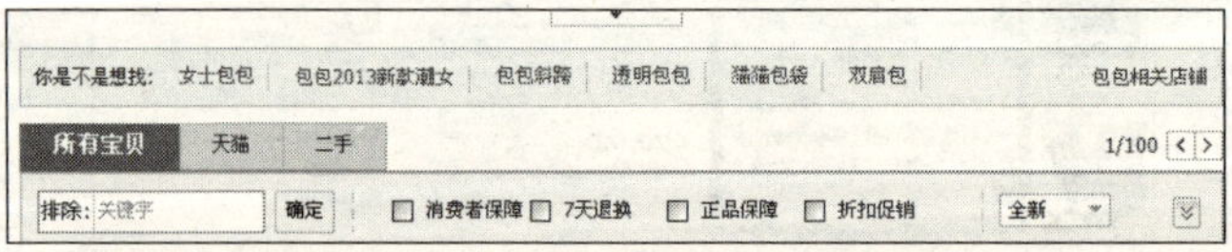

图 10-37   "你是不是想找"关键词

（6）宝贝分类中的关键词，如图 10-38 所示。

图 10-38　类目中的关键词

> 宝贝设置的关键词多但点击量很少，可能有以下几种情况。
>
> 1．关键词的效果需要满足三个条件：有足够多的搜索量，符合买家的搜索习惯，和你的宝贝相关度高，只有这三点都符合，关键词才能带来点击。
>
> 2．关键词不是设了放在那里就可以了，每个人的情况不同，要亲身实践才能发现。要经常去观察统计报表，看看哪些词点击量可以作为重点，哪些词连展现量都没有，就要换掉，这样不断调整之后，直到最终保留的词是有点击的词。

第 152 招　直通车关键词如何优化

宝贝的关键词并不是设置一次后就可以高枕无忧的。即使当时设置的效果不错，但因为流行在不断变化，淘宝的流量也在变化，关键词也需要不断地去优化。

利用报表的数据去分析，宝贝推广后观察账户的点击数据，利用市场数据来检验我们的推广效果。通过对各类数据的分析，你可以了解到自己推广设置不足的地方并加以改正。

（1）关键词无展现量或者展现量过低的冷僻词需要替换掉，非冷僻词微调价格。

（2）排在前面、但无展现量无点击的词，需要替换掉。

（3）部分关键词出价较高，流量一般，整体花费多，需要调整出价。

（4）关键词好流量低，如果是因为排名太靠后了，建议把价格适当提高。

（5）如果类目产生的扣费很多但没效果，建议也改低一下类目出价或者调整其他宝贝进行类目出价。

（6）对于展现很高，没有点击量的词，检查是否是因为关键词与宝贝的相关性太低，导致搜索了该关键词的人看到宝贝，并没有产生兴趣。如果是这种情况，替换成与宝贝相关性更高的关键词。

第153招　直通车质量得分如何提高

淘宝直通车中有一个影响直通车费用的关键因素就是"质量得分"。"质量得分"是关键词的搜索匹配相关度的综合指数，当买家搜索关键词时，匹配相关度越高的宝贝质量得分越高，反之则越低。只要宝贝相关信息质量够高，就可以用相对更少的推广费用把更优质的宝贝信息展现在更适当的展示位置上，使买卖双方获得双赢。

"质量得分"与关键词相关性、类目相关性、属性相关性、关键词出价等因素密切相关，相关性越好，质量得分越高。

（1）宝贝类目：推广宝贝上传在正确的类目下面，质量得分就高。

（2）宝贝属性：宝贝属性越全面、越准确，质量得分就越高。

（3）推广标题：推广标题里面包含推广关键词，则该关键词的质量得分就高。

（4）关键词出价高低会间接影响质量得分的高低。

（5）推广宝贝图片清晰度越高，突出性越好，质量得分就越高。

（6）关键词竞争越少，质量得分越高。

第 154 招　影响直通车点击率的因素

直通车是淘宝一款很有效的淘宝网店引流推广方式，但是其高投入也让很多直通车卖家头痛。其实，烧钱与否取决于你有无技巧。开通直通车后，每天的流量还是没多少，这说明直通车效果不怎么明显。这是什么原因呢？想提升开通车广告效果的话，还需要做好以下各方面的工作。

1. 挑选最适合推广的宝贝

大家都知道参加直通车推广首先要选好一个宝贝，这是所有推广的第一步。选出来做推广的宝贝，一定要有突出的、清晰有力的卖点，能让买家在最短的时间内注意到你的宝贝。如卖点可以是性价比高（如价格有优势、有促销等）、产品功能强（如产品本身功效好、漂亮等）、品质好（如行货、正品等）。如图 10-39 所示合适的宝贝。

图 10-39　合适的宝贝

2. 图片精致

买家在购买商品的时候，浏览的速度是很快的，如果你的商品没有在最短时间内吸引住买家，就会造成客户的流失。经营网店，吸引买家的实际是图片，你的图片越精美、越真实，就越能吸引买家。而这一点，对要进行推广的商品来说尤为重要。如果商品的图片不够清晰明了，买家不清楚出售的是什么，就会造成大量的无效单击。如图 10-40 所示精致的图片。

图 10-40 精致的图片

3. 标题要吸引人

买家主要通过标题了解商品的卖点，所以标题应该简单直接、卖点明确，让买家即使一扫而过，也能最快地明白商品的特点。

可以参考的商品卖点有：产品本身的特性、价格优势、品质或品牌保证、促销优惠信息等。当然，卖点一定要实事求是，夸大的卖点可能会让你花冤枉钱。店铺宝贝的标题与直通车广告的标题是各自独立的，差别很大，所以要认真了解直通车标题优化技巧。

4. 选择有效的关键词

你需要对客户群体有足够的了解，最好做一定的客户调查，了解客户经常搜索的关键字是什么，以便花最少的钱，做最有效的推广。

5. 价格优势

商品在同类商品中是否有价格优势。如果买家选定一款商品，经常会在淘宝中定向搜索该款商品进行价格对比，如果你商品的价格没有优势，那就是在花钱给别人打广告了。

第 11 章

聚划算吸引全民疯狂抢购

大家都知道，销售量是建立在流量之上的，连光临店铺的"上帝"都没几个，达成购买的又会有多少！所以无论是大卖家还是刚起步的小卖家，都是挖空心思地在思索各种办法来提高店铺流量。聚划算利用淘宝网的流量，获取流量的成本极低，这为聚划算的成功提供了基础。越来越多访问淘宝网的人开始被聚划算吸引。

第155招　什么是聚划算

淘宝聚划算是阿里巴巴集团旗下的团购网站，淘宝聚划算是淘宝网的二级域名。它已经成为展现淘宝优质卖家服务的互联网消费者首选的团购平台，占据国内最大团购网站地位。如图 11-1 所示为聚划算平台。

图 11-1　聚划算平台

淘宝聚划算团购活动炙手可热，店长们挤破头想参加聚划算，因为聚划算每天数以百万的团购用户蓄势待发，给网店带来高曝光；数以千计的单品宝贝瞬间团购一空，网店流量爆发；精准的购买人群，给店铺带来超高关联交易订单；不止是当天的流量、销量增长，还有更多的回头客、热销宝贝、店铺美誉信用的增值。依托广大的商家和买家，聚划算一经推出就受到了很多人的关注。淘宝网的卖家把它当作推广网店、打造人气宝贝的好方法；网购买家能花很少的钱就淘到自己中意的宝贝，聚划算实现了淘宝网店卖家和买家的双赢。

第 156 招　从哪里可以进入聚划算

聚划算拥有强大的粉丝团，再加上十几个官方大流量入口，保证了其买家流量是巨大的。进入聚划算主要有以下几种方法。

（1）淘宝首页顶部导航中的"聚划算"栏目，如图 11-2 所示。

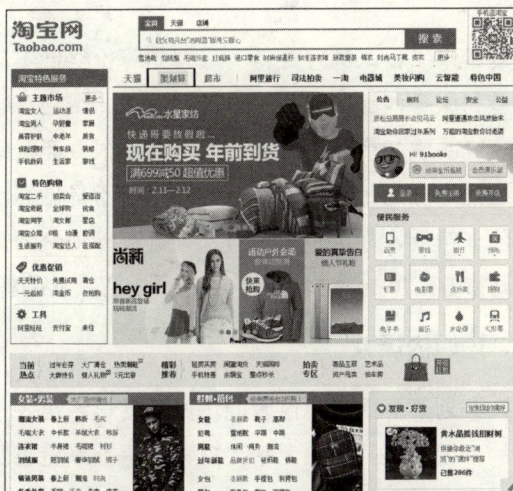

图 11-2　淘宝首页导航中的"聚划算"

（2）可以直接访问聚划算网址 http://ju.taobao.com 进入聚划算页面，如图 11-3 所示。

图 11-3　直接访问聚划算网址

第 157 招　聚划算能给商家什么

淘宝网发展至今已经拥有大量的客户流量，越来越多访问淘宝网的人开始被聚划算吸引。淘宝聚划算的好处是显而易见，单品几分钟或几个小时内创造几千件的销售额，一天创造几十万到几百万的支付宝成交。

1. 更多曝光的机会

聚划算对于买家来说带来了很大的好处：一是聚划算价格低于产品市场最低零售价，二是产品的质量和服务能够得到有效的保证。因此聚划算吸引了几十万的买家疯狂团购，同时店铺品牌和产品品牌被超大曝光。很多商家参与聚划算主要的目的是为短时间内迅速增加店铺的流量和曝光度，而不是依靠团购单品赚钱。参加聚划算的单品定价非常低，甚至亏本销售。买家在参加聚划算团购的注意力会更为高度集中，不只会看宝贝的品质，更多的是看该商家的品牌是否值得信赖。

2. 提升流量销量，短时内爆款

一旦你的商品出现在聚划算页面上，巨大的浏览量就已经出现了。开团的那一刻销售速度是非常快的，因为聚划算的老手买家都会提前浏览宝贝，然后咨询卖家来确定是否购买。也就是说，开团后的 1 个小时是最疯狂的时刻，也许不到 10 分钟 10000 件团购商品就会被一抢而光。这个销量不仅仅是为你提高销售的，而且还是在展示你的店铺——买家对你的商品很满意，会转一转你的店铺和其他宝贝；买不到的买家则很焦急，也会转一转你的店铺和其他宝贝。

如图 11-4 所示参加聚划算的商品单件销售达 25339 件。参加聚划算一般都能让商家的商品加入爆款的行列。

3. 迅速打造金冠店铺

聚划算从某种意义上说更像是一种广告媒介，卖家通过聚划算集聚人气，在短时间内增加流量。在聚划算平台上成交的商品量都非常大，商户参加聚划算，通过低价折扣积累起超大的销量，获得很高的人气值，进而在搜索排序中能占到挺大便宜。

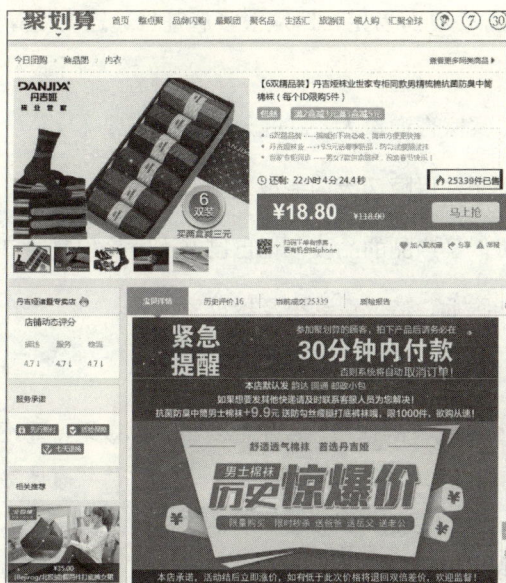

图 11-4　参加聚划算的商品单件销售达 25339 件

聚划算一天的活动将带给卖家上万流量和上千件单品销量，引爆店铺超强人气，关联销售和后续口碑及二次销售持续良性发展。火爆的咨询量和成交量对店铺运营能力是一个强劲的考验，需要各部门的高效配合，对店铺整体运作是一个很大的提升和成长，如图 11-5 所示参加了多次聚划算的卖家成长迅速，短短几年间达到金冠级别。

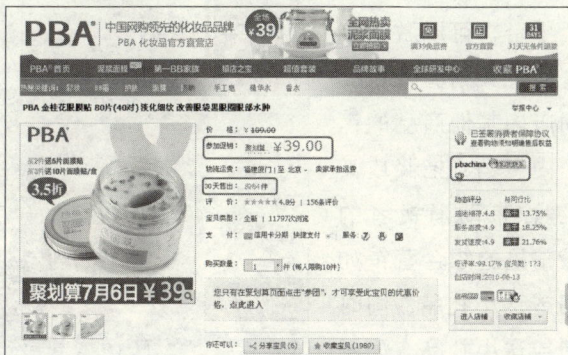

图 11-5　迅速打造金冠店铺

参加聚划算活动的好处显而易见，但是很多店铺也通过聚划算活动暴露了一些弱点，具体归纳如下。

（1）服务跟不上，买家咨询量大，旺旺无回应。

（2）发货跟不上，无法保障7天内完成发货。

（3）只顾赢利，降低了产品的品质，把自己好不容易积累的口碑做差了。

（4）售后服务未能跟上，造成退款率及投诉率提升。

4. 招揽回头顾客

卖家越来越理性看待聚划算的作用，越来越看重长期效果，而不是短期冲销量。聚划算是一种很好的推广方式，通过超高的商品性价比让买家体会到购买你的产品真的很划算，另外从产品介绍到产品质量、客服态度、发货速度等一系列步骤给予买家以优秀的购物体验、让买家真正了解你的产品，成为回头客。一次成功的聚划算活动远远不止带来一次流量，商家更看重的是买家后续的关注及二次消费。

5. 带动其他商品销售

卖家预期达到的效果主要是活动当下引流量、提升店铺内关联销售。通过聚划算每天进店的客流量有时能达到几十万，如何利用和放大这些资源，是每个卖家需要考虑的。通过聚划算这个平台，可以激活店内的各项活动。通过聚划算带来的巨大流量会带动店内其他商品的销售。可以结合店内促销、抽奖或其他事件共同营销，带动消费者的二次消费。比较常见的组合营销如满200元免运费或送小礼品、同时购买两件免运费或送小礼品，如图

图 11-6　带动其他商品销售

11-6 所示为店铺的组合关联营销。

总之，聚划算可以帮店铺赚到更多的信誉以及更多的人气。

第 158 招　什么样的商品更容易通过聚划算审核

聚划算是一个团购平台，作为一个优质的平台，对参加活动的宝贝必然需要有更高的要求，才能留住买家，才能给卖家创造一个持续活动的平台。

因此宝贝的选择集中在几点：人气的宝贝、宝贝的数量和种类、宝贝的折后价格、品牌化的商品。

通过聚划算商品团商家初级认证的卖家，其报名参团的商品须同时满足以下条件，方可通过聚划算商品团的审核。

（1）高危材质的商品应提供质检报告，特殊行业的商品应提供相应行业资质。

（2）品牌商品应提供该品牌的《商标注册证》或品牌授权书。

（3）从商品发布之日至聚划算审核之日，报名商品原价符合聚划算对商品历史销售记录的相关要求。

（4）报名商品的价格不得高于其在淘宝网 / 天猫的历史最低销售价格，淘宝网、天猫组织的大型促销活动的价格除外。

（5）报名商品的库存数量符合相关要求。

（6）报名商品的"描述相符"评分达 4.6 及以上，如图 11-7 所示描述相符评分达 4.8。

（7）特殊类目商品的其他特殊要求。

（8）商品报名信息应清晰、规整，商品标题和图片符合特定的格式要求。

（9）特定类目商品符合一定条件的优先审核。

图 11-7　描述相符评分达 4.8

第159招　怎样报名参加聚划算

由于聚划算对淘宝店铺的推广效果很好，很多商家想用，参加聚划算的商家必须通过聚划算认证系统进行系统审核后，才能被认证为聚划算认证商家。只有聚划算认证商家，才有权利在宝贝报名系统中发起团购申请。怎样报名参加聚划算呢，具体操作步骤如下。

（1）打开聚划算页面 ju.taobao.com，单击顶部的"商户中心"，如图 11-8 所示。

（2）进入聚划算商户中心页面，单击"聚划算 - 商品团日常商品团活动报名"，如图 11-9 所示。

（3）由于您尚未入驻过聚划算，要先填写资料、签署团购协议完成入驻，如图 11-10 所示。

图 11-8　单击顶部的"商户中心"

图 11-9　单击活动报名

图 11-10　单击"现在入驻"

（4）需要先填写的商家信息，系统会自动识别店铺类型和店铺名称，联系方式需要确保能联系到本人；姓名、联系人旺旺、手机号码、电子邮箱、联系地址均必须填写。填写完成后单击"保存"按钮，如图 11-11 所示。

（5）填完认证信息，如符合认证标准则显示认证通过，就可以开始宝贝报名了。

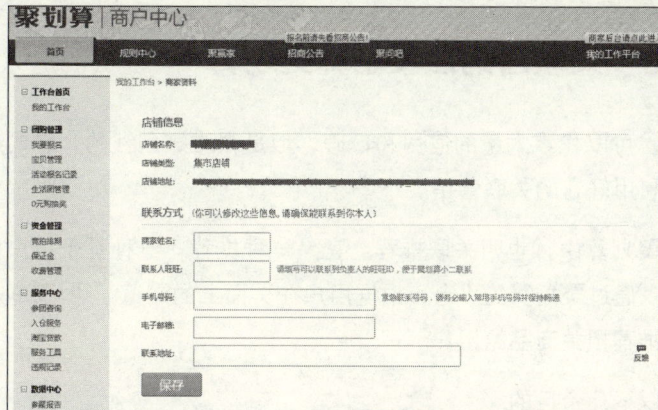

图 11-11　填写的商家信息

第160招　手机聚划算团购引爆消费新趋势

手机聚划算是阿里巴巴集团旗下团购网站聚划算的手机版本，也是中国最大的以消费者为驱动的品质团购网站。每天有1200万消费者在聚划算发现团购商品，节省超过110亿购物支出。而今，聚划算已经成为时下互联网消费者首选的团购平台。

手机聚划算是聚划算结合手机在公车上，路上，床上的使用场景推出的面向消费者的移动应用，结合以上特点，手机聚划算推出了无线特有的早市，晚市，周末购等频道。且它的购买流程和PC聚划算是一致的。如图11-12所示手机聚划算。

手机购物，不再是一种消费形式，已然成为时下生活方式。玩转团购30秒，手机聚划算!

图 11-12　手机聚划算

第161招　关联营销让聚划算更划算

通过聚划算，可以积累大量的信用和口碑，但是很难赚到钱的，想要通过聚划算赚钱，就要利用好它的关联营销。

关联营销在聚划算中，也叫关联推荐。它是一种推荐，一种基于用户自我行为的个性化推荐。通过聚划算的平台，根据用户在页面上的浏览、购买和收藏等行为，有针对性地推荐相关商品给用户。

关联营销有以下几个目的。

（1）缩短购物路径，将浏览者变为购买者。

（2）发现并激活用户的潜在需求，增加店铺交叉销售能力，从而在单日实现盈利。

（3）增加用户黏性，提高店铺忠诚度。

怎样做好关联营销呢？

1．用户共性需求分析

首先分析上架聚划算这款商品，用户群体是怎么样的，他们有什么特征，他们的用户需求是怎样的。只有清楚地知道了这些问题，你才能知道目标用户群体最可能购买别的什么东西，然后你要做的就是将他需要的东西推送给他。

2．产品组合

在明确用户需求后就是关于连带产品的选择和组合的问题了。一般产品的选择遵循以下几个原则：

首先是产品选择基于用户的需求之上。

其次产品尽量选择高定价策略的产品，因为这样才能让消费者感受到搭配销售的实惠，同时还能保证你的利润。

还有就是关联营销的效果和店铺产品结构密切相关。

3．价格组合

高定价策略产品，原价和折扣价一定要形成梯度。但是优惠梯度要低于聚划算梯度，不然别人会觉得你是清仓促销。

4．搭配营销策略

最常见的搭配销售方式：满 X 送 X，满 X 减 X，满 X 免邮，送赠品，店铺红包等这些形式。

5．页面展示

宝贝描述应该按照给用户需要传递价值的主次程度排序。由于聚划算单品亏了，为了做好连带销售，将连带销售的产品搭配放在最上面。将几个重点推荐的产品列出来，标明原价，搭配价，原来销售数量等。

第 162 招　大卖家参加聚划算活动攻略

能够参加聚划算活动，不仅参加活动的宝贝销量会有几十倍的增长，而且带来的一些关联销售也是不容忽视的。参加聚划算活动怎样才能取得成功呢？下面是一些卖家成功的经验。

1. 提前备货

很多卖家在报名参加聚划算活动成功后，都会考虑几个问题："我在上线前需要做好什么准备工作？为什么很多大卖家可以完成那么高的团购数量，那么高的转化率？我该怎么把聚划算活动做到效果最大化？"其实，成功不是偶然，而是精心准备的必然结果。

活动上线前，必须确保备货充足，没有备货却来参加聚划算纯属无稽之谈；有些商家可能会问"需要多备货吗？"根据卖家的经验之谈，可以多备 10% ~ 20% 的货。

把货拿到手是关键，货已备齐不代表万事俱备了，要有充足的安全库存。卖家供应的大部分货量都是在 2000 ~ 10000 件之间，因为无论从压货资本或者是活动押金方面来说，给卖家带来的压力都是很大的，如果想要从竞争中胜出，货量储备一定要在 5000 件以上，有些常卖的单品参加活动时储备量甚至超过两万件，如图 11-13 所示参加聚划算活动的商品一般销量都很多。

图 11-13　参加聚划算的商品销量很多

2．商品准备

聚划算商品的选择至关重要，它直接会影响到活动效果。因为是新品的活动，所以从商品卖点、应季性、适用人群等几个层面来考虑。参选宝贝需为店中热卖产品，且有较好评价，销售量高且超性价比商品。

（1）报名商品是店铺主营优势商品。

（2）报名产品品牌竞争力具备优势，知名品牌产品优先考虑。

（3）报名商品款式新颖、应季、热销优先，适合团购。

（4）样品吊牌、成分标、领标等必须齐全且完全一致。

（5）样品质量合格，报价符合，性价比高。

（6）样品与店铺商品描述符合。

3．关于价格

价格是一个很让人纠结的问题。价格优势不是不计成本的打折，而是拿出最低的限度来争取聚划算客户，聚划算的目的是让你争取客户来体验产品，为店铺提供回头客，让更多人认知你的店铺品牌。

聚划算定价是需要长期揣摩的，如果定价低了，很快就卖断货了，白白浪费了流量资源；如果定价过高，买家不感兴趣，卖家也会因此积压不少库存。

要想有一个准确的定价，首先要评估好自身产品和参加活动的顾客群体。这其实是一种供求关系，需要在多次尝试中找到其中的平衡点。稍微有一点点利润即可。

4．做好宝贝描述

一个好的宝贝描述能够代替至少 10 个客服，参加聚划算时，一个好的宝贝描述应包括如下几点。

（1）关于参加聚划算的须知，如图 11-14 所示。

（2）店铺能够提供的物流，如图 11-15 所示。

（3）买家需要做哪些配合工作：如请买家把要购买的款式、物流等信息在拍下的时候备注清楚。

图 11-14　参加聚划算须知

图 11-15　店铺能够提供的物流

（4）宝贝的细节展示，要实拍，拍清楚，要让买家看清楚你的产品，不要出现售后投诉等问题。

（5）店铺的相关推荐，关联销售等。

（6）店铺的团队、公司的实力以及品牌文化展示，让客户有更多再次购买的理由，如图 11-16 所示。

（7）其他页面的聚划算导航，让其他不知道有聚划算活动的买家知道你在搞活动，让他有额外的消费。

5. 客服培训

客服的培训也是非常重要的一个环节，基本上参加聚划算活动当天，要至少有 5 到 10 名客服，多多益善; 很多店铺在活动时间一开始，计算

图 11-16　店铺实力品牌

机就开始狂闪狂响，计算机死机或者客服无法应对，这都是较为普遍的事情。

针对活动商品，要提前几天进行商品知识和活动注意事项的培训。针对活动当天可能会出现的问题咨询、商品问题，都要提前做好快捷回复短语，客服的响应速度和服务态度，都会对客户群造成影响，可能会产生好的影响，也可能产生差的影响。所以卖家必须提前做好客服培训工作，确保客服这一关能够留住团购客户。

如果准备充足并且宝贝描述详细，整个聚划算活动一般不会出现旺旺"爆屏"的现象，一切都很有秩序。这样商家也可以有更多时间来处理一些订单和与客户交流。

6. 团购后的发货

保证在 7 天内发货是聚划算规定卖家必须完成的，为了提高买家的满意度，最好在 3 天内发货。

所以卖家在参加聚划算前一定要确保发货及时，衡量自己发货能力和吞吐量后，一般提前和物流公司打好招呼，告之团购的具体时间，需要较多发货量，提早找好物流公司安排人员和车辆。

可以把远距离的买家、加急的买家、特殊情况的买家分离出来，提前发货，较近的买家可以适当延迟，尤其注意收货时间有特殊要求的买家，这样无论发货还是客户满意度就都有了保证。

淘宝聚划算活动对网店的推广来说，是一把双刃剑，如果前期准备充分，对规则也仔细地研究透彻了，那么开团就是流量、订单火爆的场面；如果只想着冲击信誉、交易，忽略了规则、客服、物流等小细节，那么一次聚划算就会让网店跌入低谷。因此，有心做聚划算的卖家，在进入之前，应该仔细了解各个方面的资讯。

第 163 招　聚划算商品图片和标题优化

聚划算为了让商品能更好地展示给消费者，关于标题及图片的规范，主要是在画面主体、元素、色彩、氛围等构成是否和谐、构图形式、元素的取舍及构成、画面品质感等方面进行优化。一幅好图要有一个鲜明的主题，或是表现一个人，或是表现一件物，主题必须明确，毫不含糊，使消费者的目光一下子就投向被摄主体，一眼就能看得出来；画面必须简洁，只包括那些有利于把视线引向被摄主体的内容，而排除或压缩那些可能分散注意力的内容。标题同样建议突出商品特性及重要卖点。

1. 商品图片优化

建议图片背景只选择真实拍摄的实景或者单色背景其中一种，不建议使用多色或者多个实拍背景，不建议出现水印。

建议不要使用画中画，商品图片需要展示多个主体（模特、商品）时，建议保持同类主体（模特、商品）之间比例一致且背景统一。

原则上商品图片不建议添加任何的文字内容。若一定要添加文字内容，店标统一放置在画面左上角，不得添加底色，显示大小最宽不超过 180 像素，最高不超过 120 像素。

2. 商品长标题优化

规定内容：品牌名 + 商品属性功能 + 商品名称（包括几件装，几件套等）+ 货号。

规定内容的字数控制在 60 个字节或 30 个汉字字符以内，不需要写"包邮""限购""已质检"，系统会自配。括号、加号等标点符号都不得添加，包括品牌名称上不得加各种括号，现价原价不得添加，荣誉等不得添加，限购数量不需要添加，购买页面会提示；品牌名称中英文可同时出现，但不得重复使用。

建议在规定内容之后添加一些营销性文案来补充信息，营造购物氛围，但一定要在规定内容之后显示。

建议内容的字数控制在 60 个字节或 30 个汉字字符以内，建议内容中的营销文案中不要包含"之最""跳楼""放血""史上"等夸大描述，也不要使用"专供""特供""最佳"等容易产生误导的字眼。

3. 商品短标题优化

规定内容：品牌名 + 商品名称

规定内容字数控制在 24 个字节或 12 个汉字字符以内，尽量在语义明确的前提下简化对商品名称的描述。规定内容中可以省略品牌名，不得省略商品名称，不得同时使用中英文品牌名。

第 12 章

激发买家的购买欲望才是上上策

网上商店的主要任务就是销售商品。只有引导顾客产生强烈的购买动机，才会使其购买决定和行为变得果断而积极。商品不能是强加给顾客的，而应该激发其购买欲望，让顾客产生迫切购买的心理，使其主动选择购买，销售就很容易成功。

第 164 招　掌握与买家沟通的制胜法宝

店主在网上销售要接待各种各样的买家，回答各式各样的提问。巧妙回答买家的提问也是一门学问，在与买家沟通时，只要诚心诚意做好以下几个方面，相信一切问题就迎刃而解了。

1. 打招呼要有礼貌

有礼貌打招呼是从事服务行业的最基本守则。礼貌地招呼别人，是建立人际关系的重要因素。在人与人之间维持礼貌、亲密的关系，是构建和谐社会的基础。对于从事店铺经营的卖家来说，买家就是上帝，更不能没有礼貌。

礼貌是沟通买家的第一法宝，无论什么人都不会拒绝你的一番礼貌语言的，这样更可以拉近和买家的距离。例如把通常的"你好"换成"您好"，这样客户感到的不只是你的诚意，还会觉得你很尊重他。除了礼貌用语，微笑服务必不可少。在旺旺里有许多超可爱的表情可以代替我们的微笑，它们会给客户带来一种和谐宽松的氛围。

2. 用热情、明快的语调说话

从买家开始询问时的"您好"到告辞时的"再见"，店主在服务过程中始终要以热情、明快的口气对待买家，用富有朝气的语调说话，这是卖家要做到的。

3. 客观地介绍商品

遇到询问的买家，心态一定要平和，沉着地对待客户，详细地介绍自己的商品，不要含糊不清，更不要为了促成交易而夸大商品，那样买家收货以后感觉和你所说的不符给了你差评，就得不偿失了。

4. 将心比心

所谓将心比心，就是不要把自己看作卖家，要站在买家的角度给他推荐产品，只推荐合适的不推荐贵的，买家就会感到你的真诚和实在。把最适合买家需要的宝贝推荐给他，这样的买家就会认同你的推荐。沟通是双向的，只有互相地站在对方的立场上宽容理解，才会交易成功。

5. 想法化解买家尖锐的提问

首次交易的时候，买家难免会有不信任的感觉，有时会问一些刁钻的问题。遇到这样的买家时，店主也许会打退堂鼓，嫌买家事情多，不愿做这桩生意了。其实这种方式是不可取的，这时千万要有耐心，而且要设身处地地为买家想一想。试想，如果我们自己是买家，一定也会提出很多问题，甚至也会提出一些苛刻的问题。

6. 不可过分迁就

对于那种提出无理要求的买家不可迁就，但是还是应该好言相劝，以和为贵。开店常常遇到的情况就是讨价还价了。当然谁都想淘到便宜的宝贝，所以讨价还价可以理解。但是，有些买家讨价有些离谱，比如一件 80 元的宝贝，买家上来就问 60 包快递可不可以？这件宝贝的代理价格都在 70 元，而还要付邮费，简直就是赔本。对待这样的买家也不要不理睬或冷嘲热讽，而应该婉转地解释原因，说明宝贝真的很不错的，是物超所值的，详细介绍宝贝的优点，最后也会成交了。

7. 善于倾听

人人都喜欢被他人尊重，受别人重视，买家也一样。卡耐基曾说过，专心听别人讲话的态度，是我们所能给予别人的最大赞美。不管对朋友、亲人、上司、下属，聆听具有同样的功效。卖家所卖的宝贝自己比较了解，但是也不可光自己在那里介绍，要了解买家的意愿，自己在那里说会引起买家的反感。在买家询问或产生纠纷时，卖家首先要做一个倾听者。不管买家多么无理，不管自己多么委屈都要先听完买家的话。听完之后再解决问题，这样会让买家觉得自己被尊重，被重视。

8. 切忌和买家争辩

在和买家沟通时，争辩是非常不好的，应该理性地接受买家的观点，让买家说话。即使有时不同意对方的观点，也不要和他争辩。如果我们不同意就刻意地反驳争论，即使你对，占尽上风，最后也是会丧失掉客户的。此外还要注意，绝不可以恶语相加，俗话说买卖不成情谊在。

9. 热情周到

有时候我们在网上只是挂着旺旺，自己并不是在电脑边，买家发来信息没有回信，会让买家以为是不尊重他们。一定要在第一时间给买家回复，不要让买家空等。如果很忙可以先跟买家说明稍等片刻。如果不在电脑前，就要使用旺旺自动回复功能了，告诉买家稍候便回。回来后看到留言首先跟买家道歉，这样买家会感到你的礼貌和对他的尊重。不要小看这小小自动回复和对不起，也许这小小设置就是交易成功的关键！

10. 不要使用深奥的语言

有的人喜欢在买家面前使用一些生僻的语言，喜欢使用一些文绉绉的专业词汇，有的人还爱故意使用一些买家不懂的文言语句，还自以为有水平。

如果买家不明白，就会使买家产生厌烦。在与买家交流时，除一些不可替代的专用名词外，一般应尽可能地使用通俗易懂的语言。只有这样，才不至于让买家费解。

11. 客户的回访

买家拍下宝贝后，不要就再也不理了。时常对客户进行回访也是一个法宝！如客户在收到宝贝确认后，可以通过旺旺问问宝贝收到的感觉怎样？满意吗？这样买家会立刻感到卖家非常负责任，也许以后会成为店铺的回头客。

第165招　分析买家的购买心理

如果卖家经销的商品能满足顾客的需求，成交的几率就会大增。要想使销售量大增，还必须要将买家的心理摸透，这样才能"对症下药"。从购买心理表现来看，可以将消费者的购买心理归纳为两大类：理智心理和感情心理。

1. 理智心理

（1）实用

实用即求实心理，是理智心理的基本点，即立足于商品的最基本效用。消费者在选购商品时不过分强调商品的美观悦目，而以朴实耐用为主，在实用心理的驱使下，顾客偏重产品的技术性能，而对其外观、价格、品牌等的考虑则在其次。

（2）经济

经济即求廉心理，在其他条件大体相同的情况下，价格往往成为左右顾客取舍某种商品的关键因素。折扣券、拍卖之所以能牵动千万人的心，就是因为"求廉"心理。

（3）可靠

顾客总是希望商品在规定的时间内能正常发挥其使用价值，可靠实质上是"经济"的延伸。名牌商品在激烈的市场竞争中具有优势，就是因为具有上乘的质量。所以，具有远见的商家总是在保证质量的前提下打开产品销路。

（4）安全

随着科学知识的普及，经济条件的改善，顾客的自我保护和环境保护意识增强，对产品安全性的考虑越来越多地成为顾客选购某一商品的心理。"绿色产品"具有十分广阔的前景就是适应这一购买心理来促进销售。

（5）美感

爱美之心人皆有之，美感性能也是产品的使用价值之一。消费者在选购商品时不以使用价值为宗旨，而是注重商品的品格和个性，强调商品的艺术美。

（6）使用方便

省力省事无疑是人们的一种自然需求。商品尤其是技术复杂的商品，使用快捷方便，将会更多地受到消费者的青睐。带遥控的电视机，只需按一下的"傻瓜"照相机以及许多使用方便的商品走俏市场，正是迎合了消费者的这一购买心理。

（7）售后服务

产品质量好，是一个整体形象。有无良好的售后服务往往成为左右顾客购买行为的砝码。为此，提供详尽的说明书，进行指导，及时提供免费维修，实行产品质量保险等都成为商家争夺顾客的手段。

2．感情心理

不能简单地将感情心理理解为不理智心理。它主要是由社会的和心理的因素产生的购买意愿和冲动。感情心理很难有一个客观的标准，但大体上是来自于下述心理。

（1）好奇心理

所谓好奇心理，是对新奇事物和现象产生注意和爱好的心理倾向，或称之为好奇心。古今中外的消费者，在好奇心理的驱使下，大多喜欢新的消费品，寻求商品新的质量、新的功能、新的花样、新的款式。

（2）求新心理

消费者在选购商品时尤其重视商品的款式和眼下的流行样式，追逐新潮。对于商品是否经久耐用，价格是否合理则不大考虑。

（3）炫耀心理

消费者在选购商品时，特别重视商品的威望和象征意义。商品要名贵，牌子要响亮，以此来显示自己地位的特殊，或炫耀自己的能力非凡。这多见于功成名就、收入丰厚的高收入阶层，也见于其他收入阶层中的少数人。他们是消费者中的尖端消费群。购买倾向于高档化、名贵化、复古化，几十万乃至上百万美元的轿车，上万美元的手表等的生产正是迎合了这一心理。

（4）攀比心理

消费者在选购商品时，不是由于急需或必要，而是仅凭感情的冲动，存在着偶然性的因素，总想比别人强，要超过别人，以求得心理上的满足。人家有了大屏幕彩色电视机、摄像机、金首饰，自家没有，就不管是否需要，是否划算，也要购买。

（5）从众心理

女性在购物时最容易受别人的影响，例如许多人正在抢购某种商品，她们也极可能加入抢购者的行列，或者平常就特别留心观察他人的穿着打扮，别人说好的，她很可能就下定决心购买，别人若说不好，则很可能就放弃。

（6）尊重心理

顾客是商家的争夺对象，理应被商家奉为"上帝"。如果服务质量差，即使产品本身质量好，顾客往往也会弃之不顾，因为谁也不愿花钱买气受。因此，应该真诚地尊重顾客的经济权力，有时尽管商品价格高一点，或者质量有不尽如意之处，顾客感到盛情难却，也乐于购买，甚至产生再光顾的心理。

仔细分析顾客的心理需求，察觉到顾客想要什么，然后投其所好，便能大大激发
顾客的购买欲望。

第 166 招　激发买家购买欲望的方式

到底怎样才能打动买家，激发其购买欲望呢？让买家自己去体验，让买家身临其
境，燃起心中的购物欲。激发买家购买欲望的方式有如下几种。

1. 免费试用

买家亲自体验产品，并且通过对产品的亲自体验来最后确认产品的功能，并且实
现这种功能与消费者需求的对接。在体验的过程中，由于消费者亲自感知产品的
使用价值、服务价值和形象价值，最后达到了完全满意。深刻的体验激发了消费
者深藏在意识底层或者是尘封在潜意识层面的需求欲望。

2. 口碑

口碑是通过现有顾客在各自群体中口耳相传使用产品的体验，从而激发顾客的购
买欲。它对于买家来说是可信赖的、强有力的。

3. 形象感召

形象感召是说通过富含体验的品牌形象，冲击顾客的情感，来引导、强化顾客通
过某种消费展示自我的愿望。强有力的品牌能帮助消费者建立鲜明的自我形象，
今天，消费者在选购商品时越来越注重使用品牌，体现不同的自我与情感。

第 167 招　成功达成交易的必要条件

顾客对卖家的产品虽然有着浓厚的兴趣，但是如果要想达成交易，还应该具备以
下几点条件。

1. 顾客必须对商品有所了解

顾客一般不会在自己还不了解产品时就成交，这也是决定进入成交阶段的基础。
销售人员可以通过提问来看顾客是否了解店铺的产品，是否愿意成交。如果顾客

还没有充分了解产品，他自然会毫不客气地拒绝成交建议。

2. 顾客的信任

顾客的信任，也是达成交易必不可少的一个条件。没有这种信任的态度，不管你的产品多么吸引人，顾客都会对达成交易产生动摇。因为顾客考虑更多的是购买的产品使用后的效果，如果不能给顾客一个可靠的信誉保证，顾客是不会轻易决定购买的。

3. 要在适当的时机促使顾客做出购买决定

"急于求成"反而会"欲速则不达"，与顾客达成交易要等待适当的时机。每一次的洽谈也有高潮和低潮之分，如果没有能够在这个高潮中与顾客达成交易，那就应该争取在下一个高潮中尽量与顾客达成交易。但不要为了达成交易而做出太大的让步，这样反而更容易引起顾客的怀疑，从而最终影响到销售的成功。

4. 排除异议

顾客异议表现在多方面，如价格异议、功能异议、服务异议、购买时机异议等。有效地排除顾客异议是达成交易的必要条件，一个有经验的销售人员面对顾客争议，既要采取不蔑视、不回避、注意倾听的态度，又要灵活运用有利于排除顾客异议的各种技巧。

5. 你必须对顾客的情况有所了解

顾客感兴趣的是什么？他会提出什么样的反对意见？顾客为什么会做出这样的购买决定？了解清楚这一切，然后针对顾客的情况寻求相应的对策，尽快帮助顾客做出购买决定。

第168招　攻克买家的心理，达成交易

买家在决定购买之前，心理上必定会经过一连串的转变过程。而且这种心理的转变过程是很有顺序的，只不过有些买家的过程快些，很容易就下单，这就是那些让人感觉很爽快的买家。有些买家的过程慢些，要考虑半天。对于卖家来说要熟知顾客的这种心理流程，要知道顾客的心理此时处在何种阶段，然后诱导准顾客

进行购买。

下面是买家购买时所经历的几个心理过程。

1. 询问阶段

主要的表现形式：发出询问。

"你好，请问这款包包是正品吗？"

"这款包包可以便宜吗？"

上面这些以询问方式出现的代表买家开始注意这件宝贝了。

应对要诀：运用肯定语气，集中买家的信息焦点。

"您好，是的！绝对是正品，请放心！"

"我们店里所有的宝贝都是正品，假一罚十！"

"您好，这款包包已经是最低价了。"

2. 兴趣阶段

主要的表现形式：买家的继续发问。

这个阶段买家会接二连三地提一些问题，这些问题都是他们心里担心的或是不清楚的。

"这款包包质量怎么样啊？"

"皮肤比较干，哪一款护肤液比较合适？"

"快递费怎么那么贵，能不能再少点？"

应对要诀：由对话中了解买家的需要，一一解答。

3. 联想阶段

一般来说，当你解答买家的一系列问题的时候，买家就已经在心里展开联想了。如果买家很熟悉这个宝贝的话，就会依据他以前对这款宝贝的认识来联想，如果没见过的话，那么多半是靠宝贝描述里的那张图片，所以图片不能差。

应对要诀: 当你在解答买家问题的同时, 介绍一些宝贝的特性, 让买家能展开联想, 增加购买欲。

4. 欲望阶段

买家在联想的过程中会不断地增加购买的欲望, 相信你去商场里面买东西, 碰到一样自己喜爱的东西, 再加上售货员的推荐, 不动心都难。

应对要诀: 趁热打铁, 火上浇油。这时候只要再加一把火, 那么离下单就不远了。

5. 比较阶段

买家会从搜索出来的宝贝中寻找最适合自己的, 如价格、运费, 对方的信誉情况等。

应对要诀: 强调产品自身的优势, 引导顾客跟着自己的思路走下去。

"信誉不高是因为刚开店不久嘛, 我们的价格比他们的低, 服务也比他们的好!"

6. 下决定阶段

当经过前面一系列的搜索和比较, 终于下定决心就要这款宝贝。

应对方式: 此时应该说些肯定的话语, 加强顾客的信念, 使对方保持这种信念。

"这款一定适合你! 买这款不会错的。"

"这款主要针对痘痘肌肤的, 你皮肤有点痘痘, 这款的效果很不错的!"

第169招   用真诚敲开买家犹豫不决的心门

商家制胜的原因, 不仅得益于产品质量, 更重要的是如何对待顾客。商家卖什么虽然重要, 但顾客是否满意才真正具有决定性。店主应该真诚对待每一位顾客。

要让别人接受我们的一些请求和条件, 就需要引导对方产生答应的心理。想要买家购买你的商品, 就要让买家产生购买的欲望, 这样才能使对方主动地接受你的要求, 购买你的商品。否则, 如果对方没有答应及购买的心理和欲望, 无论怎么说都是没用的。甚至还会适得其反, 引起对方的不满, 更加讨厌你, 对你没有好印象。

买家在开始难免会对网店客服人员抱有一定的怀疑和抵触，害怕上当受骗，对自己造成伤害，这是人之常情，是可以理解的。没有谁不会对一个陌生人持有一定的警惕心。因为，每个人都有自我保护意识，在有可能面临危险的时候，就会自动启动自我防御系统。而当其确认没有危险之后，才会消除原有的抗拒和抵触。作为一个网店客服人员，在向买家推销商品时，遭到拒绝是非常正常的事。

刘英从事的是化妆品的销售工作。可是每次她向顾客推荐商品时，顾客对她的回答就只有一句话："我不需要。"为此，她非常苦恼，不知道自己该怎么办才好。无可奈何，她只好向那些销售业绩突出的朋友请教。朋友说："首先你要找对客户啊！比如，你销售化妆品就只能找那些年轻的女士、女孩，她们才有可能需要化妆品。"刘英叹了一口气，说："我找的就是这些人啊！可是人家都说不需要，我总是被人拒绝，我也不知道是怎么回事。"朋友笑着说："她们拒绝你，你就离开了？"

刘英吃惊地说："不然，我还能怎么样？"朋友说："你至少可以问问她为什么拒绝买你的商品吧！"刘英说："问了之后，怎么办呢？"朋友笑道："知道她拒绝的理由，你的销售就已经成功了一半。知道了问题的所在，剩下来解决问题就行了。她如果嫌贵，你就应该努力让她相信这是物有所值。她如果不信任化妆品的质量，你可以告诉她你的化妆品在 2 个月之内已经卖出去了几百套，目前店铺已经达到钻石级，都没有问题的。如果有问题你可以把钱原封不动地退给她。如果把她拒绝你的理由都一一排除了，她还有什么理由不买你的商品呢？"

刘英惊讶地说："你的销售成绩那么好，难道你也经常被顾客拒绝吗？"朋友笑了一下，说："你以为呢？我并不是一个运气好的人，我只是一个会把拒绝当成机会的人。"这番谈话让刘英深受启发，原来在销售中，拒绝并不只是拒绝，而是机会。她抱着这种想法终于敲开了一个客户的门。

很多网店客服人员在遭受买家的拒绝以后，就觉得自己毫无希望，没有做任何争取，也没有询问买家不需要的理由，而只好再去向其他人销售。这样的销售，恐怕很难取得好的业绩。

买家之所以拒绝，可能并不是不需要你的商品，而是你没有成功引起买家购买的心理。买家的拒绝都有一定理由的，也许嫌商品贵，也许对商品不够信任，也许抱怨商品没有售后服务等。网店客服人员只要能够消除买家的这些疑虑，就可以引起买家的内在满足感，使其产生购买的欲望。

买家之所以对商品要精挑细选，在购买时小心翼翼，其目的只是想要买到货真价实的东西，避免上当受骗，所以会很仔细地审视一切。如果网店客服人员能够帮助买家解决他们的各种疑问，买家就会产生强烈的购买欲望，并安心地购买。所以面对买家的审视，网店客服人员不必感到窘迫，真诚地面对买家，接受他的检验就是了。

第 170 招　遇到找借口的买家怎么办

当网店客服人员在向买家介绍和推荐商品时，有的买家会表示出一定的兴趣，有的买家则会毫不留情地断然拒绝；也有一些买家会表现得比较含蓄，会为自己的拒绝找出一系列的借口，而这样的买家其实内心也有一些购买的欲望，只要加以激发和感染，就会把他们争取过去。面对这样的买家，如果选择放弃就会白白放掉了大批潜在的买家，给自己造成不小的损失。

有借口，总比直接拒绝更有促成销售的可能。只要网店客服人员看准对象，巧妙地加以引导，就会有效地堵住买家的借口。正所谓盛情难却，当你用无比激昂的热情和真心去感染买家的时候，买家也会被打动的。

当网店客服人员在向买家推销一些产品时，买家为了避免让网店客服人员感到尴尬和失望，往往会善意地说："这东西确实不错，不过不好意思，我现在并不需要，等以后再说吧。"这样的话总比冷漠地拒绝要让网店客服人员心里好的多，既然买家有情，网店客服人员就不能无义。网店客服人员不仅要向卖家表示感谢，还要邀请买家随便看看，说不定会有买家需要的东西。即使买家真不要，网店客服人员也要保持礼貌和尊敬，给买家留下好的印象，争取买家下次再来光顾。

而面对那些想要购买，却借口频频的买家，网店客服人员要善于用自己的真心去堵住买家的借口。买家之所以会找出各种各样的借口进行推诿，很大程度上是对产品的质量、性能或者价格等方面有不满意的地方，而自己又不好意思说，因此才会不断地找借口，希望客服人员做出让步。如果网店客服人员不懂买家的心理，只是一再地要求买家购买,那么买家也只能不断地寻找新的借口加以回绝。而如果这时网店客服人员主动地询问买家是不是因为价格太高,或者款式不合适而犹豫,并站在买家的角度给其一些合理的建议,即使不能弥补,只要你晓之以理,动之以情,买家还是会乐意接受的,毕竟你的真心和诚意是让买家感动的,并使买家对你产生信赖。

一位女士到一家网店去买皮鞋,网店客服人员小王给她介绍了好几个款式,结果那位女士不是觉得款式太旧,就是嫌质量不好,或者觉得颜色不合适。小王忙活了半天也没有为买家找到一双合适的鞋子。但是小王却没有抱怨,而是很真诚地向那女士抱歉说"小姐,真是不好意思,浪费了您这么多宝贵的时间,也没有为您找到一双合适的鞋,真是抱歉。"

听到这样的话,那位女士反而觉得过意不去,对小王说"没关系,我再看看,或许可以找到一双更合适的。"其实这位女士是看好一双小王推荐的鞋子的,只是觉得价格贵,才一直犹豫不决。于是那位女士又一次把看好的鞋子通过旺旺发给小王,咨询这个鞋子的情况。小王立刻回复她说"这款皮鞋是今年上市的新货,属于休闲型的,它的跟比较低,即使走路多也不会觉得累,而且还可以防滑。穿起来也很时尚,喜欢的话您可以拍下。"

女士又开始犹豫了,她说"这双鞋子我还是比较喜欢的,就是价格贵了些。"于是小王说"我也知道您是真心喜欢这双鞋子,我们的鞋子质量是绝对可以保证的,在价格上这也已经是最低了。买到一双自己喜欢的鞋子不容易,您看这样吧,这个号码的鞋子只有一双了,原价398,打折后是358元,我问问经理,看能不能把8元的零头去掉,以350的价格卖给您,您看怎么样?"

那女士说多谢了。小王说"您先稍等片刻,我问下经理,但我不能保证一定可以说服经理降价,我只能尽力而为。"几分钟过后,小王对那位女士说"成功了,恭喜您,终于如愿以偿地买到了喜欢的鞋子。"

这时那位女士已经被小王的真诚所感动,对小王连连道谢,并保证下次再来这里购物。

如图 12-1 所示网店客服人员与买家的交流过程。面对买家的诸多借口,网店客服人员不要认为是对自己的否定，是对产品的拒绝。而应该听出买家的话外之意，仔细考虑买家是不是真的不需要。如果需要，如何才能够让买家接受。对于那些拿不定主意的买家，网店客服人员首先要学会和他们沟通，从谈话中了解买家的性格特点，寻找买家犹豫的心理根源，找出突破口，堵住买家的借口，让买家满意地接受。

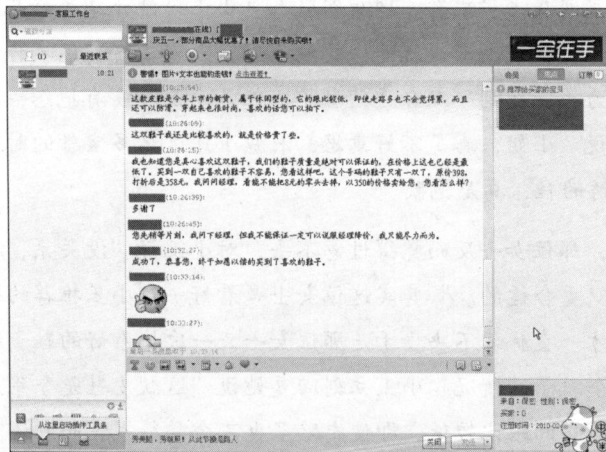

图 12-1　网店客服人员与买家的交流过程

第171招　如何赞美买家，让对方对你产生好感

对于新开店的卖家来说，最难的莫过于信用低，买家不信任，好不容易来一个买家咨询，问了半天还不买，这是最郁闷的事情。借用小沈阳的话说：在淘宝开店最痛苦的事情是没买家，最最痛苦的事情是好不容易来一个又给跑了，最最最痛苦的事情是，问了半天没买跑了。

我们都知道，赞美别人是一门艺术，如果卖家运用得当，它会变成一种犀利的武器，让你战无不胜，攻无不克，可是如果运用得不好，就会让别人觉得有拍马屁的嫌疑，有时候反过来会让别人觉得不够真诚。

鲁杰的小店销售上衣、裤子、棉袄之类的中老年服装，买家基本上都是年轻的女孩，一般是送给父母或者长辈，也有个别是中老年人自己买的。在与买家交流的过程中，鲁杰发现一点，适当地赞美一下买家，可以帮卖家轻松地拿下交易。人都多多少少都有点虚荣心，都希望得到别人的赞美。鲁杰在与买家交流的时候一般尽量少催促她下单或者决定买东西，多与她交流，这样一方面可以拉进与买家的心理距离，一方面可以了解买家买东西的心理，可以有侧重地交流。

有一次鲁杰碰到一个买家，买家是一个女孩，打算买件衣服送给妈妈。开始的时候他们谈了好长时间，女孩问这问那，非常详细，鲁杰感觉这里并不一定有适合她的衣服，觉得可能拿不下这笔交易了。在交流的过程中，女孩说是买给妈妈用的，鲁杰马上就赞美她很孝顺，像她这样孝顺的 80 后可很少。结果买家一乐，当场就拍了。

如图 12-2 所示与买家的交谈过程，一句简单的赞美就可以拿下一笔交易，投其所好，适当赞美，满足买家的虚荣心，可以更轻松地拿下交易。

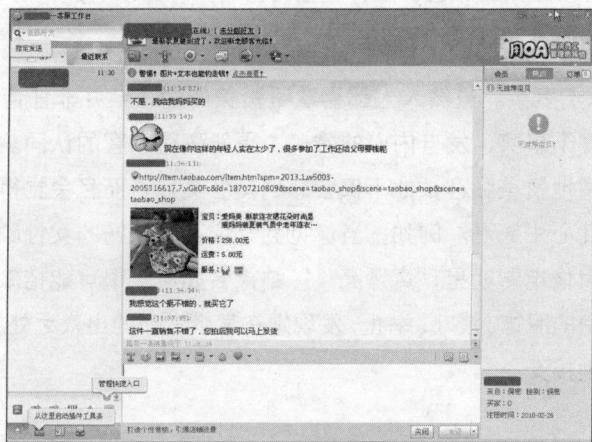

图 12-2　赞美买家

赞美是一件好事，但绝不是一件易事。赞美顾客需要审时度势，需要一定的技巧，否则可能把好事变成坏事。所以，在赞美顾客前，一定要掌握一些赞美的技巧。在赞美顾客时一定要注意以下几个方面。

（1）如果是新顾客，不要轻易赞美，只要礼貌即可。因为在彼此还不是很熟悉的情况下贸然地去赞美顾客，只会让其产生疑心乃至反感，弄不好就成了谄媚。

（2）如果要赞美别人，一定要从具体的事情、问题、细节等层面赞美，如可以赞美其问题提的专业、或者看问题比较深入等着手，这样有时反而更加让顾客感觉你的赞美很真实、真诚。

（3）在顾客购买产品后，也要通过赞美来坚定顾客购买的信心。一般来讲，顾客购买完产品后，总是怀疑自己买亏了或者就是买的不合适，所以他们会去询问身边的朋友、亲戚、家人来判断自己这次买的东西是否合适。所以如果买完后你能对他说："先生/小姐，你真是太有眼光了，这款是我们目前卖的最好的，很多顾客都很喜欢！"这样顾客心理会很舒服。

（4）赞美要有针对性。实践证明，有针对性的赞美比一般化的赞美能收到更好的效果。例如，年纪大的顾客总希望别人不忘记他"想当年"的业绩与雄风，同其交谈时，应称赞他引为自豪的过去；和年轻的顾客交流，应赞扬他的创造才能和开拓精神；对于经商的顾客，应称赞他经营有方，生财有道；对于知识型顾客，应称赞他知识渊博，宁静淡泊。

（5）赞美要基于事实。虽然人人都喜欢听赞美的话，但并非任何赞美之词都能使对方高兴。基于事实、发自内心的赞美，更能赢得顾客的认同。相反，若无根无据、虚情假意地赞美顾客，他不仅会感到莫名其妙，而且会觉得你油嘴滑舌、蓄意讨好，为此心生厌恶。例如，当你见到一位其貌不扬的女性顾客，却偏要对她说："您长得像电影明星，真漂亮！"结果会如何？很可能招来一个白眼。但如果你着眼于她的服饰、谈吐、举止，发现她在某个方面的出众之处并真诚地赞美，她一定会高兴地接受。

第172招　机不可失能对买家产生巨大诱惑

机会越少，越难得，人们就会越珍惜，进而使自己因为不愿意错过难得的机会而采取某种行动。这种心理效应可以达到这样一种效果，那就是："就是它了，我绝对不会再错过了！"它几乎能够左右人们的行为，甚至改变人们原先犹豫不决的态度。

因为稀少，甚至短缺，机会才会变得很珍贵，很难得，使人们不愿意放弃。在有众多选择机会的宽松环境下，试图改变人们的行为则会变得非常不易，而在紧缺的氛围和环境中，则能够给人们造成压力，可以有效地促使其做出决定。

一个买家到李飞的店铺买一种电器的配件，他去过很多传统的商店，也去过很多网上店铺都没有找到。当他向李飞询问有没有这种配件时，得到的却是否定的回答。看了李飞的回复，买家失望极了。

因为求之不得，而又非常短缺，这种商品对客户的诱惑力很大。李飞判断出了客户急切的购买欲望，于是对客户说："或许在库存里还有，我可以帮你找找，但是它的价格会高些，如果找到你会按这个价格买下来吗？"

因为短缺，这件商品对于买家来说是很难得的，因此，他毫不犹豫地答应了。当李飞确实找到了这件商品后，买家当即就拍下了。因为他别无选择，因为就这一次机会，即使价格贵了点，他还是不会放弃的。

借助"数量有限"的短缺原理来促成销售，是一种很有效的营销方式。因为买家极易受到诱惑，是不会放弃这样的机会的。而网店客服人员需要做的就是让买家感受到自己如果不尽快购买，可能就会失去购买的机会。在这样的紧迫感和危机感的作用下，买家难舍自己喜欢的商品，必然会主动促成交易。如图 12-3 所示，借助"数量有限"来促成销售。

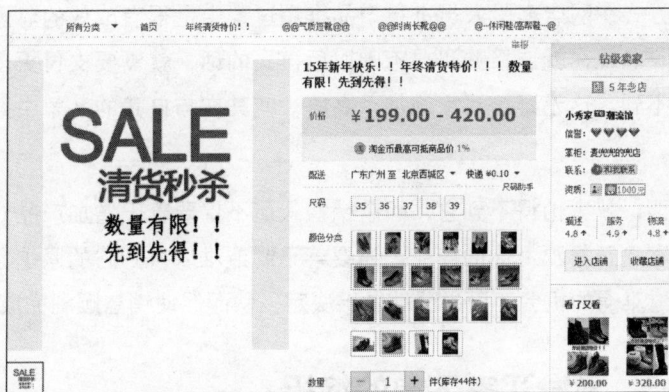

图 12-3　借助"数量有限"来促成销售

除了采用"数量有限"策略快速促成销售外，"时间有限"策略也能达到这个效果，它会让人在短时间内，果断地做出行动。在销售中体现为：对买家获得某种商品的机会加以时间上的限制，从而利用人们害怕失去机会的心理而成功地实现销售。当获得机会的可能被渲染得越来越少，能够引起人们获得机会的欲望就会越大。如图 12-4 所示借助"时间有限"快速促销。

图 12-4　借助"时间有限"快速促销

设置的期限越短，其短缺的效果也就越明显，而因此引起的人们的拥有欲望也就越强。这种方式在网店客服人员进行产品推销过程中是很有成效的。因为他们会告诉买家，除非现在就选择购买，否则以后再买的话，就需要支付更多的钱，甚至根本就买不到，这无疑给买家施加了高压，使其在与自我的斗争中努力地去说服自己购买。

喜欢一样东西，就害怕得不到它，网店销售人员不仅要善于增加产品对顾客的吸引力，让顾客真正喜欢上你的产品，还要善于制造难以得到它的紧迫氛围，让顾客为了不错过难得的机会，而果断地做出决定，从而促使销售顺利完成。

第 173 招　激发买家下单的绝招

由于当今时代商业竞争日益激烈，顾客不一定非常痛快地做出购买决定，这就需要卖家循循善诱、想方设法地让顾客购买。

例如，有一位顾客想为母亲买一件生日礼物，他看中了一块红色的大衣，但又觉得价格有些贵，犹豫不决。卖家此时可以对顾客说："先生，孝心无价！你母亲的七十大寿，一生只有这一次，送上高档的礼品才不会后悔！"

卖家这几句细心体贴的话，使这位顾客心中暖融融的，他也许当即就会决定购买。

> 卖家捕捉顾客决定购买的时机，有以下几种情况。
>
> ● 顾客从不同的方面将所有的问题都问完时，就是顾客决定购买的关键时刻。
>
> ● 当顾客处于决定买与不买的犹豫不决时，卖家应该适时主动出击，促使顾客做出购买的决定。
>
> ● 顾客重复相同的提问时，就是顾客决定购买的表现。

由此可见，所谓的时机，并不是见了顾客就向顾客推荐，而是要等到顾客对商品考虑比较成熟时再推荐；否则，就会令顾客产生逆反心理，而对卖家不加理睬，扬长而去。

此外，卖家的推荐一定要大方得体，而不能强行推荐。向顾客推荐商品时，除了行动要求自然之外，卖家还应该话语得当。

一般来说使用如下的几种方法，可以促使顾客购买商品。

1. 意向引导成交法

如果顾客有心购买，只是认为商品的价格超出了自己预定的水平，这时，只要向他们进行意向引导，一般都能使洽谈顺利进行下去。

引导在买卖交易中的作用很大。它能使顾客转移脑中所考虑的对象，产生一种想象。这样，就使顾客在买东西的过程中，变得特别积极，在他们心中也产生一种希望交易尽早成交的愿望。

2. 用途示范成交法

在给顾客介绍商品时，少不了要向顾客介绍商品的用途。但并不是仅仅把商品的用途功能罗列出来就完事了，还要给顾客演示。如利用摄像头现场示范商品给买家，或拍摄好一些视频短片发给买家。这往往会加深顾客对该商品的印象，增加他们对商品的信任感，也就会毫不犹豫成交了。

3. 利用优惠成交法

优惠成交法是销售人员向顾客提供各种优惠条件来促成交易的一种成交方法。这种方法主要是利用顾客购买商品的求利心理动机，通过销售让利，促使顾客成交。

例如常用的优惠成交法用语。

"这种图书如果您订购超过 10 本以上，我可以给您按 7 折结账。"

"五一期间，我们的女装商品买二送一，过了五一可就不送了。"

"如果购买金额在 200 元以上，可免快递费。"

"这双女鞋 299 元可以免费赠送您价值 88 元的凉鞋一双。"

"我们的真皮皮鞋您在 2 号前拍下付款 8 折优惠。"

"今天是我们 3 周年店庆，全场 8 折，还有礼品相送。现在买是最合适不过的了。"

正确地使用优惠成交法，利用顾客的求利心理，可以吸引并招揽顾客，有利于创造良好的成交气氛，增强顾客的购买欲望，同时融洽了买卖双方的人际关系，有利于双方长期合作。而且利用批量成交优惠条件，可以促成大批量交易，提高成交的效率。

4. 利用最后机会成交

人们一般都有"机不可失，时不再来"的心理认识，遇到有利机会一旦错过，将后悔莫及。销售人员向顾客提示最后成交机会，促使顾客立即购买的一种成交方法。这种方法的实质是销售人员通过提示成交机会，限制成交内容和成交条件，利用机会心理效应，增强成交这种商品今天是最后一天降价，"机不可失，时不再来"，往往在最后机会面前，人们由犹豫变得果断。

如下是常用的最后机会成交用语，交流过程如图 12-5 所示。

"本品牌国庆期间全部商品降价 8 折出售，今天是最后一天了，过了今天就不打折了！"

"这种商品您快买吧，这个价格今天是最后的机会了，马上又要涨价了！"

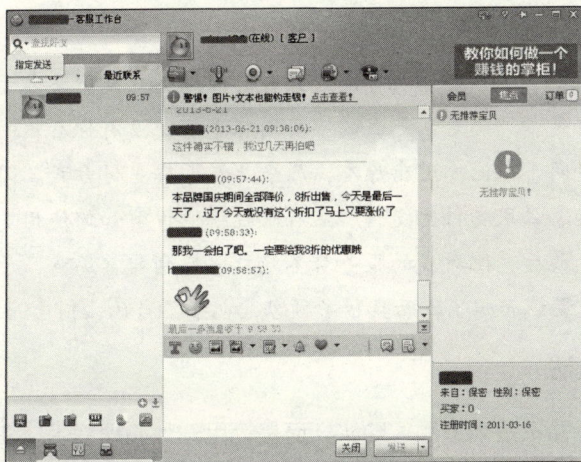

图 12-5　最后机会成交用语

最后机会法利用人们怕失去能得到某种利益的心理，能够引起顾客对购买的注意力，极大刺激了顾客购买欲望，避免顾客在成交时再提出各种异议。可以在顾客心理上产生一种"机会效应"，把他们成交时的心理压力变成成交动力，促使他们主动提出成交。这种方法实际上是对顾客的一种让步，主要满足顾客的求利心理动机。但是，运用此法要求必须实事求是，不能欺骗和愚弄顾客，否则势必影响店铺的信誉和顾客对店铺的信任。

最后机会法通过向顾客提供优惠成交条件，有利于巩固和加深买卖双方的关系，对于较难推销的商品，能够起到有效的促销作用。

5. 不断追问成交法

有的顾客在购买商品时，左思右想，举棋不定，无法决定购物行动。对待这一类顾客，用这个方法就非常有效。使用这种方法首先对顾客要有耐心，充满热情。

有一次碰到一个顾客，他先加了我旺旺，但半天也没向我咨询。根据以前的经验判断，应该是看中了店里的宝贝。但还在考虑之中，也有可能是还在店里看宝贝呢，暂时还没定下来买哪个。我于是发信息问他需要什么帮助，他回复说在看我店里的图书，但还没决定买哪个。我接着问他，有没有具体想要买的，我可以介绍一下。他说我店里的网络图书不错，于是我一一给他做了介绍，折腾了半天，他最后来一句，"我再考虑一下吧。"

于是我接着追问："不知道您要考虑什么样的问题呢？是价格方面的原因吗？"他回答说也不全是。"那是不是我的宝贝内容不好？没有你喜欢的？"又不是。最后，在我的追问下，他才道出原委，原来是在考虑支付方式。因为他是一个新买家，还不知道怎么用支付宝支付。然后我就给他讲解如何使用支付宝，如何申请网上支付等。最后，他对我的服务赞不绝口，感到非常满意，于是拍了好几本图书，可以说是满载而归。而我帮了顾客，也帮了自己，何乐而不为呢。

6. 加压式成交法

对顾客施加压力并不是强迫顾客购买，而是运用一种心理战术，使顾客无形中感到一种压力，促使他们尽快成交。使用这种方法必须做好充分的准备，而且要求应变能力非常好，让顾客感到你是在为他们着想，处处为他们考虑。这样，成交的概率就非常大了。

有一次给一位顾客介绍耳饰的时候，对方想买又不拍，还想再到别处去逛逛，说要考虑一下。此时我店里正好有促销活动，买到一定数额就有精美礼品赠送，于是我就给她链接，让她先看看赠品，果然看了之后，她非常喜欢一款首饰，但还是说先看看再说。于是我劝她，这是我店里的一个促销活动，礼品有限，送完为止，如有喜欢的，最好还是尽快拍下来吧，不然过了这个村可就没这个店了。在几分钟的沉寂之后，她还是决定拍下来，我们终于成交了。

第174招　激发买家害怕买不到的紧迫心理

在现实生活中，人们对于俯首皆是的东西往往都会不觉得稀奇，视而不见，不去理睬，而当它突然变得很难得的时候，反而又把它当成宝贝，认为它很珍贵，想法设法得到它。

这是人们的一种深层次的心理，害怕得不到的心理，在购物消费方面，这种心理表现得更加明显。人们常常对越是买不到的东西，越是想要买到它。例如商家总是会隔三差五地搞一些促销活动，如"国庆七天全场产品一律 5 折"、"本店前50 名顾客享受买一送一"、"5 周年店庆，全场 8 折仅售 5 天"等。很多消费者知道这样的消息都会争先恐后地去抢购，因为机不可失，时不再来。

对待不能做出果断决策的买家的办法是创造出一种紧迫感。无论销售什么产品，总能想出一些使客户产生紧迫感的办法的。可以根据不同的情况采用以下回复，如图 12-6 所示。

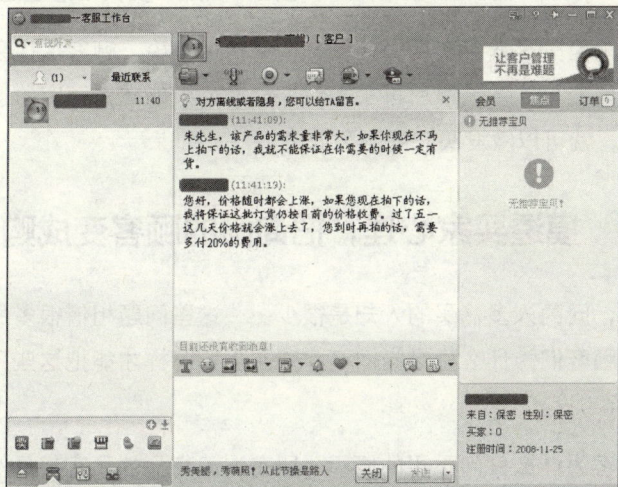

图 12-6　激发买家紧迫感的回复

"朱先生，该产品的需求量非常大，如果你现在不马上拍下的话，我就不能保证在你需要的时候一定有货。"

"您好，价格随时都会上涨，如果您现在拍下的话，我将保证这批订货仍按目前的价格收费。过了"五一"这几天价格就会涨上去了，您到时再拍的话，需要多付 20% 的费用。"

比如对于从事化工行业的卖家，因为原油天天上涨，对于一些顾客在下单上犹豫不决的时候，可以适时地提醒客户，过两天这型号的原料可能大幅度上涨。再采

购的话就会多付 ★★★/吨。我的建议是，贵公司现在也每天都有固定的用料需求，不如这次趁没涨价时多进点原料。这样，给客户一种晚进原料就会多付钱的意识，而且这种感觉随着原油上涨效果越发明显。

当一个人真正需要得到某种东西的时候，就会害怕无法得到它，从而会不由自主地产生一种紧迫感，在这种心理影响力的作用下，就会积极地采取行动。针对买家这样的心理，销售人员在与客户交流的过程中，要善于恰当地给买家制造一些悬念，比如只剩下一件商品、只有 5 天的优惠活动、已经有人订购等，让买家产生一种紧迫感。觉得如果再不买的话，就错过了最佳的购买机会，可能以后就没有机会再得到了，这样就会促进买家果断地做出决定，使交易迅速达成。

物以稀为贵，东西少了就会变得很珍贵，在消费过程中，顾客往往会因为商品的机会变少、数量变少，害怕以后再买不到。卖家如果能掌握顾客的这一心理，适当地加以刺激，就可以激发买家的购买欲望。

第175招　摸透买家心理，把询问的顾客变成购买的顾客

最近生意好差，问的人多，买的人却是很少……这些问题相信很多的新卖家都遇到过。那么，顾客们为什么只是问问而不购买呢？怎样才能把这些只询问的顾客变成购买的顾客呢？

首先来分析顾客为什么只问不买的原因：所有询问商品的顾客都是对商品感兴趣且有购买意向的，之所以最终没有跟卖家达成交易，归根到底也莫过于两大原因，第一个原因商品价格太贵，第二个原因对商品的质量存在疑惑。

那么，要跟这些只问不买的顾客达成交易，首先就必须要把这两个问题彻底解决掉。

1. 商品价格太贵的原因

对于买家来说，大家都希望能以最少的钱淘到最好的商品。作为卖家的我们也不例外，在别的店铺购买商品时同样也是抱着这个心态。所以，这时卖家应该多站在买家的立场上为买家着想，能优惠的还是尽量优惠点给买家，赚多赚少也是一

单生意，做成了那就是一种成功。

如果价格已经是低得不能再低了，那么，也别急着跟买家说再见。所谓做一行懂一行。这时可以跟买家介绍下商品的特色、介绍商品各方面的知识，突出商品的优势和目前你的价格在市场上也是占有很大的优势，这两点是非常关键的。别小看你这番话，对于有意向要购买的买家来说，这无非是在购买的欲望上添一把火。可能因为你的介绍，你的专业，让买家感觉到你的真诚，因此对你产生信任，且更增加了购买商品的欲望。

顾客的眼睛都是雪亮的，除非他要购买的商品在市场上没有什么竞争对手，否则做到货比三家那是必不可少的。同类的商品，哪家店铺卖得便宜，哪家店铺卖得贵，可能顾客比卖家更清楚。精明的买家都是善于搜索，善于比较的。如果你的商品价格在市场上真的占有优势的话，买家们的心里也是清楚的。

2. 对商品的质量存在疑惑

这是众多新手卖家们最为头痛的问题：我的信用虽然不高，但我的商品非常漂亮，价格便宜，质量也超好。为什么买家不相信我呢？

（1）行业知识：所谓各行有各行的知识，而做一行就要懂一行。如果是卖女装的，关于女装方面的知识必须要花些时间去研究。掌握了各方面的行业知识后，才能对买家提出的问题一一解答。如果掌握不了该行的知识，买家的问题回答不上来或含糊地回答，这样买家怎么能相信你呢？所以，专业的知识是必不可少的。只有自己掌握了该行的全面知识，对买家提出的每一个问题都能够给以专业的回答，这样买家对你的信任自然会增倍。

（2）相关承诺：有些买家担心买到的商品质量不好，有些担心款式和颜色没有图片上好看等原因，而一直不敢购买。不少卖家在宝贝描述里已经注明了商品退换货的承诺与规则。这是个很不错的办法，打消了买家心里的担忧，使买家放心地去购买商品。

（3）有能力的卖家可以考虑加入消费者保障计划，先行赔付，你敢买我敢赔，使买家购物更放心。

第 13 章

处理好买家的疑虑，提高成交率

根据对买家购买商品时的心理分析，多数买家对于自己想购买的商品，在某种程度上都抱有疑虑和抱怨。买家的疑虑和抱怨一般是因为对店铺的服务和商品质量不满而产生的。如何巧妙地让顾客打消这些顾虑，是卖家的职责，是成功交易的前提。否则只会使得店铺的客流量越来越少，销售业绩越来越下降。

第176招　网店客服的工作流程

客服的作用越来越得到了广大淘宝卖家的重视。纵观那些淘宝皇冠店、金冠店，他们的客服工作都做得非常好。接下来介绍客服工作的流程。

1. 首先是招呼，要做到"及时答复，礼貌热情"。

当买家来咨询时，先来一句"您好，欢迎光临"诚心诚意，让买家觉得有一种亲切的感觉。不能只回一个字"在"，给买家感觉你很忙，根本没空理他，对他冷漠了，也不能买家回一句，你答一句，这时候有可能会跑单了。可以运用幽默的话语，旺旺态表情增添交谈的气氛，让买家知道我们客服的热情和亲切，增添对店铺的好感，这对成功交易有所帮助。

2. 询问

通过引导的方式，搜索买家更多的信息。当买家还没有目的性，不知道自己需要买哪款时，要有目的性地向买家推荐。如果询问的产品刚好没货了，不要直接回复没有，可以这样回答：真是不好意思，这款卖完了，有刚到的其他新款，给您看一下吧。即使没有也让买家看看店里其他的产品。

3. 推荐

根据收集到的买家信息，推荐给买家最合适的而不是最贵的，让买家感受到热心和用心。用心为买家挑选产品，不要让买家觉得你是为了产品商业的利益。

4. 议价

在规范、公平、明码标价，坚持原则不议价的情况下，适当优惠或赠送小礼品以满足个别买家追求更加优惠的心理。如果买家说贵的话，这个时候可以顺着买家的意思，承认自己的产品的确是贵，但是要委婉地告诉买家要全方位比较，一分钱一分货，还要看产品的材质、工艺、包装、售后等。还有当话语很长的时候，不要一次性打很多字，因为买家等久了，可能就没有耐心了。

5. 核实

买家拍下产品后，我们应该及时跟买家核实地址、电话等个人信息是否准确，另外特别关注个性化留言，做好备忘录，有效避免错发、漏发等情况，尽可能控制售后不必要的麻烦和纠纷。

6. 道别

无论成交与否，都要表现出大方热情，特别是在议价没有成交的情况更应如此。因为卖家的诚恳热情，买家回头再购买的概率也是很高的。在成交的情况下，可以这样回答买家：您好，谢谢您选购我们的产品！您就等着收货吧，用好欢迎再次光临，祝您生活愉快！

7. 跟进

订单问题：针对拍下来未付款的交易及时跟进，在适当时间和买家及时沟通核实，了解未付款的原因，及时备货，以便促成交易达成。

物流问题：首先及时查看订单快递有没有疑难件，及时跟进查询，发现问题时要第一时间通知买家说明情况，避免售后因物流产生的纠纷。如果接到买家反馈物流停止更新，要记录 ID 进行跟踪处理，做到对买家负责，即使遇到不可避免的物流问题，如果买家感受到我们用心为他处理，一般可以化解很多纠纷。

第 177 招　巧妙对待各种类型的买家

买家受性别、年龄、性格等因素的影响，对相同商品的反应也不相同。因此，店主应该因人而异地对待买家。

1. 如何应对外向型的买家

外向型买家一般做事情都很有自信，凡事亲力亲为，不喜欢他人干涉。如果他意识到做某件事是正确的，那他就会比较积极爽快地去做。对待性格外向的买家要赞成其想法和意见，不要争论，要善于运用诱导法将其说服。在向他们推荐商品或服务时，要让他们有时间讲话，研究他们的目标与需要，注意倾听他们心声。

2. 如何应对随和型的买家

这一类买家总体来看性格开朗，容易相处，内心防线较弱。他们容易被说服，这类买家表面上是不喜欢拒绝别人的，所以要耐心地和他们交流。

3. 如何应对优柔寡断型的买家

有的买家在店主解释说明后，仍然优柔寡断，迟迟不能做出购买决定。对于这一类买家，店主要极具耐心并多角度地强调商品的特征。在说服过程中，店主要做到有根有据、有说服力。

4. 如何应对小气型的买家

喜欢贪小便宜是小气型买家最大的特征。买东西老嫌贵，还特别喜欢侃价。应对这种买家，跟他套交情是最佳做法：首先应该热情地向他打招呼，赞美他，并且要提醒他占到了便宜。

5. 如何应对稳重的买家

个性稳重的买家是比较精明的。他们注意细节，思考缜密，决定迟缓并且个性沉稳不急躁。对于这种类型的买家，无论如何一定要想法让他自己说服自己，否则他便不会做出购买决定。不过，一旦赢得了他们的信任，他们又会非常坦诚。

6. 如何应对心直口快的买家

有的买家或直接拒绝，或直接要某个商品，一旦做出购买决定，绝不拖泥带水。对待这种买家，店主要以亲切的态度，顺着买家的话去说服。答复速度尽量快些，介绍商品时，只需说明重点，不必详细说明每个细节。

7. 如何应对"慢性子"的买家

这种买家正好与"急性子"相反。如果碰到"慢性子"的买家，千万不能心急，只有耐心回答他的问题才能赢得赞赏。

8. 如何应对待挑剔型的买家

喜欢挑剔的买家，往往对于店主介绍的真实情况，认为是言过其实，总是持不信任的态度。对待这种买家，店主不应该反感，更不能带"气"来反驳买家，而要耐心地倾听，这是最佳的办法。

而对于难缠的买家，并不是要"对抗"，而是消除、解决和合作，并将最难缠的客户转换为最忠实的客户。客户的难缠，不管有没有道理，若能从难缠中仔细深入研究，通常可发现自己的一些不足之处。客户在难缠过程中所提出来的建议，也许可直接采用，也许需经修改或转化才可采用，但也能对网店的销售和提升有益。

对待不同性格的买家，应采取不同的接待和应对方法，只有这样，才能博得买家的信赖。

第 178 招　客服提高下单率的技巧

客服在网店中的作用并不仅仅是有问必答，还要有技巧地解答买家的问题，才能提高客服询单转化率。

第一，从买家的角度为买家考虑，这样买家就很容易接受你的建议了。

第二，对自己要有信心，而且要随时给买家信心。这点当然要建立在质量保障的基础上。

第三，对待买家不能像对待上帝一样唯唯诺诺，生怕买家走了，而是要像对待朋友一样。

第四，提高客服回复速度，最好保持在 30 秒之内。当买家询问你之后，就证明有一定的购买意向，应当重视起来，应该即时成交，而不是延后，延后意味着90% 的流失。

第五，做好附加推销。买家买你的这件宝贝，你并不能仅仅向他推销这款宝贝，还要随时推销店里的其他宝贝。提高客单价和降低买家流失率应放在同等重要的位置。

第 179 招　怎样打消买家的购买顾虑

在购买商品的过程中，大多数买家经常会心存疑虑。卖家应该首先要问为什么买家会有顾虑？顾虑是怎样产生的？顾虑产生的根源是什么？对商品不了解，还是沟通有问题？

他们担心的问题可能是客观存在的，也可能只是心理作用。这时，卖家应该采取主动，发现买家的疑问后，及时打消买家的疑虑。在交易过程中，消除买家的疑虑是非常重要的，只有当买家对你的产品或服务完全相信，没有任何疑虑时，沟通才算是成功的。

事实上这些顾虑也是有一定道理的。因为新闻媒体经常报道一些买家购买到假冒伪劣商品的案例，尤其是一些伪劣家电用品，有些会给买家的生命造成巨大威胁。类似的情况很多，使得买家在自觉不自觉中绷紧了心头的那根弦，在购买过程中，他们会时时刻刻担心商品的质量不好，是否存在着安全隐患，害怕自己的利益受损。很多时候，买家害怕损失金钱或者是花一些冤枉钱，他们担心这种商品或者服务根本不值这个钱。

要想在销售过程中消除买家的顾虑心理，首先需要做的就是向买家指出，他们决定购买的动机是非常明智的，钱会花的很值得；而且，购买你的产品是他们在价值、利益等方面做出的最好的选择。

下面是一个用真诚消除买家的疑虑的典型案例。

卖家：您好！您上次看的那款电脑，觉得怎么样？

顾客：你们那台电脑我看过了，品牌不错，产品质量也还好，不过我还需要考虑考虑。（顾客开始提出顾虑。）

卖家：我明白，您做事考虑得十分周全。只是我想请教一下，您考虑的是哪方面的问题？

顾客：你的价格太高了。

卖家：您主要是与什么比呢？

顾客：你的产品与×××店的差不多，而价格却比对方高出400多块钱呢！

卖家：我理解，价格当然很重要。除了价格以外，买电脑，您还关心什么？

顾客：当然，买品牌电脑我还很关心服务。

卖家：我理解，也就是说服务是您目前最关心的一个问题，对吧？

顾客：对。

卖家：您看，就我们的服务而言，我们的服务是 3 年内全国联保的，XXX 牌子的品牌机遍布全国各地，3 年内有问题都可以保修的。您看我们的服务怎么样？

顾客：还好。（顾客开始表示认同，这就等于发出了购买信号。）

卖家：既然您也认可产品的质量，对服务也满意，您看是不是就可以拍下了呢？

顾客：其实吧，我是在考虑买兼容机好一些呢，还是买品牌机好一些，品牌机太贵了。（顾客有新的顾虑，这很好，只要表达出来，就可以解决。）

卖家：当然，我理解您这种出于节省成本的想法。我担心的一个问题是，您买了兼容机回来，万一这些电脑出了问题，您不能得到很好的售后服务保障的话，到时带给您的可能是更大的麻烦，对吧？

顾客：对呀，这也是我们为什么要选择品牌机的原因。（顾客认同卖家的想法，这是促成的时机。）

卖家："对，我完全赞同您的想法，您就放心下单吧。"

顾客："好，那我就拍下了。"

从某种意义上来说，消除买家顾虑的过程也是帮助买家恢复信心的过程。因为当他们犹豫是否购买你的商品时，他们的信心出现动摇也是正常的。这时如果能及时地帮助他们消除顾虑，也就帮助他们强化了自己的信心和勇气。

人的思想是很复杂的，当接触一些新鲜事物的时候，往往会不理解，想不通，疑虑重重。但只要能把握脉络，层层递进，把理说透，就能消除买家的顾虑，使销售顺利进行。

在销售的过程中，买家心存顾虑是一个共性问题，如若不能正确解决，将会给销售带来很大的阻碍。所以，卖家一定努力打破这种被动的局面，善于接受并巧妙地去化解买家的顾虑，使买家放心地买到自己想要的商品。

第 180 招　买家担心特价商品的质量

买家表面上是怀疑商品的质量，可实质上是对卖家不信任。所以处理好这个问题的关键是要取得买家的信任，让买家相信卖家所说的话。

卖家可以坦诚地告诉买家商品特价的真正原因，以事实说服买家，同时以特价商品实惠、划算作为引导买家立即购买的催化剂。

卖家这时可以采用如下的语言来打消顾客的担心。

卖家：您有这种想法可以理解，毕竟您说的这种情况确实也存在过。不过我可以负责任地告诉您，虽然我们这些商品是特价品，但都是同一品牌，质量是完全一样的，并且价格比以前还有很大优惠，所以现在购买真的非常划算！

卖家：您有这种想法是可以理解的，不过我可以负责任地告诉您，这些促销的商品都是品牌正品，只是因为这个款式已经断码，所以才变成特价促销品，但质量是一模一样的，您完全可以放心地拍下。这一点请您放心。

卖家：您这个问题问得非常好，以前也有许多老顾客有这种顾虑。不过这一点我可以负责任地告诉您给您提供这一款，质量与正品品牌保证都是一样的，而价格却要低很多，所以现在买这些商品真的是非常划算。您完全可以放心地拍下！

第 181 招　买家说要跟家人商量一下

买家说"考虑考虑""与家人再商量商量"等，是在商品的销售过程中经常遇到的情况。买家这么说有可能是为自己找一个拒绝的借口，但也可能是买家一种真实的心理状态。

买家还是信心不足，他心理有想法：这个商品是不是我一时冲动的决定，是不是有更好一点的商品，价格是不是高了点，还有没有更便宜一点的。

所以，应该先了解买家顾及的是哪个问题，然后给他信心就可以了。找到他的症结之后对症下药，他只是说了上半句话，下半句没有说出来，有些情况下你的追问，他会回复他的顾及的烦恼，有时候他是不会回复的。

记注，你的产品可能和市场上的产品是一样的，没啥特别，但要让买家感觉只有从你这买才是最棒的，你得找出几点理由。

所以作为卖家首先要了解买家这种说法到底属于哪种类型，也就是说一定要知道其真实的原因。其实这个问题的处理可以从以下三个方面着手。

1. 找原因、给压力

面对买家的异议，如果采取不作为的方式，使买家感受不到任何压力，因而就会轻易地离开，以致于降低销售成功的概率。大量的销售案例告诉证明：适当给买家施加压力，可以使销售变被动为主动，从而找到买家离开的真正原因，有利于促进成交并提升销售业绩。但销售一定要把握好，压力不可以太大也不可以太小，因为太大会让买家讨厌你，太小则没有任何作用。

下面是一个应对买家找借口说跟家人商量一下的典型案例，具体的沟通过程如图 13-1 所示。

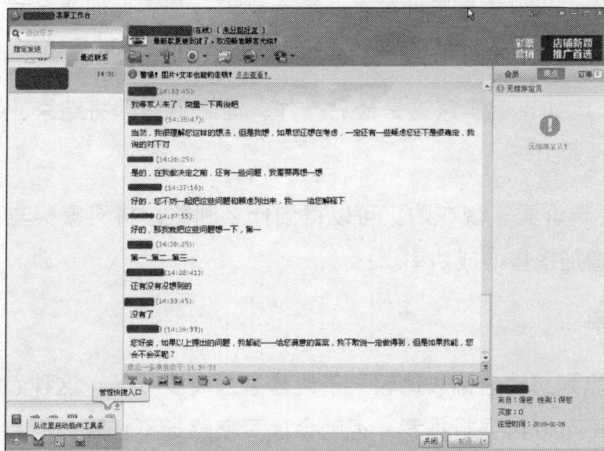

图 13-1　应对买家找借口说跟家人商量

顾客：我等家人来了，商量一下再说吧。

卖家：当然，我很了解您这样的想法，但是我想，如果您还想再考虑，一定因为还有一些疑点您还不是很确定，我说的对不对？

顾客：是的，在我做决定之前，还有一些问题我需要再想一想。

卖家：好的，您不妨一起把这些问题和顾虑列出来，我一一给您解释一下。

顾客：好的，那我就把这些问题想一下，第一……第二……第三……

卖家：还有没想到的吗？

顾客：没有了！

卖家：您好，如果以上提出的问题，我都能一一给您满意的答复，我不敢说一定做得到，但是如果我能，您会不会买呢？

如果买家的回答是肯定的，你就算成功了。接下来，要针对上述问题一一做出解释和保证。

2. 处理买家异议，推荐立即购买

找到买家的所有异议后，就应该立即处理问题，解决之后推荐买家购买。因为当买家还在的时候，可以去影响并激发其购买欲望与热情，而买家一旦下线，我们就鞭长莫及了，所以不要轻易让买家离开，应该抓住机会进行销售。具体方法是。

（1）给压力：比如告诉卖家这是最后一件、优惠活动即将结束、赠品有限等，给对方营造一种紧迫感。

（2）给诱惑：告诉卖家现在购买可以得到什么利益，将买家买与不买的利弊陈述清楚，可以增加销售的成功率。

3. 增加回头率

如果买家确实想到其他店铺去比较一下或与家人商量一下，这种心情销售应该给予理解。此时不可以再强行推荐，否则会让买家感觉不舒服，但我们一定要增加买家回来的概率。有研究表明，买家一旦回头，其购买的概率为70%。那么如果增加回头率呢？销售可以从两个方面着手。

（1）给面子。如果不给买家面子，即使买家喜欢也不会再回头，因为回头就意味着买家的软弱和没有面子。

（2）留印象。买家离开后还会去很多其他店铺，看许多商品，可能会受到诱惑，导致最后对我们的商品没有任何印象，这非常不利于买家回头，所以在买家离开前可再次强调商品的卖点，一定要给买家留下深刻而美好的印象。

卖家这时可以采用如下的语言来回复买家的借口。

卖家：您好，其实我可以感觉得出来您挺喜欢这件衣服，并且我也觉得这款衣服非常吻合您的身材与气质。您说想与家人商量、并考虑一下，我非常理解，只是我担心自己有解释不清楚的地方，所以想请教您一下，您现在主要考虑的是我们的款式还是……，还有其他的原因导致您不能现在做出决定吗？

卖家：您好，如果您实在要与家人商量一下，我也完全可以理解。不过我想提示您的是，这件衣服非常吻合您的身材与气质，并且这款衣服只有这最后一件了！

有时男顾客给女朋友买一双皮鞋，对皮鞋很满意，却说要等女朋友回来看看再决定。男顾客给女朋友买皮鞋始于对女朋友的爱，也是为了让自己的女朋友更爱自己。作为卖家应该把握住这个心理，引导顾客说出现在不能立即决定购买的原因，并推动对方立即采取行动。

卖家这时可以采用如下的语言来回复买家。如图 13-2 所示。

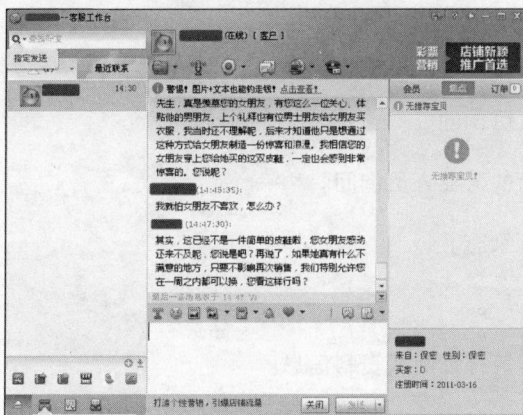

图 13-2　如何对待与家人商量的买家

卖家：先生，我可以感觉得出来，您做事非常细心。其实您刚才也说了这款皮鞋无论款式还是颜色，您的女朋友穿都比较适合，可是您又说要等女朋友来了后再说。我想知道，现在主要是哪方面的问题让您难以立即做出决定？

卖家：先生，真是羡慕您的女朋友，有您这么一位关心、体贴他的男朋友。上个礼拜也有位男士给女朋友买衣服，我当时还不理解呢，后来才知道他只是想通过这种方式给女朋友制造一份惊喜和浪漫。我相信您女朋友穿上您给她买的这双皮鞋，一定也会感到非常惊喜的。您说呢？

顾客：我就怕女友不喜欢，怎么办？

卖家：其实，这已经不是一件简单的皮鞋啦，您女朋友感动还来不及呢，您说是吧？再说了，如果她真有什么不满意的地方，只要不影响再次销售，我们特别允许您在一周之内都可以换，您看这样行吗？

第182招　怎样向买家介绍商品的优缺点

在说明商品的时候，必须针对商品本身的特点及商品的缺点，有技巧地向买家解释并做推荐。商品的缺点本来是应该尽量避免触及，但如果因此造成事后卖家的抱怨，反而会失去信用。所以，要让买家了解商品的缺点，并努力让他知道商品其他的优点。

怎样得知商品的优点与问题呢？以下是一些信息来源的渠道，要随时记得掌握。

- 向本店的资深人员询问。

- 向厂商、批发商的营业人员询问。

- 阅读报纸、专业杂志。

- 参观展示会、工厂。

- 利用电视、杂志等媒体收集资料信息。

- 亲自试穿、试吃、试用看一看。

现在的买家从电视、网络等媒体，得知许多现代资讯。因此，要及时吸收专业的知识。除了这些之外，卖家自己感受到的穿的感觉、吃的感觉和使用的心得等如能一并配合的话，将会更具说服能力。

卖家这时可以采用如下的语言来回复买家。

卖家：您真是好眼力，我们的设计师特意添加上这种进口面料，以使您在穿着这种衣服活动的时候更加舒展得体。我们有许多顾客穿上这件衣服后反映都非常好！

卖家：由于我们的商品款式经典、质量上乘、价格公道并且服务完善，所以我们的商品走得都非常好。

卖家：一般顾客喜欢纯棉的原因是纯棉的面料比较吸汗透气、穿着舒适，所以我们在面料里加入了 90% 的纯棉成分，因此穿起来一样舒适，这一点您不必担心。而且我们还在面料加入了……的成分，使衣服打理起来比纯棉面料更轻松、更方便。

要陈述商品对消费者有价值的部分，而不是滔滔不绝地只讲述商品特征。如下是一个典型的案例。如图 13-3 所示。

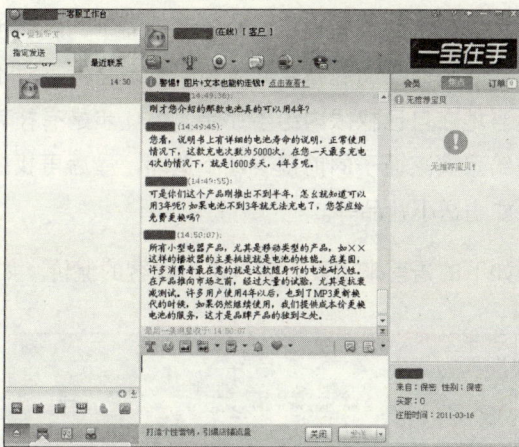

图 13-3　陈述商品对消费者有价值的部分

顾客："刚才您介绍的那款电池真的可以用 4 年？"

卖家："您看，说明书上有详细的电池寿命的说明，正常使用情况下，这款充电次数为 5000 次，在您一天最多充电 4 次的情况下，就是 1600 多天，4 年多呢。"

顾客："可是你们这个产品刚推出不到半年，怎么就知道可以用 3 年呢？如果电池用不到 3 年就无法充电了，您答应给免费更换吗？"

卖家："所有小型电器产品，尤其是移动类型的产品，如××这样的播放器的主要挑战就是电池的性能。在美国，许多消费者最在意的就是这款随身听的电池耐久性。在产品推向市场之前，经过大量的试验，尤其是抗衰减测试。许多用户使用4年以后，也到了MP3更新换代的时候，如果仍然继续使用，我们提供成本价更换电池的服务，这才是品牌产品的独到之处。"

顾客有各种各样的疑问其实是非常正常的事情。导致顾客怀疑产品品质、技术特点的主要原因是卖家在介绍商品时，没有把商品的属性、作用和优点都向顾客介绍清楚。

第183招　买家来店询价多次，但还在侃价

有研究表明，回头客的购买率为70%。对待回头客，如果处理得当，成交的可能性还是非常高的。具体而言，首先一定要给足买家面子，应该用非常真诚自然的语气与买家沟通，同时将商品的利益点介绍给买家。当然，对于一些有讨价嗜好的买家，也可以适当地在自己权限内给予让步。但让步是有技巧的，让步时一定先要死守防线，在给足买家面子的前提下毫不退缩，最后再找个台阶以少量退步为代价达成交易，如赠送小礼品等。

卖家这时可以采用如下的语言来回复来店多次的顾客的侃价。如图13-4所示。

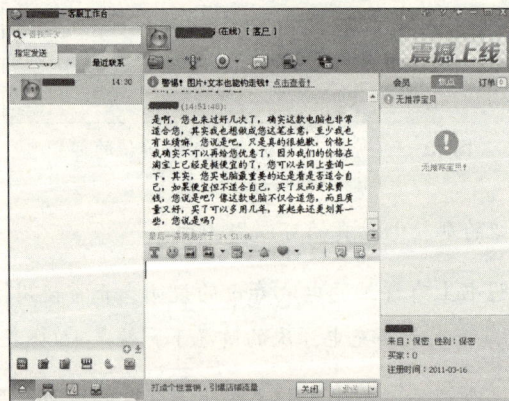

图13-4　回复来店多次的顾客的侃价

卖家：是啊，您也来过好几次了，确实这款电脑也非常适合您，其实我也想做成您这笔生意，至少我也有业绩嘛，您说是吧。只是真的很抱歉，价格上我确实不可以再给您优惠了，因为我们的价格在淘宝上已经是挺便宜的了，您可以去网上查询一下。其实，您买电脑最重要的还是看是否适合自己，如果便宜但不适合自己，买了反而更浪费钱，您说是吧？像这款电脑不仅合适您，而且质量又好，买了可以多用几年，算起来还更划算一些，您说是吗？

卖家：是啊，您来我们店多次了，您这个要求我确实满足不了。有的便宜几百块钱，但是质量不好，只用两年就有问题，而我们的虽然贵了几百块钱，但是绝对能保证您正常使用几年不成问题，我们的售后服务也有保障。不过我很想与您做成生意，你觉得除了降价之外，如果想要成交的话，我还能做些什么呢？我真的是很有诚意的。

卖家：是啊，您以前也来过，确实非常适合您，我看得出来您也是真的喜欢它！我呢，也真心想卖你，但价格真的让我为难了。这样吧，折扣上我确实满足不了您，您也来这么多次，算起来也是朋友了，我个人送您件非常实用的小礼物，您看这样行吗？

价格异议是任何一个卖家都遇到过的情形，如"太贵了""我还是想买便宜点的""我还是等价格下降时再买吧"等。遇到这种情形，如果不想降低价格的话，就必须向对方证明，店铺的商品价格是合理的，是商品价值的正确反映，使对方觉得你的商品物有所值。

第184招　应对嫌价格高的买家

在销售中经常会碰到这样的情况：顾客说店铺的商品价格太高。这时卖家需要耐心地告诉顾客：我们店的商品和其他同类商品的区别在哪，我们的商品能带给顾客哪些增值服务，我们商品的独具的特色在哪里，能给顾客解决什么问题，要引导顾客去比较商品的价值，而不是只比较价格，这样才能让顾客觉得买的商品是物有所值。

其实商品不一定越便宜越好，关键是适合自己。在销售时强调商品的卖点，告诉买家付太多的钱并不一定明智，但付太少的钱风险更大。付得太多，只是损失掉一点钱，但如果付得太少，有时会损失所有的东西，因为商业平衡的规律告诉我们便宜没好货。

卖家这时可以采用如下的语言来回复顾客感觉价格高的问题。

卖家：顾小姐，我们以前有许多老买家也是这么说过，他们认为这个商品很好，就是价格稍微贵了点。确实如果单看标价的话会让人有这种感觉，只是我们的价格稍微高一些的原因，是因为我们的设计新颖，款式面料又很好，所以买家一般都比较喜欢，买了也会经常穿。如果买一件衣服结果只穿一两次就收起来，这样从价格上看反而更不划算，您说是吗？

卖家：先生，好价买好货，不要以低价买了一些次品，用不了几天就毁了，千万要慎重。先生，您既然对我们的商品非常满意，我们的价格也不算太高，您看我们的销售记录这一个月都销售了好几百件了，可以的话您就拍下吧，拍下今天就可以发货。

卖家：确实，我承认如果单看价格的话，您有这种感觉很正常。只是我们的价格之所以会稍微高一些，是因为我们在质量上确实做得很不错，我想您一定不希望买这件衣服只穿几次就变形不能穿了，那多浪费呀，您说是吗？

卖家：先生，您说我们的商品价高，可是在网上基本没有比我们还低的价格了（如果确认自己的商品有价格优势的话），即使价比这低，他们的商品质量也不好说。

卖家：先生，您用自己的钱总要买好货，我们这里的商品质量非常好。您现在不买，过几天可就买不到了。因为现在物价一天涨似一天，您最好早点买，错过机会，价格就会更高。况且现在这个价又不算太高。

卖家只有首先把自己的想法表达出来，才能更好地把商品卖出去。一定要让买家信任自己并主动引导买家的观念。我们要记住：顾客只愿意购买两样商品：一件让他有愉快的感觉，另一件则是问题的解决，这两件商品同等重要。因为"愉快的感觉"来自服务，"问题的解决"来自商品。下面是一个卖家应对顾客说商品价格高的典型案例。如图 13-5 所示。

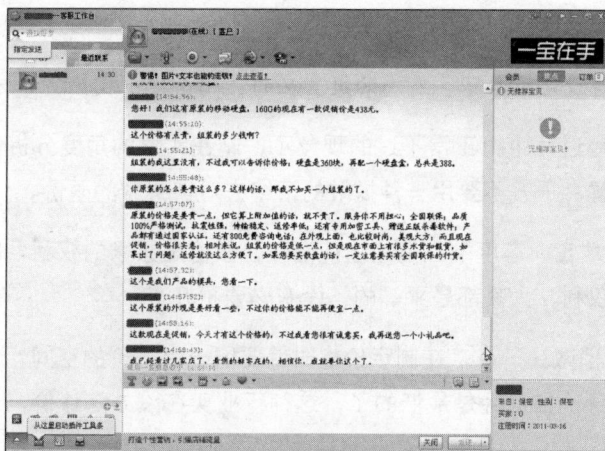

图 13-5　卖家应对顾客说商品价格高的实例

顾客：有没有 160G 的移动硬盘?

卖家：您好！我们这有原装的移动硬盘，160G 的现在有一款促销价是 438 元。

顾客：这个价格有点贵，组装的多少钱啊?

卖家：组装的我这里没有，不过我可以告诉你价格：硬盘是 360 块，再配一个硬盘盒，总共是 388。

顾客：你原装的怎么要贵这么多? 这样的话，那我不如买一个组装的了。

卖家：原装的价格是要贵一点，但它算上附加值的话，就不贵了。服务你不用担心：全国联保；品质 100% 严格测试，抗震性强，传输稳定、返修率低；还有专用加密工具、赠送正版杀毒软件；产品都有通过国家认证，还有 800 免费咨询电话；在外观上面，也比较时尚，美观大方；而且现在促销，价格很实惠；相对来说，组装的价格是低一点，但是现在市面上有很多水货和假货，如果出了问题，返修就没这么方便了。如果您要买散盘的话，一定注意要买有全国联保的行货。

卖家：这个是我们产品的模具，您看一下。

顾客：这个原装的外观是要好看一些，不过你的价格能不能再便宜一点。

卖家：这款现在是促销，今天才有这个价格的，不过我看您很有诚意买，我再送您一个小礼品吧。

顾客：我已经看过几家店了，看您的挺实在的，相信你，我就要你这个了。

杀价是商品销售过程中再正常不过的现象了，站在买家的角度分析他们的心理其实就很容易理解，千万不要用一种抵触的情绪去对待买家的杀价。

- 首先态度要端正，态度端正情绪才能端正，杀价是买家的权利，同样，你也有接受和拒绝的权利，大家都是平等的，没有必要不开心。

- 其次最好都稍微让一点，在制定价格时就要留一点还价的空间，像个别竞争激烈的行业，本身价格已经是最低的了，这种行业实在没办法让价，也要和气地对待买家。

- 注意千万不能把自己置于很被动的地步，开始不能让价太多，遇到诚心要买的不用让价太多他也会买，不想买的或者自己心里还没有一个心理价位的或者喜欢贪便宜的，让再多也没用。要对市场行情要有一定的了解。

- 不管怎么样一定要做到耐心、客气、热情，说话要婉转，要强调自己商品的优势从而分散顾客对价格的注意力，也可以送些小礼品一样以分散他的注意力。

- 还价要有节制，还价时间越长，对促成交易越没好处，反而会浪费不少时间和精力。可以先让一点，他如果还不满足还要让，可以很客气地说"作为顾客我也希望用最低的价格买最好的东西，不如你说个价，有利润就成交，没办法成交大家也可以做个朋友"。

第185招　买家说别的店价格便宜

在网上销售商品的过程中，可能会经常遇到买家说别的店铺的商品便宜之类的话。这当然是一个价格问题，但卖家必须首先分辨出他真的是认为你的商品比别的店贵，还是故意为之，以此作为砍价的借口。了解买家对你的商品的品质、服务的满意度和兴趣度，这将对成功交易有很大的帮助。

1. 认真分析买家的话语

看看买家之所以认为我们的商品价格高，是在与哪家店铺的商品进行比较。如果买家拿大品牌的商品与小品牌的商品相比，就应向买家说明两者的价格是不能相提并论的，因为品牌的知名度和市场定位都不一样。

2. 不要贬低其他店铺

如果自己的商品好，那就没有必要通过诋毁别的店铺来证明；如果别的店铺比我们好，也没有必要去贬损他人。因为往往在贬低其他店铺的时候也贬低了自己在买家心目中的形象。

3. 分析自己店铺商品的优势

把本店铺商品和竞争对手的商品的各种优劣势进行详细比较，用数据、证书等直观的方式，从店铺的状况和商品的定位、包装、质量等方面向买家说明。如在质量方面，必要时可向买家出具商品获得的 ISO9000 等质量保证体系的证明文件。

4. 拆散法

将产品的几个组成部件拆开来，一部分一部分来解说，每一部分都不贵，合起来就更加便宜了。

5. 平均法

将产品价格分摊到每月、每周、每天，尤其对一些高档服装销售最有效。买一般服装只能穿多少天，而买名牌可以穿多少天，平均到每一天的比较，买贵的名牌显然划算。

如："这个产品你可以用多少年呢？按 ×× 年计算，×× 月 ×× 星期，实际每天的投资是多少，你每花 ×× 钱，就可获得这个产品，值！"

6. 提醒法

提醒顾客现在假货泛滥，不要贪图便宜而得不偿失。

如："为了您的幸福，优品质高服务与价格两方面您会选哪一项呢？您愿意牺牲产品的品质只求便宜吗？如果买了假货怎么办？您愿意不要我们良好的售后服务吗？ ×× 先生，有时候我们多投资一点，来获得我们真正要的产品，这也是蛮值得的，您说对吗？

7. 强调完善的服务

告诉买家自己店铺的高价商品背后，有着优于竞争对手的完善的服务体系，它是商家持久发展的重要保障。

如："××先生，那可能是真的，毕竟每个人都想以最少的钱买最高品质的商品。但我们这里的服务好，可以帮忙进行××，可以提供××，您在别的地方购买，没有这么多服务项目，您还得自己花钱请人来做××，这样又耽误您的时间，又没有节省钱，相比较还是我们这里比较恰当。"

8. 处理买家异议的形式比内容还要重要

处理买家问题的时候一定要从容不迫、语气平和、语速适中，整个销售过程都要保持自信但不要自大，处理问题的专业形象与方式往往比处理问题本身还要重要。

卖家可以通过感谢买家的善意提醒将买家拉过来成为自己人，同时简单告诉买家自己店的商品与别的店的商品的差异点。

卖家这时可以采用如下的语言来回复买家说别的店的价格低的问题。

卖家：是的，您刚才提到的这种情况我了解，不过还是要感谢您的善意提醒。其实一件衣服上市除了设计、工艺，还有面料、品牌形象等都会影响到价格，最主要的还会影响到服装的质量和穿起来是否舒适合身。如果一件衣服穿在身上不合适，虽然价格便宜点，可买回去穿几次就不爱穿了，这样的衣服其实反而更贵，您说是吗？

卖家：上次有个顾客也跟我说到过这个问题，不过后来还是到我们这里来买了衣服。因为他发现……。因此，还是有很多地方不同，并且穿起来的感觉也很不一样。

卖家：那可能是真的，在这个世界上我们都希望以最低的价格购买质量更高的商品，依我的了解顾客会注意三件事情，一质量；二价格；三售后服务。我们很少有机会以最低的价格买到最高质量的商品，这就是经济的真理，也就是一分钱一分货的道理，您说是吗？别的店铺的商品虽然价格便宜点，但是如果质量不能保证，这样的便宜也不划算吧？

在确定买家的购买意向后，面对买家压价的要求，先要以坚定的口气和平和的态度向买家说明不降价的理由，然后根据买家的态度逐渐改变还价策略。如果买家坚持认为价格过高，销售人员还可以借助领导之力，将棘手的价格问题转移。这样买家会感觉价格的降低来之不易，产生感激的心理并决定购买。

下面是一个典型的应对买家说别的店商品便宜的案例，如图 13-6 所示。

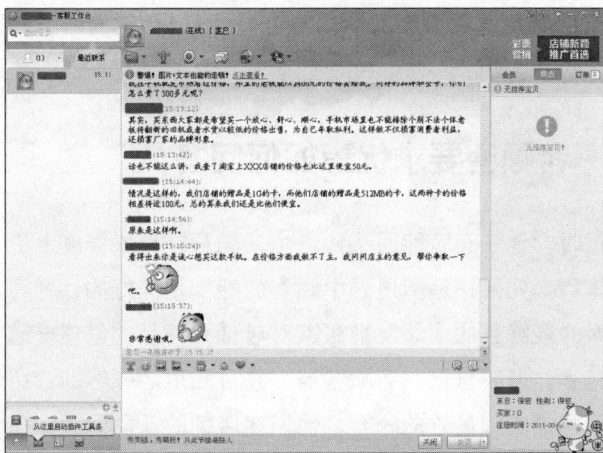

图 13-6　应对买家说别的店商品便宜的案例

顾客：这款手机究竟什么价格能卖？

卖家：真的很抱歉，按照我们店铺的规定，诺基亚手机是不打折的。因为诺基亚的产品在质量上从不打折，所以也很难在价格上打折。

顾客：我在手机批发市场看过价格，那里的老板能以 2400 元的价格卖给我。同样的品牌和型号，你们怎么贵了 300 多元呢？

卖家：其实，买东西大家都是希望买一个放心、舒心、顺心，手机市场里也不能排除个别不法个体老板将翻新的旧机或者水货以较低的价格出售，为自己牟取私利。这样做不仅损害消费者利益，还损害厂家的品牌形象。

顾客：话也不能这么讲，我查了淘宝上 XXX 店铺的价格也比这里便宜 50 元。

卖家：情况是这样的，我们店铺的赠品是 1G 的卡，而他们店铺的赠品是 512MB 的卡，这两种卡的价格相差将近 100 元，总的算来我们的价格还是比他们的便宜。

顾客：原来是这样。

卖家：看得出来你是诚心想买这款手机。在价格方面我做不了主，我问问店主的意见，帮你争取一下吧。

顾客：非常感谢哦。

最后导销售人员从店主那里为顾客争取到了再便宜 50 元的价格，顾客高高兴兴地付款购买。

第 186 招　老顾客要求优惠如何回答

当顾客感到满意时，他才有可能回头，这个"满意"更大程度上是依赖于顾客消费时的感受和体验。如果在消费过程中顾客的感受是美好的，顾客就会有重复消费的可能。卖家的最终目的应该是把买家对店铺和商品的信任一起卖出去，让买家成为长期支持者，形成自己的老顾客群，并且利用老顾客的介绍带来更多的新顾客。所以老顾客是店铺最好的顾客，他们在店铺的新品购买、品牌传播、市场竞争等方面都可以给店铺带来更多的支持。网店销售一定要充分利用老顾客资源，老顾客在购买中占的比例直接反映该店铺的竞争力水平。如果确实不能再降低价格，而老顾客还要强烈要求，为了能留住老顾客，可以对老顾客的消费行为加以回报。如可以通过会员制营销、包邮、赠送小礼品等方式来达到维护老顾客利益的目的。

卖家这时可以采用如下的语言来回复老顾客要求价格再优惠点的问题。

卖家：蔡小姐，真的很感谢您这么长时间以来对本店的一贯厚爱与支持。作为老顾客我想您一定知道我们的价格一直非常实在，并且面料精细、做工精良，售后服务等方面也都非常完善，其实这也是我店赢得很多向您这样的老顾客厚爱的重要原因。我们更希望真正对老顾客负责，这样您才会对我们的品牌更加满意，您说是吗？

卖家：谢谢您这么多年来对我们的支持，其实您也知道每个公司打折的原因都不一样，我们更关注的是能够提供什么样品质的商品和服务给顾客，毕竟价格只是您决定购买的一部分因素，如果东西自己不喜欢的话，我想再便宜您也不会考虑，您说是吗？像您看上的这款产品就非常适合您。要不我们赠送给您一个实用的小礼品吧。

第 187 招　巧妙催款让订单不再流失

网上开店常常会碰到拍下不付款的订单。你是等着买家主动付款，还是会去主动跟没付款的买家聊天并催付款呢？很多买家拍下订单后，还在犹豫不决到底买还是不买呢，又或者是去其他店铺做下对比。所以从买家下单没有付款的那一刻，客服就应该乘势主动出击，不能等待买家犹豫完再来付款，因为这中间会出现很多的变数。有时候购物是冲动的，我们就要利用这一冲动去让买家完成这个购物过程。我们主动催单能够给店铺带来整体的优势，不仅提高转化率，还能提高销售额，增加产品销量。

下面是催单的小技巧。

（1）利用促销的限时限量，去刺激买家赶紧付款，让买家有种患得患失的感觉，让买家觉得如果不付款，就会没有了。

（2）利用小礼物及优先权去刺激买家付款。可以告诉买家现在付款会赠送小礼物，或者是告诉买家现在前 10 名拍下并付款的可以享受什么样的特权及优惠。

（3）利用快递刺激买家付款。催单时巧妙利用快递的紧迫性来刺激买家，告诉买家现在我们正在打包发货，如果现在付款，我们就能马上给你发货了。很多买家非常在意快递，所以出于这个时间紧迫性，很多买家会赶紧去付款的。

把握好每一个流程，不要让订单停留在未付款上。拍下不付款的不可怕，可怕的是我们不管不顾。主动出击让买家能够感受到卖家的热情，也能拉近彼此间的距离。促成订单，增加销量，是我们每个经营网店都需要做的。

第 188 招　买家给差评怎么处理

网店经营中，难免碰到一些急躁的顾客，在卖家还没有做出反应之前就给了个差评。作为卖家，莫名其妙得到一个差评，不仅扣分还会觉得冤屈。在看到有差评时，要心平气地找出是什么原因造成的。一般差评有如下几种情况。

一是心急的买家抱怨物流速度慢。

二是由于卖家回复太慢，认为服务态度差，售后服务没能达到买家的意愿。

三是对商品的一些主观判断，如买家对商品提出的一些异议，颜色、大小和外观等。

如果是卖家的过错，要想办法去弥补，即使是运输过程出了问题，也不要让买家去完全承担。但是往往就是有些人抓住卖家这种心理，利用差评要挟，特别是新手卖家，一定要注意。如果遇到以差评要挟的，一定要找到有力证据，与这样的买家"斗争"到底，坚决维护自己的利益。

如果卖家在第一时间承担了错误，买家就会感觉到卖家是有责任心的，气就会消下去大半。如果卖家又在第一时间拿出处理问题的方案，大多数买家就会用商量的口吻来讨论。

买家中有没有贪小便宜的人呢？当然会有，但一定是极少数。聪明的卖家在遇到差评的时候，首先想到的是：第一，买家的意见里有没有值得自己改进的地方？如果有，早改比晚改好；第二，能不能用这样的机会，向潜在的买家表明自己对待错误的责任和出色的售后服务管理制度。这样做，就会扩大自己的关注度。

一般情况下买家都是很好的。尽量和买家沟通好，如果认为买家提出的问题可以通过换货解决，那就尽量换货。如果买家提出的要求，换货也解决不了，那就退货。

最难处理的是那些买了东西，但认为是假货，不仅要退货，而且还要给差评的买家。还有买家拍下商品后，还没有交易就认为商品与描述不符，要给差评的。给了差评就等于降低了信用度，这个对于卖家而言是最不愿意看到的事情，但是面对出言不逊，甚至有些耍赖的买家，耐心和积极沟通就成为必要的手段。

卖家晶玉表示，去年暑假他就碰到过一个小伙子，买了一条黑钥匙水晶，收到货后发邮件来说货是假的，而且信中措辞非常难听。"晶玉求精"表示，这种情况卖家千万不能急。他向对方保证，可以拿去做鉴定，如果有假以一赔十，但如果是对商品不满意的，可以退款，而且免收对方邮费。最后和这个买家沟通半个月后，对方没有给差评，"晶玉求精"也主动先把 60 元的商品款项转到对方账上。

随后"晶玉求精"给这个小伙子写了一封 1000 字的信，以婉转的口吻向他说明做人诚信的重要性。最后这个小伙子毕业的时候给他写了回信，承认自己当时的错误行为。

当然如果事情草草处理也是可以的，但可能就是事情不了了之，双方不欢而散。

最后要说明的是，卖家销售商品，卖的不仅仅是商品的实用价值，还包括向买家提供完善的服务，这两者是连在一起的。这是卖家需要重新认识的买卖学问，这个学问很可能是网络销售的新的竞争力的表现。网络上的购物群体，在选择和谁做买卖的时候，不仅仅是在比较商品的质量和价格，也在观察卖家对买家应该承担的责任。一个能够主动承认错误、勇于承担责任的卖家，会得到更多买家的认可。

第 189 招　如何避免中差评的出现

买家给卖家中差评的原因很多，把握好商品的质量，不断提高服务水平，努力做好以下几个方面，就可以最大限度地消除中差评。

1. 严把商品质量关

"以质量求生存"不是一句口号，它关系到卖家在网上能否长期生存和发展。网上竞争是非常激烈的，但任何时候卖家的商品质量都不能太次，否则就很难在网上立足。这就要求卖家在进货的时候一定要把好关。在进货时宁愿进货价格高点，也要选质量好的。在发货的时候再检查一下，保证发给买家的是一个非常完美的高质量的商品。

2. 关于色差问题

现在有很多卖家，往往喜欢利用杂志、网站或者厂家提供的模特图片，而不去拍实物图，造成图片失真，以致买家收到货后，给出"照片是天使实物是垃圾"之类的差评。买家在网上买东西，是看不到实物的，所以图片就是买家判断商品优劣的重要依据，所以一定要是实物图，并且实物图要和商品尽量接近，商品描述要全面客观。这样买家给差评的机会就会很少。

3. 商品包装要仔细完好

商品卖出以后，首先要包装好，一个认真仔细的包装会让买家在拿到货后有了一个很好的感觉。有的时候好的包装可以避免很多退换货的环节，还会为卖家的评价增光添彩。

4. 良好的售后服务

不要认为商品发出去了，就万事大吉了。如果快递发出去了好几天，买家都没来确认。这种情况下，可能有两种原因。第一是买家还没有收到东西，第二是买家收到了还没有来得及确认。如果是第一点，应该根据快递发货时间推算，如果到了时间买家还没来确认，这时就应该联系买家是否收到货了。这么做也不是为了让买家快点来确认，而是看看发出去的东西是不是有问题，买家是否真的收到，这样对于自己来说可以做到心里有数。即使收到货却不确认，但至少也知道这个商品是否快递到了，对于买家来说，也会让他们觉得售后服务做的很好，他是被重视的。

5. 对待买家要热情

卖家有的时候会遇到一个人接待几个买家甚至十几个买家同时咨询的情况，感觉忙不过来，这个时候要说明情况，不要不回复或者很晚才回复买家，让买家等很久，这都是不礼貌的，是对买家的不尊重，卖家要从增加人员等方面解决这个问题。

6. 培训好客服

有时候客服为了做好订单达到绩效，常常会给买家许下承诺。比如发货时间，快递到达时间。物流这个环节并不是控制在我们手上，天有不测风云，如果快递耽误了，物流不会为我们负责，所以我们给买家的答复应该是"正常情况下几天到达"；而不是"XX天肯定能到"这种绝对的答复。

在给客服做培训的时候一定要讲清楚，时常调取客服的旺旺聊天记录查看客服在对话里有没有不妥的措辞，注意及时帮助他们纠正。

7. 勇于面对评价

如果收到了买家的中评或差评，也不要生气，不要去埋怨买家怎么这样。要先看看自己哪里做的不好了，才产生这样的评价。主动和买家进行沟通协调，不要推卸责任，如果真的是自己的过失造成的，要勇于承担责任，并真诚地道歉。如果遇到中评或者差评，是可以取消的，这就要看怎么和买家来进行沟通了，如果不是特别大的问题，真诚的道歉，相信买家也会被你的真诚所打动，也许这个评价就可以取消呢。

8.　多做活动冲掉负面的评价

有时候一些差评是不可逆转的，心平气和地和买家谈他就是死活不肯改。那我们只能通过好的评价来冲抵差评所占的比重。比如可以用一些促销品做包邮来冲订单数，当然这可能会消耗你一点利润，但是这对于评价和总体评分的提升是有好处的。也可以做做店铺有奖评价活动，可以设定好评就奖励小礼物或几元代金券，用这种方法来刺激买家尽快给你确认和评价。如图 13-7 所示五分好评送彩票活动。

图 13-7　五分好评送彩票活动

9.　分析买家类别，区别对待

卖家的好评离不开买家，因此，在交易前最好查看一下买家的信用度，买家对别人的评价以及别人对买家的评价。再综合各类买家的不同特点来区分对待。下面就来分析一下买家有哪几类。

（1）新手买家。这类买家往往第一次来网上购物，买卖信用都为零。他看上了店铺的商品，但对网络交易还很陌生，对卖家缺乏信任。这类买家需要卖家有足够的耐心去引导。在购买前，不妨多与他沟通，能让他产生信任是很重要的。这类买家最大的特点就是发货后不及时确认货款，不给评价，或者不联系卖家随便给中差评等。

怎样确认是新买家呢，一般看注册时间、信用等级，或通过聊天来了解。对于这类买家，要多引导，通过言语沟通建立信任，事先解释清楚需要买家配合的环节，达成共识才能愉快交易。因为这一类的买家多半还是好买家，他也有可能成为忠实买家。

（2）特别挑剔的买家。对这类买家要注意看一下其买家好评率，以及别的卖家对他的评价。这类买家多是完美主义者，喜欢鸡蛋里挑骨头，收到商品后，如果没有达到他的期望值，就有可能给个中评或差评。

对于这类买家，建议要具体问题具体分析，并尽可能地做好服务，主动展示自己商品和服务的优点。其次还要正确评估自己的商品与服务是否与他的期望一致。如果不一致，购买前要诚信沟通，解释清楚，使买家理解接受，达成一致后再成交。切忌为了马上促成生意，尚未沟通清楚就交易。

（3）喜欢给中评的买家。这类买家，以为中评就等于好评，碰上这样的买家，如果卖家重视好评，以 100% 好评作为经营的目标，还是不要与其交易的好。

（4）很会杀价的买家。这类买家其实大部分还是好买家，用最少的钱买到最心仪的宝贝是每个买家都希望的。遇到这类买家最好要先看一下其买家的信誉度，如果有中差评就要注意了，要看一下中差评里的评价内容。遇到这类买家最好能够给其赠送一些小礼品，买家收到商品的同时，必定心怀感激，给以大大的好评。当然另一方面也要综合考虑一下自己能否满足对方，如果满足不了就不要勉强交易。

此外，在发货的时候送给客户一个小礼物，给客户一个意外的惊喜，往往会得到客户的"手下留情"，毕竟人非草木，买家往往也会宽容卖家的不足之处。

不满意的买家不仅会停止购买，而且会迅速破坏店铺的形象。研究表明，买家向其他人抱怨不满的频率要比向他人讲述愉快经历的频率高出三倍。反过来说，有效地处理抱怨能提高买家的忠诚度及店铺的形象。根据一项研究，如果抱怨能得到迅速处理的话，95% 抱怨者还会和店铺做生意。而且，抱怨得到满意解决的顾客平均会向五个人讲述他们受到的良好待遇。

第 14 章

爆款是这样打造的

淘宝爆款也就是淘宝人气宝贝，顾名思义，淘宝爆款具有颇高的人气，在淘宝网店的流量提升和转化率的提高方面发挥着其他网店推广方式无法比拟的作用。爆款的魔力在于瞬间引发网店流量，并吸引越来越多的回头客。但是，前提是爆款要选择好，准备和策划工作要充分，才不至于出现种种问题。

第 190 招   为什么要打造爆款

所谓爆款,就是商家针对单品做的一次策划活动,能够在很短时间(往往是几小时)内达到高于 5000 的单品销售量,并且也实现其他产品的连带销售。

爆款产品不仅给店铺带来了销售量,还能让店铺的信誉也会快速地提高。去那些皇冠金冠卖家店铺里面去逛一逛,你会发现,其实他们卖出去的产品也是集中在某些宝贝上面,有些宝贝销售了几万件,而有些产品不过只有几件的销售量,其实这就是打造爆款的结果,他们只需要好好地维护这些爆款,就能给他们带来无穷的流量,淘宝的排名也会大大的靠前。如图 14-1 所示店铺打造的爆款产品销售量达到 54238 笔,远远超过店铺其他产品的销量。

图 14-1   爆款产品销售量达 5 万笔

打造爆款的一些决定性因素。

(1)能借力的外界因素。例如服装类目,产品所针对的销售季节必须是适合旺季的,才能更好地达到预期的效果,包括找出最新流行的因素,能与产品相结合的点。

(2)产品分析。包括产品定位,寻找出产品的卖点用文字和图片写出来。对比同行卖家的价格、图片,然后来进行定价和对比。

(3)推广方式。根据店铺流量预先想好所要做的推广方式以及方法和时间排期。

第 191 招　爆款打造的关键点

打造爆款不容易，如何实现爆款？哪些因素我们也特别注意？有什么规律我们可以遵循？爆款的打造，我们不单单要了解爆款，与此同时，我们还需要了解爆款的一些关键点。

1. 流量问题

流量是一个店铺的生命之源。想要打造爆款，如何引进大量的流量是很重要的。但是，有了流量是一个方面，流量能否有较好的转化这点也非常关键。所以，这里，不仅仅要注重推广方式的选择，同时还要注重推广方式带来的流量转化。常见的推广方式，有直通车、钻展、淘宝客等，但是，淘宝搜索始终是我们不可忽视的模块。

2. 爆款心态

爆款成功，表现为越来越多的人来购买，销量越来越高。爆款的过程，我们可以理解为宝贝越来越多的人买，评价越来越多，当然，以好评为主。爆款主要是从众心态，在还没买过的情况下，消费者很看重别人的意见，这是其中一个重要的参考。

3. 重中之重，宝贝质量

好评，差评，绝大部分情况下都是基于产品质量。产品质量很重要，产品质量不过关，一切都是空话。卖家始终应当将产品质量放在店铺运营的首位。宝贝质量过关，在搭配上如果再下多点功夫，则更有利于打造爆款。

爆款打造，抓住这几个点很关键。另外，除了主推宝贝，再加上关联销售，效果会更加的理想。

第 192 招　怎样做好爆款的准备工作

爆款对网店流量和交易量的巨大拉动作用相信大家都了解的，于是很多卖家都蠢蠢欲动想要打造自己的爆款。但是，打造爆款不能盲目，需要先策划好，做好充分准备工作。

1. 选择几款候选爆款宝贝

要打造爆款，首先必须清楚店里的哪些产品最受欢迎。通过量子统计的宝贝被访排行，可以查询到当天或者最近一段时间的人气宝贝。根据宝贝被访排行，你就可以选定 2 ~ 3 款宝贝候选。

2. 询问供货商候选宝贝的质量情况

第一步已经选出了候选的宝贝，但是我们并不知道候选宝贝的质量如何。此时需要联系供货商，询问他这些候选宝贝的质量如何，品质有没有保证，有没有正品卡、保修卡之类的东西。

3. 询问供货商货源是否充足

这一点也是至关重要的，大家想一想，如果货源不充足，辛苦打造了那么久的爆款，突然有一天断货了，这样的爆款不打造也罢。

4. 诱人的界面

提升客户的购买欲望，从店铺铺面和动人文案开始。所以，如果要打造爆款，在这两方面也要做好。做好此项工作，对我们后面工作的开展具有重要的战略意义。

5. 抓好评

好评的重要性，不言而喻。评价，是其他消费者了解你家宝贝的一个重要途径。好评率高，好评多，可以增加其他消费者的购物信心。

6. 决定是否参加淘宝活动

这个切记：价格不要太低。现在淘宝一般的活动打折都在 5 折左右，你可以原价或高于原价定价，再用工具打折，在距离申报活动之前就得把价格恢复。

7. 针对产品找出的卖点来设计出文案

根据卖点策划出好的文案，然后美工按照文案修图，包括图片的拍摄等，如果不懂，你可以去看看别人的做法，多想想为什么他的宝贝能吸引人。图 14-2 所示为爆款产品的文案突出卖点。

图 14-2　爆款产品的文案突出卖点

8. 产品的描述页面

宝贝描述页面要有关联产品或活动宣传图、模特图、产品图、细节图、流行趋势分析、功能 / 特点介绍 (卖点)、产品材质介绍、详细的尺寸 / 尺码表、产品品质介绍和承诺、包装介绍以及公司实力，最后再放上搭配的套餐。

最好店铺的首页也放一张这个爆款的广告图，如图 14-3 所示。每个产品描述里都要有这个爆款的关联图，让这个爆款图无处不在。

图 14-3　店铺的首页有爆款广告图

9. 宝贝推广

通过上面所有的步骤，接下来就可以对这款产品进行推广了！此时需要增加这款宝贝的曝光率，只有让宝贝多出现在买家的面前，才有机会激起买家的购买欲望。

第193招　怎样做好爆款各个阶段

每一个爆款，都有生命周期，我们打造爆款，也要合理把握好这个周期，为店铺赢得流量。

1. 预热期——选出有潜力的宝贝

在你准备打造爆款之前，一定要对本行业有充分的了解，包括对竞争对手要有合理的分析、对消费者的接受程度有深入的了解。

> 选择的爆款产品一定要有好的品质，大众化的价格，就是高超的性价比。因为性价比是客户购物体验度的保障，它直接会影响到你店铺的回头率、动态评分，也就直接影响你的搜索排名。

挑选好有具有明星潜质的宝贝后就要开始打造爆款了。

首先要提高商品在搜索方面的竞争力：完善商品主图、标题、价格三要素。买家在搜索页面最先看到的是商品三要素。如图 14-4 所示产品主图、价格、标题都很吸引人。

图 14-4　产品主图、价格、标题都很吸引人

（1）主图：要突出主题、展示全景。

（2）标题：优化关键词提高商品曝光率，充分利用 30 个宝贝标题关键字。

（3）价格：首先是价格需与店铺定位相匹配。先将产品的价格定得尽可能低一些，使新产品迅速被消费者所接受，优先在市场取得领先地位。

这三要素是吸引买家点击进来的关键，那么买家点击进来后，就要让他看到很好的宝贝描述，需要我们把宝贝描述做好，真实清晰展现商品实际状况。

（1）在图片的拍摄中注意产品的整体性与细节性。

（2）通过展现产品的特有品质引起受众的购物欲望。

（3）产品的尺寸对比和售后说明是必需信息，同时要图文并茂。

图 14-5 所示的案例，这款商品在做促销之前是没有销量的，目前已经达到了月销量 19206 件。当然这么火爆的销量，肯定不是单单一方面做得好，各个环节、细节都很重要。

图 14-5　月销量 19206 件

很多卖家在打造爆款的初期，就喜欢用直通车、钻石展位、硬广告等"轰炸式"广告进行投放，这样做的效果并不太好。因为在爆款打造的前期，它没有销量，没有评价，这个时候的转化率肯定是很不如人意的。

在有一定销量的基础上，可以考虑开展一些营销活动。比如参加一些淘宝的官方活动或者店铺自己的秒杀、限时折扣等。要做到这一点，就要求你平时一定要维护好老客户群，他们绝对是帮助你店铺成长的盟友。推爆款的时候，给他们来一轮群发，以最优惠的价格给到他们这个爆款，他们一定会非常乐意接受的。

其实，这些营销活动，同时也是再次对市场进行验证的步骤，通过销售量、客户评价等指标，看我们选出来的产品，是否真的是能被市场认可的。如果前期的效果不佳，就要谨慎对待了，这款产品，可能不一定适合拿来作为爆款进行大力度推广。

2. 成长期——进行广告投放策略

如果前面的预热准备工作比较理想，这时你的宝贝应该就已经有了一定的销量基础了。在爆款的成长阶段，我们需要提升推广的力度，增加推广的投入，快速引入流量。

流量的引入可以从如下两个方面入手。

（1）淘宝的促销活动，如淘金币、天天特价等，这些活动不需要大笔投入，但能为你的宝贝快速聚集人气，累计销量。

（2）付费流量，如直通车、钻石展位、淘宝客。先靠老顾客来破零，再用促销活动推向一个高潮，再用直通车来进行长期的推广。这样做，是让转化率和销量都有个良性逐步提升的过程。到了这个时候，可以多投入一些广告。

3. 成熟期——做好店铺关联销售

经过前面的周期，你的爆款基本形成，最根本原因是因为它有高超的性价比，让买家能够动心。爆款的本质，是为店铺带来巨大的流量，为你的店铺汇聚人气，赢利还是要靠你做好店铺的其他产品关联销售，仅仅一个爆款，能带动你整个店铺的销售。做好店铺的关联销售。爆款带来的高人气，我们要利用好。我们不仅仅是要短期效应，我们更加注重店铺的长期发展。这时，我们可以通过推出一些关联营销等促进店铺的长期发展。如图 14-6 所示爆款产品页面添加关联产品。

图 14-6　爆款产品页面添加关联产品

关联销售绝对不是把产品胡乱堆砌在买家面前，一定遵循以下几条原则。

（1）同系列关联

如果卖的是连衣裙，可以关联到其他款式的连衣裙。

（2）搭配关联

如果卖的是半身裙，就可以搭配一些内衣、衬衫等作为关联。

（3）相近的价格关联

如果你卖的羽绒服，可以把其他款式、并且价格相近的羽绒服进行关联，因为当买家从一堆搜索结果中，选择点击进入你这个爆款页面，他一定是被这个宝贝的款式和价格所打动，人的喜好是有相近性的，你把其他相近价格的羽绒服进行关联，是很有可能打动买家多买一件的。

（4）热销产品关联

如果你的爆款实在是太特殊了，无法搭配别的产品，也没有相近的宝贝，那么就可以把店铺的热销宝贝放上去关联。能热销，说明这些宝贝也是有其独特优势的。

4．衰退期——尽量维持，推陈出新

几乎每个爆款都会有衰退期，只是周期的长短各有不同而已。在爆款衰退期来临的时候，我们要做的，是尽量维持它的周期更长一些，让爆款尽可能为店铺引入更多的流量。同时，要培养新的爆款，把之前经过测试的，有爆款潜质的宝贝，放到衰退期爆款的页面，用大流量去带动新爆款的形成。其实，这个工作，可以在更早一些的时候就开始做起来。如果你运作得好，那么你的店铺完全可以拥有一组爆款，构成一个爆款群。爆款群的威力，能让你整个店铺的流量得到爆炸性的增长。

> 用一个爆款给其他有潜质的宝贝输送流量，这是非常重要的一个工作。反复进行上面说到的这几个步骤，你的店铺经营状况就会得到持续不断的提升。

第194招　爆款的选款很关键

商品款式选择，对于打造爆款来说，是一个很重要的过程，但是又不能盲目地去选择，需要根据数据去分析，这样就可以挖掘出很多有用的信息。

1．判断消费趋势

款式选择的最难之处在于判断消费趋势，一些老卖家通过日积月累可以培养出敏锐的行业观察力；那些不够敏锐的卖家也可以依据一些工具或者技巧判断一下流行趋势，比如用数据魔方查看行业关键词热搜飙升榜，去竞争对手处看下哪些款可以比较热卖。如图14-7所示数据魔方分析行业关键词热搜飙升榜。

图 14-7　数据魔方分析行业关键词热搜飙升榜

2. 爆款需要平民化，个性吸引细分人群

平易近人的款式最容易成为爆款，因为消费者对平易近人的款式抵触心理最小，过于突出个性、过于出位的款式反而容易失去消费者，毕竟抱着从众心理的消费者居多。如图 14-8 所示平民化的爆款。

图 14-8　平民化的爆款

如果店铺打算吸引细分人群，那产品的特点就很重要了，产品的个性就是吸引细分消费者的卖点。

3. 最小进货量

有了款式的基础，下单就简单了。因为选中的款也仅仅是有成为爆款的"潜质"，并不能确定能否好卖。

女装消费者喜欢新品，尤其是店铺的老客。把试销服装放在新品区，看自然流量之下会有怎样的销售数据。如果有特别好卖的款式，或者咨询量较多的款式，那基本上这个款式就可以拿来好好打造了。产品入库之后，销量如何，能否成为爆款，就看店铺的营销手段了。

4. 谨慎对待厂家推荐款式

厂家推荐的款式，依然需要卖家仔细去甄别，到底是不是工厂的滞销库存呢？这个需要卖家去获取厂家销售数据，如果销售不佳，那有可能是工厂的滞销库存，不值得购入。如果是尚未大批量生产的款式没有销售数据，可以结合消费趋势看看款式是否符合潮流，如果相符，那就有将其打造成爆款的可能。

第195招　怎样做好爆款的预热

市场全面分析、选款这些准备工作做好后，就进入了产品的预热阶段，在这一阶段中，就需要运用大量的销售经验以及对店铺后台的数据分析能力。后台数据分析是软件，同时也是核心，销售经验是必备的硬件。在这一过程中，需要对店铺流量、宝贝被访排行、进店搜索关键词、客户咨询量、成交率跳失率的变化进行深入研究，最终通过预热所得到的数据，确定宝贝的未来发展趋势。同时也为下一步宝贝的优化奠定基础。如图14-9所示后台数据分析。

图14-9　后台数据分析

第196招　打造爆款中常见的误区

爆款就像网店的一匹千里马，能让网店在一夜之间尽人皆知。当然这是建立在爆款带动全店的基础之上，如果你的爆款只是一个孤立的爆款，那么你的店铺想火起来很难。打造爆款的过程中常见的误区有哪些?

1. 盲目抄袭

很多卖家看到淘宝上那款宝贝在热卖，就会去找同款式的商品，其实这是一个误区，"成交量"这个词有很强的滞后性—成交量高，意味着宝贝正处在产品生命周期中的"成熟期"，虽然当下销售火爆，但这意味着不久后这个宝贝将进入"衰退期"。

搜索排行直接反映卖家正在关注、正打算购买的宝贝。在选择爆款时，搜索排行榜更具有前瞻性。如果一个宝贝是搜索排行榜前几名的，那么很有可能成为爆款。如图14-10所示淘宝指数中的搜索排行榜。

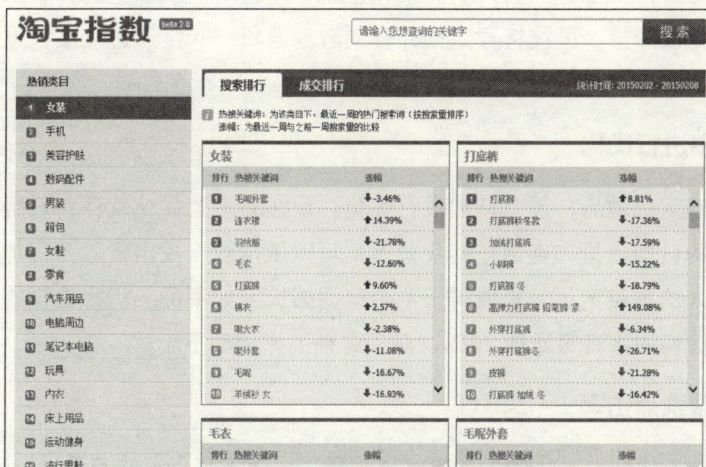

图 14-10　淘宝指数中的搜索排行榜

2. 很多卖家往往只爆单品不爆店

销量对搜索结果的影响仍然是搜索优化核心，毕竟销量及评价量极大地影响淘宝整体转化率。但销量对于搜索的影响，已经发生了方式上的改变。过去卖家喜欢将全部营销资源集中在少数爆款，但随着下架时间权重和个性搜索条件的影响加大，这个模式已经不是最佳模式。

店铺应该适当分散营销资源，创造更多的活跃动销品种，每个有不错的累积销量和 7 天销量，而不是全部资源集中在极少爆款，这就是"多个小爆款"战略。如图 14-11 所示店铺中多个爆款产品销量都很好。

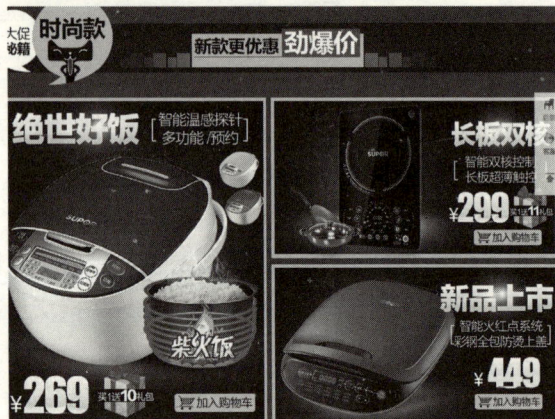

图 14-11　店铺中多个爆款产品销量都很好

3. 没有做好文案和客服

在购物引导中，要多下点功夫到文案和客服，帮助用户正确地选择。用户的错误选择或者错误期望，最终将导致低评分或者高退货，间接通过搜索权重对店铺进行惩罚。

4. 标题不进行优化

多数卖家确定标题后，没有持续进行优化。现在有一些优化软件，已经可以监测每个分词的日均流量和直通车转化效率，可以依据数据找出低效分词加以替换。对于流量大的重点宝贝，是值得一个个分词去追究效率的。因为这样的宝贝并不会很多，他们的流量每增加 20%，对于店铺的影响都不小。

5. 忽视搜索点击率

一般说的搜索优化，其实争取的是"展现量"，而不是真正的流量。相同的展现，提高 30% 点击率，自然流量当场就能上升 30%，是不是很值得重视？提高宝贝的点击率，不但可以多快好省地提高自然流量，而且可能会提高搜索权重。

6. 守株待兔

做了推广就一定会产生销量这种想法是错误的，没有强硬的内功支撑推广几乎起不到任何作用。除了完善宝贝页面，良好的购物体验，爆款产品都应有很好的产品描述，因此，好的介绍是不能忽视的。

第 197 招　新品如何快速打造成爆款

网店上新款，如果不推广，新款就会无人问津，就错过了店铺的一次好的营销机会。因此店铺上的新款不仅要推广，更要把这个新款营销成为店铺的爆款，借店铺新款爆款给店铺引入大量的流量。那么网店新款如何快速打造成爆款呢？

1. 店铺新款进行试用营销

店铺新款推出来之后的第一步的宣传推广很重要，在第一步推广的时候积累一定的人气、销量及好口碑，这些能为打造爆款奠定坚实的基础。一个爆款，不仅要求销量高，还要要求转化率、收藏、分享高，一个好的评价、好的口碑对于爆款的打造至关重要。店铺上新款之后，可以先拿出部分新款商品进行试用营销，用新款商品发布免费试用活动，赢得店铺新款好口碑。店铺第一步进行试用营销主要考虑以下几点：

（1）快速积累店铺新款人气。新款刚刚推出来，最缺少的就是人气，通过免费试用，可以最快速地积累到大量顾客的关注，给店铺新款引入大量的人气。如图14-12 所示试用产品吸引了大量的人气。

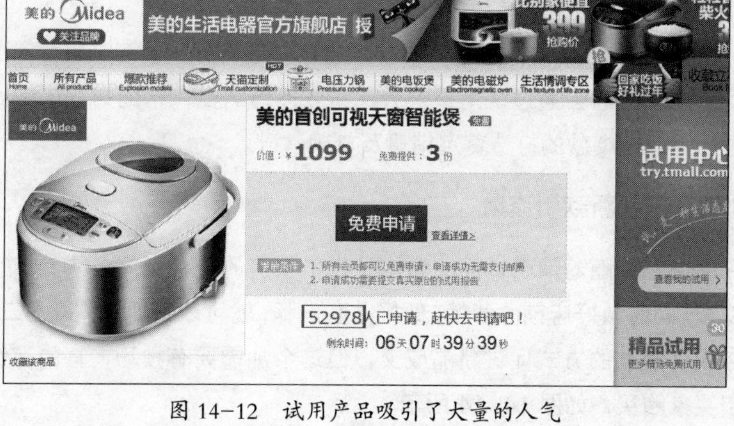

图 14-12　试用产品吸引了大量的人气

（2）提升店铺新款收藏、分享。在新款商品免费试用活动过程中，顾客在申请试用的过程中会对店铺的商品进行收藏、分享，从而提高了店铺新款的收藏量及分享量，奠定了爆款基础。

（3）赢得大量新款好评。在试用活动中，得到试用资格的顾客领取试用品，写出试用报告，只要店铺商品质量过关，相信能免费得到商品的顾客会欣然地给予好评。好评多了，新款的转化率就高了，塑造了店铺新款的好口碑。如图 14-13 所示试用报告提供的好评。

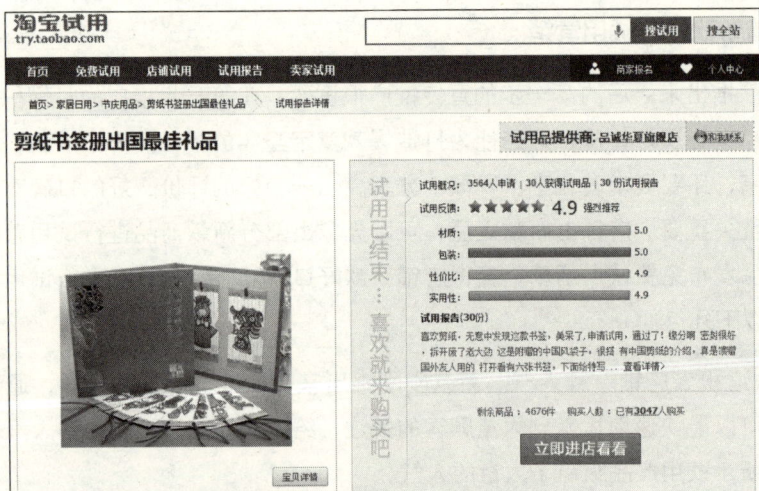

图 14-13　试用报告提供的好评

（4）提升新款销量，新款体验感受分享，店铺好口碑分享。在试用营销过程中，顾客在得到新款之后会通过试用报告分享新款体验感受，帮助树立店铺好口碑并宣传出去，为后期爆款的打造奠定销量及口碑基础。

2. 借助清仓帮助新款引流量

店铺上新品必然伴随着清仓，而清仓本身也是引流的一种良好方式。店铺可以趁着商品换季，同时做好店铺的营销，做好关联推荐，就可以帮新品积累第二波口碑。例如可以用加换购的方式促进新品成交，但这个加需要有技巧，真的有优惠力度才能吸引买家购买，如图 14-14 所示。

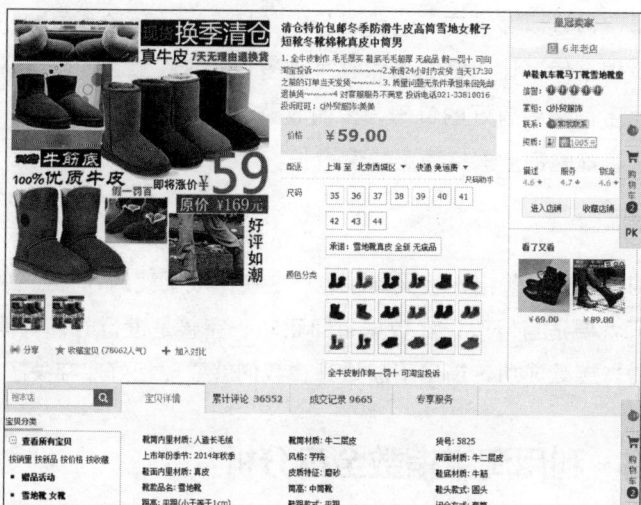

图 14-14　清仓引流

3. 做好店铺内部营销活动

店铺上新，总会遇到有流量没销量的问题。所以要做好新品上市的推广，除了店铺商品推广，店铺内部搞什么活动也需要巧妙设计。做营销活动，首先确认这是不是线下常见的促销方式，因为买家对常见的促销方式比较熟悉，也能比较快接受。网店比较常用的几种促销方式有：满就送/满就减/满就返、抽奖、秒杀、设置阶梯价格、加价购、客服销售等。店铺新款可以通过这几种促销方式，增加新款曝光率，推动新款的销量。如图 14-15 所示的店铺首页进行的整店优惠促销活动。

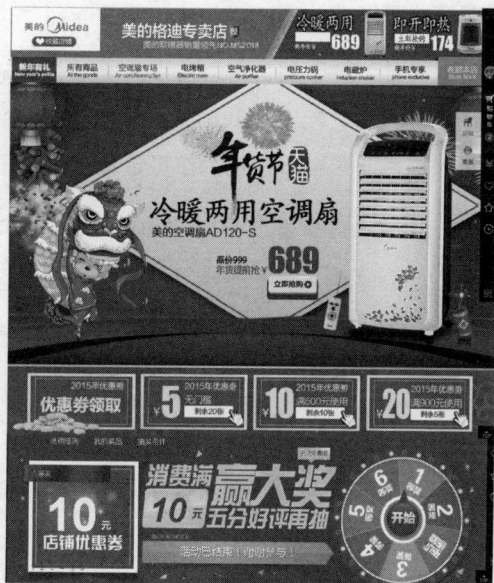

图 14-15　整店促销

店铺新款推出，通过以上推广，逐步进行爆款打造，从新款人气的积累，到树立口碑，再到口碑宣传，让店铺的新款越来越多地展现在顾客的眼中，从而提升店铺的销量。让店铺新款有好的口碑，多的收藏及分享量，高转化率，最后成为店铺的爆款，让店铺的销量保持稳定快速增长。

4. 不断完善

在打造爆款的过程中，价格，宝贝标题也不是说一成不变的，看到数据有所下滑，有些参数我们就要适当修改，让数据重回正轨。完善是进行时，有需要的时候，都可以完善。当爆款成功，销量不断攀升，我们就需要把好库存关了。

第198招　利用淘宝指数全盘分析

全盘分析，就是要对整个市场进行综合的考察分析。当你想要把某一类目的某件单品打造成爆款之前，首先，必须要了解这一类目产品在整个市场中的销售潜力，消费群体对此类产品的需求和购买意向，只有拥有大量的潜在客户的产品，才有爆起来的可能。

淘宝指数是一款中国消费者数据研究平台。无论是淘宝上的卖家还是媒体从业者、市场研究人员，都可以利用淘宝指数来了解淘宝搜索热点，查询成交走势，定位消费人群，研究细分市场。在打造爆款前，怎样使用淘宝指数全盘分析呢？

首先打开淘宝指数首页 http://shu.taobao.com/，了解里面的四大功能模块：长周期走势、人群特性、成交排行和市场细分，如图 14-16 所示。

图 14-16　淘宝指数首页

1．搜索排行榜

如图 14-17 所示可以发现，在排行榜里面，它统计了淘宝 TOP20 类目的热搜词以及该类目下最近一周的热门搜索词。在这里就可以清楚地看到目前哪些类目是热销类目以及哪些产品是有市场潜力的。当找到自己所在的类目时，就可以找出最近的热词有哪些，根据自己店铺的情况，适当地把热词放进宝贝标题里。

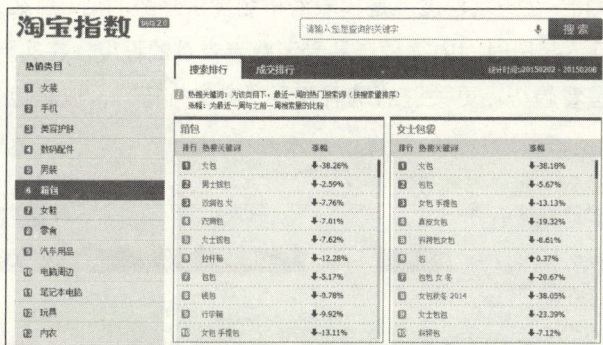

图 14-17　搜索排行榜

下面单击查看关键词的搜索指数，这里以"女包"为例来分析，单击"女包"关键词上，进入如图 14-18 所示的搜索指数市场趋势页面。在这个图中可以看到"双十一"以后女包的搜索量大大上升，说明进入女包的销售旺季，而随后搜索量大大下降，说明女包进入销售淡季。

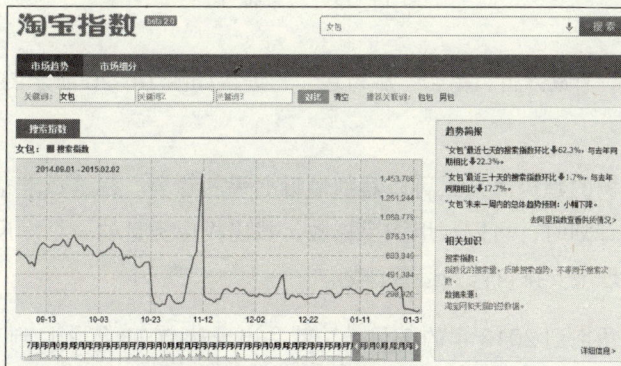

图 14-18　搜索指数市场趋势页面

为什么要看一个时间段呢？很简单，一个产品的周期有旺季和淡季，如果你在产品的淡季时间里，拼命地在淘宝付费推广平台上砸广告费，在面对本来消费淡季客户群体减少，商家并没有减少的情况下，你的付费推广在旺季和淡季效果可想而知。所以，简单的搜索指数，是淘宝开店的掌柜必看的。

2. 选择将来走势好的细分类目

如果说"搜索排行"在一定程度上是代表着市场需求趋势的话，那么，"成交排行"则表示某个类目下某段时间内某种产品受消费者青睐的程度。在实际运营店铺中，"搜索排行"是看趋势，更关键的是需要看"成交排行"，以箱包来举例，如图14-19所示。

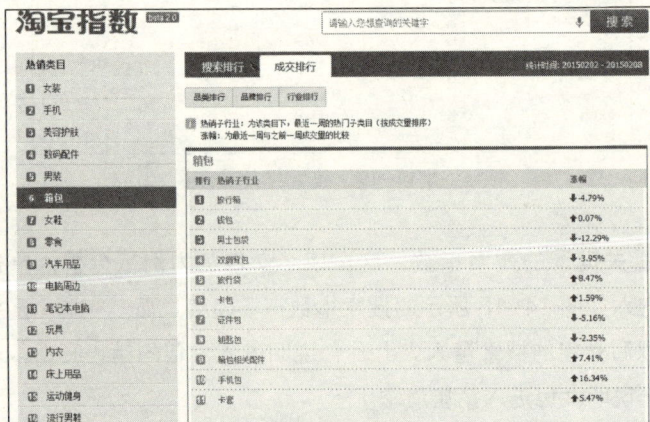

图 14-19   成交排行

这里以"箱包"来做分析，单击"旅行包"，进入如图 14-20 所示的"成交指数"页面。

在这里，在右侧的趋势简报里可以看到最近七天的趋势。在选择准备进入的类目或是在做月度计划时，可以利用淘宝指数，找出相应类目的一个发展趋势，根据其旺淡季来合理地安排自己的运营计划。

把下面的小三角拖到 2013 年的 2 月份，就会出现从 2013 年 2 月到 2015 年 2 月的一个整体的发展趋势。如图 14-21 所示，从这折线图，可以看出要是经营"旅行包"这个类目时，每年的 7 月和元旦期间以及"双十一"期间，搜索量上升，因为 7 月和元旦期间是寒暑假，出行的人数剧增，我们在接下来做运营计划时，就是根据时间来确定是否打造爆款。

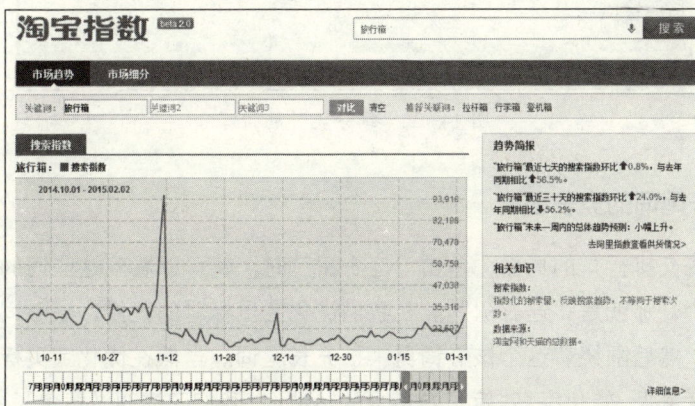

图 14-20 "成交指数"页面

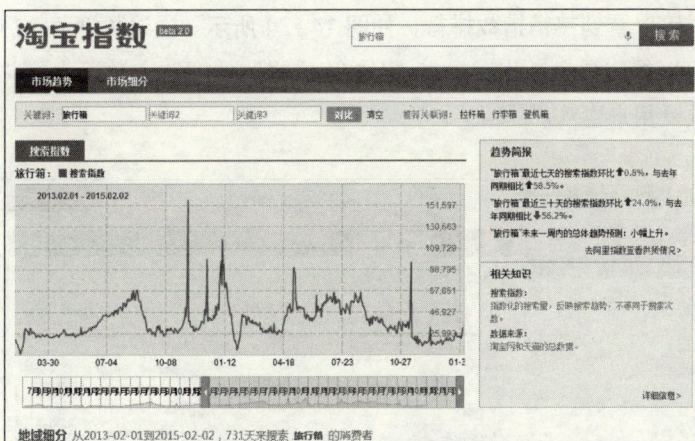

图 14-21 最近一年成交指数

单击"市场细分"，发现这个关键词细分类目的排序，如图 14-22 所示。淘宝优先展现该词分布细分类目较多的产品，也就是说，你如果卖连衣裙，你多上架点前三个类目，对你店铺肯定是有好处的。

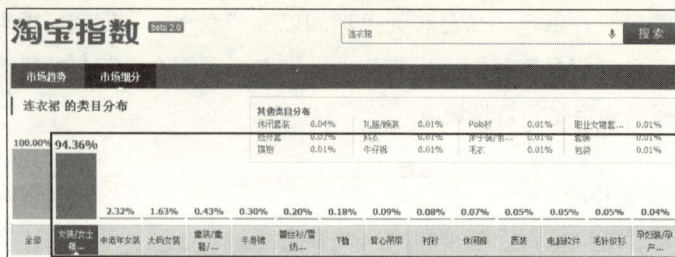

图 14-22　细分类目的排序

3. 分析长尾词的竞争强度

当回到"成交排行"的页面，单击"连衣裙"时，就可以看到这些词的核心关键词只有一个，那就是"连衣裙"。在我们优化宝贝标题的时候，核心词有且应该只有一个，然后围绕着这个核心词再来扩充长尾词。当然在优化宝贝标题时，最好选择搜索量大、转化率高、宝贝数量少的热搜词，我们习惯叫做黄金长尾关键词。

单击"连衣裙"后面的"品类细分"，如图 14-23 所示，进入连衣裙下的热销品类关键词，可以看到热销指数排行，如图 14-24 所示。通过关键词的热销指数对比分析，可以很容易判断出"短袖 雪纺 连衣裙"的喜欢人数远大于"连衣裙"的人数，更受用户喜欢。

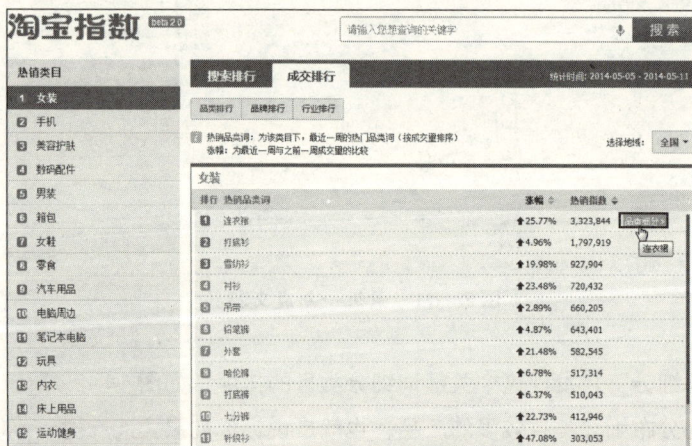

图 14-23　单击"品类细分"

图 14-24　热销品类关键词

4. 相关商品分析

关键词的相关商品分析，如图 14-25 所示，两个属性的结合，可以很容易把消费者喜欢的产品附带什么属性，大概多少钱是他的心理价格，可以通过一个维度的列表估算出来，而且这样的数据收集也有利于客服在与客户交流的时候，向客户推荐哪种附带属性产品时有一定的数据优势，会更有利于促进客户的成交率。

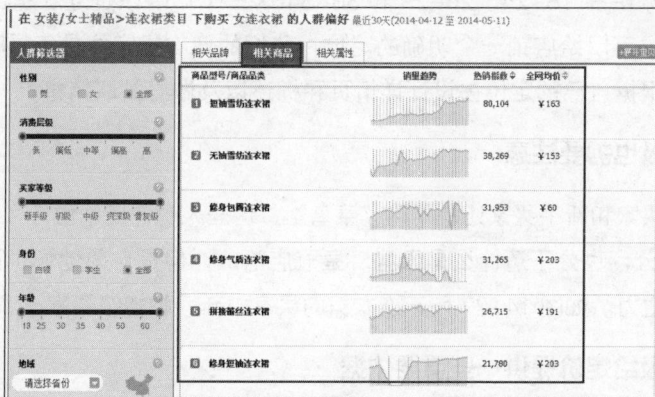

图 14-25　相关商品分析

5. 根据性别和年龄调整活动详情页

不同性别的人在购物行为上存在有很大的差异，运营淘宝时一定要分析不同购物人群的购物心理和购物行为。淘宝的本质就是商业零售，一定要以生意人的角度来思考分析问题。如图 14-26 所示人群定位。

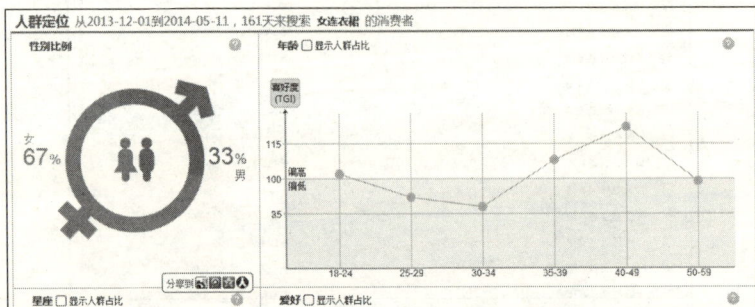

图 14-26   人群定位

可以看到"连衣裙"女性的客户占到 67%，那么是不是可以倾向女性的购物心理来设计我们的详情页呢？女性在购物上，是不是比男性更加地注重性价比？是不是更喜欢新颖的款式？是不是更加地有耐心？是不是更加地注重客户体验？所以，在做活动设计或是详情页的时候，可以送点小礼物或是做好搭配销售，也可以多上一些新的款式等。

可以看到，年龄在 18~24、25~29 和 30~34 这三个年龄段是连衣裙的绝对消费主力。这时候可以给店铺一个明确的定位，我们的连衣裙定位是年轻时尚的青年群体，需要根据自己的定位去设计详情页和描述以及做好关联销售。

6. 买家等级也需要注意

大量的初级买家和新手买家还是网购"菜鸟"，这些人也许还不懂什么是人气、信誉、DSR 评分，也分不清什么是天猫、皇冠店啥的，但是目前他们也许是你店铺的绝对购买主力。如图 14-27 所示连衣裙的买家中新手和初级买家占了 80% 多。

7. 消费层级给定价提供一些重要依据

现在的淘宝不再是以前的淘宝了，不要总想着低价致胜，如图 14-28 所示连衣裙这个关键词的成交人群中，80% 以上玩的都是中高端，所以现在玩淘宝，不要总想着跟别人拼价格。连衣裙价格中高端，照样有人买，所以放心，只要产品足够好，不用担心没有人来消费。

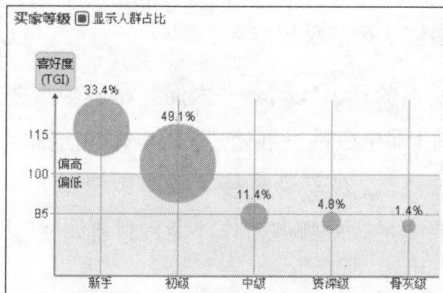

图 14-27　新手和初级买家占大部分

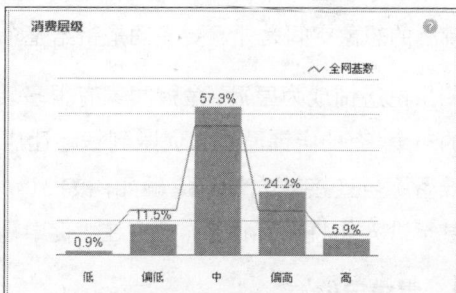

图 14-28　消费层级中高端

8. 通过"相关属性"查看最优的宝贝属性组合

如图 14-29 所示可以看到，排在第一的是"加厚 修身型"，这就是最优的宝贝属性组合，选择最优宝贝属性组合，可以获取大量免费的精准搜索流量，这些流量有来源于类目搜索，也有关键词搜索。

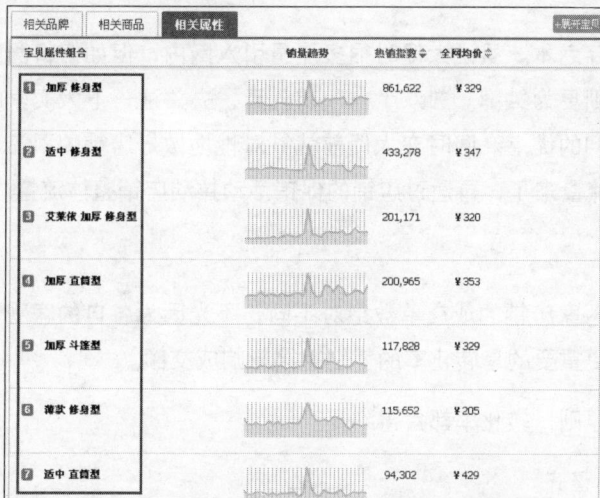

图 14-29　通过"相关属性"查看宝贝属性组合

第199招 "双十一"大促打造爆款

2014年淘宝天猫"双十一"成交571亿元，单天成交571.12亿元的网络销售，给整个零售业带来的冲击是巨大的。每年"双十一"的破记录数字除了带来热血沸腾的想象空间之外，更多的是带给整个零售业态的反思。

如果说店铺成为皇冠、金冠卖家有很多转折点的话，"双十一"大促则是其中重要的一个。有的店铺通过大促赚到钱还让店铺上了个良性发展轨道，而也有的店铺因准备不当直接被大量订单砸死，被投诉、被退款、被差评直接导致店铺信用下降甚至进入恶性循环通道。卖家在大促中需要做足做好哪些工作才能应付自如呢？

1. 需求定位

需求定位不同，准备自然不同，各家店根据自身的情况事先设定了不同的目标，如打造爆款、培育老客户、吸引新客户、强化品牌影响力、清仓甩卖等各有所想。

若是以打造爆款为主，在大促前此款宝贝就需要预热，成为店铺引流款或畅销款，等大促时再设置醒目、刺激购买的宣传标语和心动价格，并在大促过程中实时更新直播爆款商品销售状态。

2. 吸引流量

流量是店铺生存之本。虽说大促时很多流量引入网内，但如何将网内流量转化为自己店铺流量则更为关键。"双十一"前几天，去关注一下大卖家的词是怎么设置的，学习他们的优点。同时在大促前就针对性地做好店铺的引流款宝贝，到时候单个宝贝的流量来了，再通过店铺的促销活动拉动店铺整体流量。

3. 提高转化

同样的流量，两家店铺的成交单数绝对不同，不光因为各自的客观资源比如类目属性等不同，更重要的是转化率的差别直接影响成交额。

把握下面几个原则，转化率都会得到提升。

（1）图片大小整齐。

（2）模特图放大数量精简。

（3）产品图，细节图放大，数量精简，并配可视化图标。

（4）卖家说明精简。

（5）模特信息精简。

（6）在大促时最重要的转化因素莫过于营造促销氛围，促销的方式有很多种，如件数满就送礼、打折、包邮、限时折扣。

4. 提高客单价

大促时掌柜不仅希望卖得多，而且希望卖得高，毕竟很多买家积攒了长时间的购买力在这一刻统统释放，购买力还是很惊人的！价格最好分为几个档，一档是高价位、第二档是中价位，第三档是低价位。再通过关联营销和搭配销售的方式可以让客户一次买的更多，比如买裤子搭售皮带，客单价立马涨了不少。

5. 做好店铺预热

中小卖家的品牌影响力没有大卖家的强，想要在"双十一"大促中得到更多买家的关注，"双十一"大促前期的预热很重要。这个阶段的预热主要是以扩大店铺宣传，加深店铺品牌影响力为主。这个阶段的预热推广方法最好是采用试用营销，通过免费试用来吸引大量消费者对店铺的关注，让店铺得到大量的报告。通过让买家有亲身体验店铺商品的机会，让买家在试用过程中加深对店铺的印象及好感，店铺在此基础上再赠送优惠券、现金红包等，引导试用的买家参与到店铺"双十一"活动中来。试用营销既能帮助大量曝光店铺，又能扩大店铺品牌宣传，还能帮助宣传店铺"双十一"活动，可谓一举数得。

6. 处理好客服应对问题

"双十一"大促当天的流量会暴增，进入店铺的流量也比日常多很多，这时候就需要做好客服应对问题。特别是中小卖家，不像大卖家有强大的客服团队，所以更加需要做好店铺客服营销问题。建议的处理方法有两个，一个是全公司总动员活动前的客服培训，必要时全体动员迎接巨大流量；另一个是店铺针对双十一大促可能会出现的问题进行头脑风暴，准备好实用的快捷回复短语，让生手变熟手，留住客户。

7. 店铺商品质检不松懈，物流发货要够认真

一般的大促活动都是赚人气不赚钱的，但是不能因为成本问题就对店铺商品偷工减料，销售次品。"双十一"大促活动更应该要把控店铺商品的质量，商品质检不松懈。第一次交易，无论是因为产品质量还是产品的包装或者是发错货带给了客户不愉快的购物体验，那就真的是得不偿失了。

8. 活动结束

活动结束阶段监控包括异常订单处理、控制发货速度、后续流量把控、做好会员营销。

在"双十一"活动期间订单量很大，在订单的处理上一定要注重细节，尽量减少出现异常订单。不过在发现有异常订单之后一定要派专人进行跟踪解决，避免影响店铺评分。

其次，店铺发货速度要尽量快、尽量减少人为的漏发、错发。

接下来就是进行逐级调整产品价格，不放过大促后续流量。

活动结束之后，流量会明显下降，但还是比日常流量要大，因此店铺也要留住这些流量，活动产品的价格最好在三天之后恢复正常；活动结束后期，要进行数据建档，统计买家信息，再进行会员营销，促成店铺回头购买率，让大促积累下来的买家成为店铺的流量红利。

第200招 参加淘宝官方活动快速打造爆款

利用参加活动的时机来打造爆款，这是大多数卖家惯用的做法，因为趁着活动宣传的资源，打理推广自己家的爆款潜力宝贝，是很容易成功打造爆款的。

淘宝的官方活动报名很简单，进入淘营销主页 http://yingxiao.taobao.com/，在页面中选择一个要参加的活动，单击"去报名"，如图 14-30 所示。

每一次报名活动前，必须要认真阅读活动规则，不明白的地方要主动问小二。按照规则来报名，不遵守规则，很容易被拉黑。

图 14-30 活动报名

淘宝网店经营，想快速提升网店人气和销量，最有效的方法就是报名淘宝活动。淘宝活动的报名不是想报就能报的，很多时候，需要级别和销量的限制，这也是很多新手卖家的无奈之处。

卖家在淘宝活动报名上应该抓住哪四个要点？

1. 找准活动平台

什么样的平台才是可靠的平台？无疑，报名淘宝官方活动效果是最好的，这个不管是从可信度，还是流量来说相对其他平台都更为可靠。不管是参加淘宝网的哪一种活动，其实大体活动的做法都差不多，建议大家在开始做的时候，先进入平台找到你那个行业的相关产品，然后点击进去查看销量，接着用一个表格做一下记录，看看哪一款产品销售的比较好并且找出原因，然后观察一段时间，大概了解清楚该平台的活动力度，估算自己的产品需要准备多少库存等并做好准备。

2．明确活动的要求

活动要求是整个活动的注意事项及报名环节的提示内容，阅读要求规则，按规则行事可以帮助卖家快速报名参与活动。但必须要明确活动的要求，有的放矢，否则白白浪费时间去报名。

3．选好商品款式

新手们在这点上要特别注意，选好商品款式是很重要的一件事，选好了对后期的推广营销的压力没那么大，选不好的话甚至可能会白忙活的。一个活动的本质不是突破零销量，而是为网店增加原有的销量。活动应该是选择店铺内相对热卖的商品进行报名，以爆引爆，意思就是说，用爆款去支持店内其他产品，通过关联营销带动其他商品的销量。

4．做好售前准备和售后总结

收取准备很多卖家并不重视，觉得不是很重要。说实在话，无论什么活动，售前准备工作怎可不做？在宝贝准备上线之前一定要把标题、详情页面、关联营销、搭配套餐、推荐产品等都弄好。尽可能把一些细节的问题都处理好，减少买家的顾虑和客服的压力。

活动结束后，售后工作也是很有必要的。很多卖家会采取活动抽奖的形式来感谢买家的支持，这主要是为了维持老客户。要知道，留住一个老客户要比找到一个新客户要简单很多，效果也要好很多。做好售后总结，不仅能够找出活动中存在的问题，发现不足，更重要的是为下一次活动积累经验。